Weihnachten 2008 von Stefan.

Wilfried Scharnagl

Mein Strauß – Staatsmann und Freund

Wilfried Scharnagl

Mein Strauß

Staatsmann und Freund

ars una

Bibliographische Information der Deutschen Nationalbibliothek
Die Deutsche Bibliothek verzeichnet diese Publikation
in der Deutschen Nationalbibliographie; detaillierte bibliographische Daten
sind im Internet über http://dnb.d-nb.de abrufbar.

ISBN 978-3-89391-860-7

Gesamtherstellung: ars una, Neuried
Umschlag: ADACON GmbH, München
Layout und Satz: Bernd Müller, Grafentraubach
Druck: Druckerei Pohland, Augsburg

Gedruckt auf säurefreiem Papier

Inhaltsverzeichnis

Vor zwanzig Jahren: Zum Tod von Franz Josef Strauß

Worum es geht

Kaum ein anderer Politiker der deutschen Nachkriegsgeschichte hat die Gemüter der Menschen so sehr bewegt wie Franz Josef Strauß. Kaum ein anderer Politiker vermochte die Meinungen so sehr zu teilen wie er, zwischen erbitterten Gegnern auf der einen und begeisterten Anhängern auf der anderen Seite, zwischen jenen, die mit seiner Person politische Untergangsszenarien verbanden, und den anderen, für die er zeitlebens Symbolgestalt politischer Hoffnung und Erwartung war. Kaum ein anderer Politiker hat eine, seine Partei, deren Vorsitzender er mehr als 27 Jahre war, so sehr geprägt wie er, zu Zeiten seines politischen Handelns wie in der Nachwirkung. Strauß hat mit kräftiger Handschrift die Geschichte der Bundesrepublik Deutschland mitgeschrieben, hat als Minister und Führer der Opposition Zeichen gesetzt und Spuren hinterlassen. Nicht weniger gestaltet hat er die Entwicklung des modernen Bayern, und dies keineswegs nur in seinem letzten Lebensjahrzehnt als Ministerpräsident des Freistaates.

Kein anderer deutscher Politiker hat seit 1945 so sehr das öffentliche und das veröffentlichte Interesse gefunden wie Franz Josef Strauß. Die Menge der über ihn geschriebenen – und im Laufe der Jahrzehnte oft auch nur abgeschriebenen – Texte in Zeitungen, Illustrierten und Magazinen ist unübersehbar, die über ihn verfassten Bücher ließen sich zu einem Turm von ansehnlicher Höhe schichten, die über ihn gedrehten Fernsehbeiträge würden aneinandergereiht ein Programm für Wochen ergeben.

Vieles davon habe ich gelesen und gesehen – den Franz Josef Strauß aber, den ich in vielen Jahren, bei politischen Veranstaltungen und Auftritten aller Art, in seiner Begleitung bei zahllosen Begegnungen mit Politikern in aller Welt, in langen persönlichen Tag- und Nachtgesprächen, in großer politischer und menschlicher Nähe, die zur Freundschaft wurde, kennenlernen konnte, diesen Franz Josef Strauß habe ich darin nicht gefunden. Wohl aber hat sich in mir immer mehr die Überzeugung gefestigt, dass bei keinem anderen Politiker der Unterschied zwischen veröffentlichtem Klischee und politischer wie menschlicher Wirklichkeit so groß und so tief war wie bei Franz Josef Strauß. In der Fülle des über Strauß Geschriebenen wurden Schwächen und Fehler, die zu bestreiten dumm und unredlich wäre, mit grellem Scheinwerfer ausgeleuchtet, übertrieben dargestellt, in ständiger Wiederholung vergrößert, auch erfunden, auf jeden Fall aber nie verziehen oder vergessen. Die politischen und menschlichen Qualitäten aber, die Erfolge und Höhen eines großen politischen Lebens, das Wirken und Nachwirken eines überragenden politischen Kopfes wurden oftmals nur widerwillig zur Kenntnis genommen. Oder ganz übergangen, verdrängt und verschwiegen.

Das Bild von Franz Josef Strauß, das auf diese Weise entstand, musste in vielen Fällen zum Zerrbild geraten. Dass es ihm wie Wallenstein ging, über den Friedrich Schiller seinen berühmten Satz „von der Parteien Gunst und Hass verzerrt schwankt sein Charakterbild in der Geschichte" formulierte, kann also nicht Wunder nehmen. Dabei war sich Franz Josef Strauß aus seinen christlichen Wurzeln und aus seiner christlichen Prägung heraus stets des sicheren Wissens um die Begrenztheit und Unvollkommenheit des Menschen und damit auch der Politik bewusst. Mit Bezug auf sich selbst hat er, der über sich mehr nachdachte, als es den Anschein haben mochte, daher immer wieder das Wort von Conrad Ferdinand Meyer über Ulrich von Hutten „Ich bin kein ausgeklügelt Buch" zitiert. In einem Gespräch mit dem ZDF brachte er im Oktober 1985 dieses Neben- und Gegeneinander in Schein und Sein des Menschen und Politikers Strauß auf den Punkt: „Es gibt zwei Strauß. Das eine ist die virtuelle Figur, und das andere ist der eigentliche Mensch und Politiker Strauß, der weder ein Engel noch ein Dämon ist, der ein Mensch mit seinem Widerspruch ist, der häufig Recht hat, selbstverständlich nicht immer."

Mir geht es in diesem Buch um den eigentlichen, den wirklichen Menschen und Politiker Franz Josef Strauß. Der Titel „Mein Strauß – Staatsmann und Freund" erhebt keinen unangemessenen Besitz- oder Deutungsanspruch. Er soll sagen, dass es um die persönliche Sicht des Autors geht, um seine Erfahrungen mit Strauß, um seine Beobachtungen,

Eindrücke und Erlebnisse, um Einblicke, die er in vielen persönlichen Gesprächen gewinnen konnte, um Urteile und Wertungen, die aus einem Gleichklang der Überzeugungen gewachsen sind. Es geht nicht darum, eine neue Biographie von Franz Josef Strauß vorzulegen, dieses Projekt muss trotz vieler vorliegender Versuche von der Geschichtsschreibung erst noch geleistet werden. Es geht darum, aus persönlichem Wissen und Erfahren Mosaiksteine zu sammeln und zusammenzufügen, die beitragen können und sollen, dem vielfach abgegriffenen Bild des virtuellen Franz Josef Strauß Einzelbilder des wirklichen Menschen und Politikers Strauß entgegenzusetzen, mit dem ein knappes Vierteljahrhundert in großem gegenseitigen Vertrauen zusammenarbeiten zu dürfen, mir in Höhen und Tiefen stets Herausforderung, Ehre und Freude war.

Der Gedanke an dieses Buch ist nicht neu, ihn zu verwirklichen besteht aber in diesem Jahr ein unaufschiebbarer kalendarischer Anlass. Am 3. Oktober 2008 jährt sich zum zwanzigsten Mal der Todestag von Franz Josef Strauß. Zu Erinnerung an ihn und sein Leben mit diesem Buch einen Beitrag zu leisten, ist mir Herzenspflicht und Ehrensache. Oder, wie der große Lateiner Strauß gesagt hätte, ein „officium nobile".

Zu danken habe ich Dr. Fritz Oberbeil vom Verlag ars una für die sorgfältige Gestaltung dieses Buches. Nicht weniger gilt mein herzlicher Dank der Hanns-Seidel-Stiftung und ihrem Vorsitzenden Dr. h.c. mult. Hans Zehetmair für die umfassende Unterstützung beim Zustandekommen dieses Gedenkens an Franz Josef Strauß. Besonders verpflichtet für aufmerksames Lektorieren des Manuskripts bin ich Barbara Fürbeth M. A. aus der Redaktionsleitung der von der Hanns-Seidel-Stiftung herausgegebenen „Politischen Studien".

München, im August 2008

Wilfried Scharnagl

Der Tod im Oktober

Der 1. Oktober 1988, ein Samstag, war ein gewöhnlicher Herbsttag, nicht strahlend, nicht trüb, von freundlichem Grau. Die zeitliche Mitte des Münchner Oktoberfestes war erreicht. Franz Josef Strauß, der Bayerische Ministerpräsident, war eine Woche zuvor beim traditionellen Anstich des ersten Fasses im Schottenhamel-Zelt dabei, ihm war nach altem guten Brauch als dem Regierungschef des Freistaates vom Oberbürgermeister der bayerischen Landeshauptstadt die erste Maß gereicht worden.

Meine Frau und ich erwarteten am Nachmittag dieses 1. Oktobers Besuch. Wladimir Kondratjew, ein seit langem in Deutschland tätiger russischer Fernsehkorrespondent, bekannt auch durch vielfache Auftritte im sonntäglichen ARD-„Presseclub", war zusammen mit seinem Kameramann unser Gast. Wir hatten uns am Tag zuvor in München gesehen, weil er durch meine Teilnahme an dem denkwürdigen Moskau-Flug von Strauß zu Michail Gorbatschow zum Jahresende 1987 auf mich aufmerksam geworden war und mich deshalb im Rahmen einer noch für den Monat Oktober anstehenden Reise von Bundeskanzler Helmut Kohl in die Sowjetunion interviewt hatte.

Es wurden Stunden angeregter Gespräche, wobei die revolutionären Veränderungen in der Sowjetunion mit Perestrojka und Glasnost den Hintergrund bildeten. Wie würde es politisch in Moskau weitergehen, wohin würde Gorbatschow das mächtige Imperium führen, würde er sich durchsetzen können gegen die starken Kräfte des Beharrens auf alten Wegen und Ansprüchen, welche neuen Dimensionen für das deutsch-russische Verhältnis waren zu erwarten, zu erhoffen?

Wladimir Kondratjew und seinem Team ging es auch um Bayern, in dem sie seit Tagen unterwegs waren, Betriebe besucht, mit Politikern,

13

Unternehmern und einfachen Menschen gesprochen hatten. Sie wollten den Geheimnissen eines Erfolges auf die Spur kommen, der den Freistaat Bayern, einst als überwiegendes Agrarland im Reigen der deutschen Länder wirtschaftlich in der Gruppe der Letzten, in eine wirtschaftliche, technische und wissenschaftliche Spitzenposition gebracht hatte. Wladimir Kondratjew wollte sich über die bayerische Politik informieren und damit über Strauß, über seinen Beitrag zur Entwicklung und Prägung des modernen Bayern. Die russischen Gäste wollten über Strauß reden, über den Menschen und Politiker, der über Jahrzehnte das Feindbild der kommunistischen Propaganda schlechthin gewesen war, wollten wissen, wie er ist, was ihn treibt, wo er steht und wohin er will. Und wir sprachen über die intellektuelle Stärke von Franz Josef Strauß, über sein geschichtliches Wissen, über seine Offenheit für Neues und auch über die physische Kraft des damals 73-Jährigen.

Kaum hatte uns Wladimir Kondratjew nach einem rundum frohen und zukunftsgerichteten Nachmittag, dessen Hauptthema Franz Josef Strauß war, mit einem herzlichen Abschied verlassen, als das Telefon läutete. Wolfgang Piller, Amtschef der Bayerischen Staatskanzlei, überbrachte die erschreckende und unfassbare Nachricht: Franz Josef Strauß war an diesem Tag in Regensburg Jagdgast bei Fürst Johannes von Thurn und Taxis, im Wald zusammengebrochen und in das Krankenhaus der Barmherzigen Brüder in Regensburg gebracht worden. Trotz aller Hoffnung, die ich mir machte, dass der starke und so besonders lebendige Strauß diesen Zusammenbruch überleben würde, war von diesem Augenblick an die Angst da. Und diese Angst wuchs.

Die beiden nächsten Nächte und Tage verbrachte ich in einem Hotel in Regensburg, auch und vor allem an der Seite von Monika Hohlmeier, um zu helfen, wo nicht zu helfen, um freundschaftlich zu raten, wo nicht zu raten war, um aufmunternd zu trösten, wo das Ende jeden Trostes in Sicht war. Die Brüder Max und Franz Georg weilten unerreichbar im Ausland.

Am 3. Oktober 1988 dann starb Franz Josef Strauß in Regenburg, der alten Hauptstadt Bayerns, die ihn zwei Jahre zuvor zu ihrem Ehrenbürger gemacht hatte. Am Montag, am Vormittag dieses Todestages, ver-

sammelte sich das verwaiste bayerische Kabinett mit dem stellvertretenden Ministerpräsidenten Max Streibl in der Bayerischen Staatskanzlei
in der Prinzregentenstraße. Das erste Bemühen einer Würdigung des
großen Toten musste zwangsläufig von mühsam überwundener Sprach-
losigkeit gekennzeichnet sein. Den ersten Versuch, das Unfassbare zu
fassen, gab es – und dies wird mir, in der Runde stehend, unvergessen
bleiben –, als die Mitglieder der Bayerischen Staatsregierung ihres verstorbenen Ministerpräsidenten mit einem Vaterunser gedachten. Und
alle, die um den Kabinettstisch versammelt waren, hatten Tränen in den
Augen.

Ganz Bayern fiel in Trauer, und die Parteigrenzen fielen mit. Bayern
ohne Franz Josef Strauß, die deutsche Politik ohne Franz Josef Strauß,
die Christlich-Soziale Union ohne Strauß – ein Land erstarrte in schmerz-
lichem Schock. Als die sterbliche Hülle von Strauß in einem Kondukt
von Fahrzeugen auf der Autobahn von Regensburg nach München
überführt wurde – nicht nur in dienstlicher Pflicht, sondern in menschlicher Nähe und Verehrung organisiert von Innenstaatssekretär Peter
Gauweiler –, drängten sich Tausende von Menschen auf den Autobahn-
brücken. In München dann riss die Kette der Menschen nicht ab, die
kamen, um im Prinz-Carl-Palais, dem Amtssitz des Bayerischen Ministerpräsidenten, wo Franz Josef Strauß aufgebahrt war, Abschied von
einem zu nehmen, der das moderne Bayern geschaffen und geprägt hatte
wie kein anderer.

In einem Trauerzug durch die Straßen seiner Vaterstadt München
wurde Franz Josef Strauß von Zehntausenden in Trauer schweigender
Menschen verabschiedet. Golo Mann sah sich im Rückblick dazu ge-
nötigt, voller Staunen davon zu sprechen, dass hier ein Volk im Tode
einem demokratischen Politiker Respekt, Zuneigung und Trauer bekundet habe wie sonst nur einem König. Bundespräsident Richard von
Weizsäcker, im Leben mit Strauß eher durch mancherlei Auseinandersetzungen denn durch ein besonders enges Verhältnis verbunden, wurde
im Trauerzug durch die Münchner Ludwigstraße von Ministerialdirektor
Wolfgang Piller begleitet. Weizsäckers Wort, dass er erst jetzt, im Tode
und nach dem Tode, Franz Josef Strauß verstehe, hat dadurch eigenes
Gewicht.

Prägungen – Kindheit und Jugend

Neben der Politik galt das überragende Interesse von Franz Josef Strauß der Geschichte – der allgemeinen, aber im Besonderen auch der persönlichen, der Geschichte seiner Familie, der Geschichte seiner Kindheit und Jugend, den geschichtlichen Erfahrungen einer ganzen Generation, die er, Jahrgang 1915, während der nationalsozialistischen Herrschaft und während des Krieges, erleben, erfahren und auch erleiden musste. Freilich, der Blick zurück auf das Leben von Völkern und Staaten wie auf das eigene Leben beschränkte sich nie auf Vergangenheitsbetrachtung um ihrer selbst willen, sondern um daraus Einsichten und Erkenntnisse für das Heute und Morgen zu gewinnen. Strauß ließ nie einen Zweifel daran, dass die Zukunft die wichtigste zeitliche Dimension verantwortungsbewussten politischen Handelns ist und sein muss.

Die Kindheit in München, in Schwabing, in der Schellingstraße – wie oft, wenn man bei einer der vielen Auslandsreisen nach einem mit politischen Gesprächen vollgepackten Tag des Abends und bis in die Nacht hinein zusammensaß, brachen sich bei Strauß, ob in Peking oder in Washington, Erinnerungen an das eigene Herkommen und Aufwachsen Bahn. Ohne nostalgische Verklärung und ohne Beschönigung einer oft schweren und harten Zeit, aber stets auch vom Bewusstsein einer glücklichen Kindheit mit liebevollen Eltern und einer stets besorgten Schwester getragen, tauchte er in seine Biographie ein. Bei dem späteren Lebensweg dieses durch und durch politischen Menschen überrascht es nicht, dass die ersten Kindheitserinnerungen politischer Art waren. Das Läuten der Glocken in München beim Ausbruch der Revolution von 1918 und noch einmal beim Einmarsch der „Weißen Truppen" im Mai 1919 hatte der damals drei bis vier Jahre alte Bub immer noch im Ohr.

Geboren wurde Strauß am 6. September 1915 in der Schellingstraße 49. Eingetragen ins Taufregister wurde der Sohn des Metzgermeisters

Franz Josef Strauß und seiner Frau Walburga geborene Schießl mit dem Namen Franz Josef. Nicht nur einmal merkte Strauß zu seinen Vornamen an, dass selbst diese ihm im politischen Kampf von seinen Gegnern in Politik und Medien streitig gemacht werden sollten. Er heiße ja nur Franz, hieß es da, den Josef habe er sich nur des besseren Klanges wegen zugelegt. Erst die Veröffentlichung des Geburtsscheins, ausgestellt vom Standesamt der Landeshauptstadt München, ließ diese unsinnige Unterstellung verstummen.

Wie viele Münchner Bürger verkörperte auch Strauß in seiner Person die landsmannschaftliche Vielfalt Bayerns. Der Vater stammte aus Kemmathen im damaligen Bezirksamt Feuchtwangen, die Mutter aus Unterwendling im niederbayerischen Landkreis Kelheim. Beiden war vorgezeichnet, dass sie einst, auf Grund der bescheidenen wirtschaftlichen Verhältnisse in der angestammten dörflichen Heimat, in der Stadt ihr Brot verdienen und ihr Auskommen würden suchen müssen. Das Wissen um das Leben der kleinen Leute, um ihre Nöte, war Franz Josef Strauß also in die Wiege gelegt. Das Soziale in Strauß – und damit verbunden das unbeirrbare Festhalten am Begriff des Sozialen auch im Namen der CSU – ist aus grundlegenden Lebenserfahrungen erwachsen.

Es waren nicht große und reiche Bauern, von denen die Eltern Strauß abstammten, im Gegenteil. Nie ohne tiefe Bewegung hat Strauß davon erzählt, dass der Großvater mütterlicherseits sieben Jahre beim bayerischen Militär gedient und, weil er das Geld nicht hatte, sich einen kleinen Bauernhof zu kaufen, sich noch einmal auf sieben Jahre für einen reicheren Bauernsohn – was damals möglich war – verpflichtet habe, damit er sich mit dem dabei verdienten Geld ein landwirtschaftliches Anwesen erwerben konnte. Fünf bis sechs Tagwerk mit ein, zwei Kühen, ein paar Schweinen und ein paar Ziegen waren der Anfang. Auf diesem großväterlichen Hof hat Franz Josef Strauß nicht nur einmal glückliche Ferien verbracht. Auch die Großeltern von Vaters Seite waren nur kleine Bauern.

Dass Strauß bei aller klassischen Bildung, bei allem Verständnis für die unabweisbare Notwendigkeit des wissenschaftlich-technologischen Fortschritts und bei aller politischen Gesamtbeanspruchung stets die Bauern und ihre Belange im Auge hatte, in Bayern zumal, geht mit auf diese Wurzeln zurück. Nie wurde die Landwirtschaft von Strauß nur als ein beliebiger Wirtschaftszweig unter vielen anderen gesehen, Bauern gehörten in ihrer Existenz und in ihrer Arbeit untrennbar zu Bayern, seiner Geschichte, seinem Gesicht, seiner Zukunft. Manche überzogene Kritik und manche Feindseligkeit, die er deshalb von dieser Seite gelegentlich erfahren musste, haben Strauß weit mehr getroffen und gekränkt als viele andere Attacken, denen er Zeit seines politischen Lebens ausgesetzt war. Ein Beispiel: 1987 hatte der Bayerische Bauernverband in die Münchner Olympiahalle zu einer Großveranstaltung eingeladen, zu der Tausende seiner Mitglieder gekommen waren. Strauß, den ich dorthin begleitete, war der Hauptredner. Es gelang ihm, von wenigen Ausnahmen abgesehen, die Zuhörer zu gewinnen, davon zu überzeugen, dass bäuerliche Anliegen von keiner Partei auch nur annähernd so konsequent vertreten würden wie von der CSU. Während der ganzen Veranstaltung aber wurde von zwei Teilnehmern ein Transparent mit der Aufschrift „Bauernmörder Strauß – mit uns ist es aus" durch die Halle getragen. Dass es dem Vorsitzenden und der Führung des Bauernverbandes nicht möglich war, ja dass sie keine Hand rührten, diesen Unfug zu beenden, hat Strauß tief verletzt. Er nahm es den Verantwortlichen ausgesprochen übel, diese Beleidigung nicht abgestellt zu haben. Allerdings, als wir das Olympiagelände verließen, war die Freude über eine insgesamt großartige und gelungene Veranstaltung schon wieder größer als der augenblickliche Ärger. An der Grundhaltung, dass in die Gesamtverantwortung der CSU für Bayern stets eine besondere Verantwortung für die Bauern eingebunden sein müsse, hätte eine solche Entgleisung sowieso nichts zu ändern vermocht.

Mit Fleiß und Tüchtigkeit, von ihrer Herkunft an harte bäuerliche Arbeit gewöhnt, bauten sich die Eltern Franz Josef und Walburga Strauß ihre Existenz in München auf. Die zwei Kinder – sieben Jahre vor Franz Josef Strauß war die Schwester Maria geboren worden, die von der Wiege bis zum Tod am 3. Oktober 1988 den Bruder mit sorgender Liebe umgab – wuchsen in einer tiefgläubigen katholischen Familie auf. Auch an politischer Klarheit fehlte es nicht: Vater Strauß, vor dem Ersten Weltkrieg überzeugter königlich-bayerischer Monarchist und danach nicht weniger entschiedener Anhänger der katholischen Bayerischen Volkspartei, hat sich stets hartnäckig geweigert, mit dem nationalsozialistischen Regime seinen Frieden zu machen und der NSDAP beizutreten. Dabei hätte es sich Strauß senior durch Anpassung leichter machen können, was aber für den standhaften und überzeugungstreuen Handwerksmeister nie in Frage kam, obwohl es an entsprechenden Verlockungen nicht gefehlt hatte. Schon in den zwanziger Jahren nämlich hatte Heinrich Himmler, der spätere „Reichsführer SS", den Metzgermeister Strauß für die neue „Bewegung" gewinnen wollen und hatte für den Fall, dass man an die Macht komme, mit Aufträgen für das Geschäft und einem Posten gelockt. Zu dem Kunden Himmler war die Metzgerei Strauß aus Nachbarschaftsgründen gekommen. Im Rückgebäude des Hauses Schellingstraße 50 nämlich war das erste „Braune Haus" in München – das berüchtigte andere „Braune Haus" gab es erst später. In der Schellingstraße 50 trafen sich in ihrem noch kümmerlichen Hauptquartier die „Völkischen", wie sie in der Nachbarschaft hießen, die Mitglieder der „Deutschen Arbeiterpartei", aus der später die Nationalsozialistische Deutsche Arbeiterpartei (NSDAP) werden sollte. Das Haus war zum Treffpunkt geworden, weil im Erdgeschoss des Rückgebäudes ein gewisser Herr Hoffmann sein Fotoatelier hatte, der Vater von Hitlers späterem Leibfotographen Heinrich Hoffmann.

Was dem Elternhaus zu danken ist

Himmler hatte mit seinem Werben bei Vater Strauß keinerlei Erfolg, vielmehr führte die Möglichkeit zu einer Beobachtung nationalsozialistischer Anfänge aus der Nähe zu womöglich noch schärferer Ablehnung. Auch als sich nach Kriegsbeginn der Druck auf den Metzgermeister noch weiter verschärfte, nun endlich der Partei beizutreten, blieb dieser in seiner Ablehnung eines von ihm als gottlos eingestuften Regimes konsequent. „Mein Vater war das, was man einen geschworenen Gegner Hitlers, Gegner der nationalsozialistischen Weltanschauung und des ganzen Systems nennt, und diese Einstellung hat sich schon so früh auf mich übertragen, dass wir bereits in den Oberklassen des Gymnasiums die heftigsten Auseinandersetzungen zwischen denen hatten, die dem Stern der neuen Zeit gefolgt sind, und denen, die die größten Vorbehalte dagegen hatten", sagte Strauß einmal vier Jahrzehnte nach dieser Zeit in einem Fernsehgespräch mit Günter Gaus. In Unterhaltungen, in denen es um die Erinnerung an die Jugend und an die prägenden Einflüsse ging – und dieses Thema tauchte immer wieder auf –, konstatierte Strauß stets mit großer Dankbarkeit den Einfluss seines Elternhauses: „Ich weiß nicht, was meine politische Einstellung gewesen wäre, wenn ich in einem anderen Milieu aufgewachsen wäre. Ich nehme als sicher an, dass ich einmal auf diese Einstellung gekommen wäre, aber es ist nicht mein Verdienst, dass ich sie von vornherein hatte."

An nachdrücklichen Erziehungsmaßnahmen im wahrsten Sinne des Wortes ließ es der Vater bei dem kleinen Franz, wie Strauß der Kürze halber gerufen wurde, nicht fehlen. Ein einschlägiger und von ihm immer wieder erzählter Vorgang ist im Gedächtnis von Strauß dabei besonders haften geblieben. Eines Tages wurden vor dem Quartier der „Völkischen" bunte Schriften verteilt. Neugierig lief der kleine Franz, des Lesens noch nicht kundig, hinzu, bekam auch einen Stoß Flugblätter in den Arm gedrückt und begann, selbstbewusst in der Schellingstraße auf und ab gehend, mit der Verteilung. Der nichtsahnende Vater wurde von einer treuen Kundin alarmiert, die angesichts der bekannten politischen Einstellung der Familie Strauß über die so völlig andersartigen politischen Aktivitäten des Juniors offensichtlich mehr als überrascht war. Schwester Maria holte den Übeltäter von der Straße. Die darauf folgende Belehrung samt Ohrfeigen hat Franz Josef Strauß sein Leben lang nicht vergessen.

Nicht nur die politischen Ereignisse in seiner Kindheit und Jugend haben Strauß geformt. Auch die wirtschaftlichen und sozialen Verhältnisse der damaligen Zeit trugen zu Schlussfolgerungen und Lehren bei, die das soziale und wirtschaftliche Handeln des späteren Politikers Strauß mitbestimmt haben: „In all den Jahren, in denen ich zu Hause war, also bis 1943, als wir ausgebombt wurden und das Geschäft verloren ging, haben meine Eltern nie einen Tag Urlaub gehabt. Heute würde sich kein Hilfsarbeiter mehr mit der Arbeitszeit, dem Einkommen und den Lebensumständen abfinden, die damals für einen kleinen Münchner Handwerksmeister mit Einmannbetrieb sozusagen unvermeidliches Schicksal waren." Nostalgisches Schwärmen von einer angeblich guten alten Zeit kam bei Strauß deshalb nie vor.

Allerdings auch kein Jammern und Klagen. Trotz aller zeitbedingten Schwierigkeiten verlebte Franz Josef Strauß in einer glücklichen Familie eine frohe Kindheit, aufgeweckt und tatendurstig, immer mit dabei, wenn die Kinder in der Schellingstraße unterwegs und auf Abenteuer aus waren. Der älteren Schwester Maria wuchs angesichts der arbeitsmäßigen Beanspruchung der Eltern eine selbstverständliche Obhuts- und Fürsorgepflicht zu, die zu einem besonders engen und herzlichen Verhältnis führte, das ein Leben lang und bis zum Tode von Franz Josef Strauß andauern sollte.

Der Berufsweg des jungen Strauß schien vorgezeichnet. Nach der Volksschule in der Amalienstraße, in die er 1922 eintrat, sollten die Ausbildung im Beruf des Vaters und die Übernahme der elterlichen Metzgerei folgen. Dass es so völlig anders kam, hatte Strauß Menschen zu verdanken, die auf ihn und seine offensichtlichen Talente aufmerksam wurden, die eingriffen, auf Veränderung der vorgesehenen Lebensplanung drängten. So fielen schon in der Volksschule die schulischen Leistungen durch beständige Überdurchschnittlichkeit derart auf, dass die Lehrer dem Vater dringend empfahlen, den Sprössling auf eine weiterführende Schule zu schicken. Die Wahl der zunächst zögernden Eltern fiel auf eine sechsklassige Realschule, auf der die Grundlagen für einen späteren praktischen Beruf gelegt werden sollten. So trat Strauß an Ostern 1926 in die Gisela-Realschule ein, das heutige Gisela-Gymnasium. Aber auch dabei sollte es nicht bleiben. Das Schicksal hatte mit dem Sohn des Metzgermeisters aus der Schellingstraße anderes vor.

Dieses Schicksal begegnete Franz Josef Strauß in Gestalt des Professors für Patristik und Kirchliche Kunst an der Ludwig-Maximilians-Universität, Dr. Johannes Zellinger. Ihm diente Strauß in der Max-Josef-Stift-Kapelle als Ministrant. Dabei mochte es nicht in den damals schon eigenwilligen und eigenständigen Kopf hinein, dass er während der Gottesdienste lateinische Texte sprechen sollte, deren Inhalte ihm auf Grund fehlender Sprachkenntnisse verschlossen blieben. Aus der Einsicht folgte Handeln – ein Lateinbuch wurde gekauft, Vokabeln wurden gelernt, grammatikalische Anfänge wurden erkundet. Bald fiel Professor Zellinger das sinngemäße und mitgehende Aussprechen des Lateinischen bei seinem Ministranten auf. Die nähere Beschäftigung mit ihm führte zur dringenden Empfehlung an die Eltern Strauß, ihren Sohn auf ein Gymnasium zu schicken und ihm dadurch den Weg an die Universität zu öffnen.

Franz Josef Strauß hat immer mit großer und dankbarer Bewegung davon gesprochen, dass sich seine Eltern trotz ganz anderer Pläne für ihren Sohn und trotz der bescheidenen wirtschaftlichen Möglichkeiten aus Verantwortungsbewusstsein für ihren Sohn diesem Ratschlag nicht verschlossen haben. Im Frühjahr 1927 bezog Strauß das berühmte Max-Gymnasium, eine Entscheidung, die weder der Neugymnasiast noch seine Eltern noch sein Mentor Zellinger zu bereuen noch zu bedauern hatten. Übergangsschwierigkeiten gab es nicht, auch im wichtigen Latein, obwohl Strauß, der in die zweite Klasse des Gymnasiums eintrat, hier einen einjährigen Nachholbedarf hatte. Neben Latein entwickelte sich Griechisch zum Lieblingsfach, es folgten Geschichte, Englisch und Deutsch, dann erst kamen Mathematik und Physik. In diesen beiden Fächern musste er sich die herausragenden Noten, die er sonst eher spielerisch erreichte, hart erarbeiten.

Franz Josef Strauß kam am Max-Gymnasium nicht nur vom Schulprogramm her in eine ihm neue Welt. Kamen die Mitschüler an der Gisela-Realschule überwiegend aus einfacheren, höchstens mittleren Schichten, so dominierte in der Elternschaft des Max-Gymnasiums, das in der allgemeinen Münchner Einschätzung als liberal galt, das gehobene Bürgertum. Strauß hatte es bei seinen Mitschülern nun, wie er sich nach Jahrzehnten noch genau zu erinnern pflegte, mit Söhnen und Töchtern von Ärzten, von Regierungsräten, von höheren Beamten schlechthin zu tun, ein Arbeitersohn und zwei Söhne von Handwerkern bildeten unter seinen Klassenkameraden die Ausnahme. Probleme mit dieser veränderten soziologischen Umgebung hatte Strauß nicht – sein Selbstbewusstsein und auch sein schulischer Erfolg bewahrten ihn davor. Und wovon Strauß selbst kaum sprach, berichtete die stolze Schwester Maria umso lieber. Väterliche Vorsprachen beim jeweiligen Klassenleiter hätten nicht selten zu der Frage geführt: „Herr Strauß, warum haben Sie nicht mehr solche Söhne?"

Spitzenabitur und Studium

Das Abiturzeugnis entsprach den mit solchen Erfahrungen geweckten Erwartungen: Franz Josef Strauß erhielt 1935 das beste Reifezeugnis ganz Bayerns. Das las sich dann so:

„Im Einzelnen lassen sich seine Kenntnisse nach den bei der Prüfung und während des Schuljahres gegebenen Proben folgendermaßen bezeichnen:
In der Religionslehre: hervorragend
In der deutschen Sprache: hervorragend
In der lateinischen Sprache: hervorragend
In der griechischen Sprache: hervorragend
In der englischen Sprache: hervorragend
In der Mathematik: hervorragend
In der Physik: hervorragend
In der Geschichte: hervorragend
In der Geographie: hervorragend
Im Turnen: lobenswert.“

Die zusammenfassende schriftliche Bemerkung entsprach dem mit den Noten gesetzten Maßstab: „In der schriftlichen Prüfung erzielte er in allen Fächern die gleichen vorzüglichen Ergebnisse, wie sie schon der Jahresfortgang aufweist. Die mündliche Prüfung wurde ihm erlassen. Während seines Aufenthalts an der Anstalt hat er sich durch seinen ernsten, zielbewussten Fleiß, seine lebendige Teilnahme am Unterricht und seine sittliche Führung das volle Lob und Vertrauen aller seiner Lehrer erworben. Er verlässt die Schule mit einem durchweg sehr erfreulichen Maß gediegener Kenntnisse.“

Ein Zusatz zu dieser Bemerkung – „Besondere Erwähnung verdienen noch seine hervorragenden Leistungen in der Kurzschrift“ – ist mir in meinen vielen Jahren an der Seite von Strauß immer wieder nachdrücklich ins Gedächtnis gerufen worden. Bei vielen Gesprächen in aller Welt konnte ich ihn beobachten, wie er sich gewissenhaft Notizen machte, entweder in seiner klaren, stets gut lesbaren Handschrift oder eben in Stenographie. Da mich auch, wie die ganze Umgebung von Strauß, mancher Hinweis in Stenographie erreichte, war ich zu meinem eigenen Nutzen gezwungen, meine eher spärlichen Kenntnisse in der Kunst Franz Xaver Gabelsbergers nicht völlig einrosten zu lassen.

Die Folgen eines solch allseits bestaunten Zeugnisses blieben nicht aus: Strauß wurde nach einer besonderen mündlichen Prüfung die „unbedingte Aufnahme" in die von Bayerns König Maximilian II. im 19. Jahrhundert gegründete und bis auf den heutigen Tag lebendige Maximilianeums-Stiftung zuerkannt, die für die begabtesten Schüler Bayerns bestimmt war und ist. Die Satzung des „Königlichen Maximilianeums" wurde erstmals im Gründungsjahr 1852 formuliert. Zum „Zweck der Anstalt" hieß es im Paragraph 1: „Die durch die Munifizenz seiner Majestät des Königs Maximilian II. unter dem Namen ‚Maximilianeum' ins Leben gerufene Anstalt hat den Zweck, talentvollen Jünglingen, welche die Gymnasial-Studien absolvierten, und sich durch alle Klassen sowohl in intellectueller, als auch moralischer Beziehung vor ihren Altersgenossen rühmlich hervorgetan haben, Gelegenheit zu verschaffen, sich sorgenfrei durch Aneignung einer allseitigen Bildung und eifrigen Betrieb des Fach-Studiums zu jener Höhe der Tüchtigkeit zu erheben, wodurch es ihnen möglich wird, dereinst in den höheren Geschäftszweigen der Justiz und der Verwaltung dem Könige ihre Dienste zu weihen." Und unter den Aufnahmebedingungen hieß es: „Aufnahmefähig ist jeder Abiturient des Gymnasiums, der nach einstimmigem Urtheile des Lehrerrathes ein eminentes Talent in den Hauptfächern kundgegeben, in denselben auch die erste Note des Fleißes sich erworben und bezüglich seines religiös-sittlichen Betragens vorwurfsfrei durch alle Klassen dagestanden."

Franz Josef Strauß – seine Schwester Maria legte in ihrem Urteil über den Bruder stets Wert auf den Unterschied zwischen Musterschüler, der er gewesen sei, und Musterknabe, der er nicht gewesen sei – verzichtete auf den Einzug in die Heimstätte der Stiftung, das Maximilianeum, womit kostenlose Unterkunft und Verpflegung verbunden gewesen wären, da die elterliche Wohnung ganz in der Nähe der Universität lag. So konnte für ihn ein von außerhalb Münchens stammender Maximilianeer nachrücken. Den Einzug in das Maximilianeum – die Stiftung ist immer noch Eigentümer des Gebäudes am Hochufer der Isar, der Bayerische

Landtag ist dort nur Mieter – holte Strauß 1978 nach, als Abgeordneter und Bayerischer Ministerpräsident.

Mehr als ein Jahrhundert dauerte es, bis in die Stiftung Maximilianeum nicht nur „talentvolle Jünglinge", sondern auch „talentvolle" Abiturientinnen aufgenommen wurden. Die Entscheidung dafür fiel 1980, und sie fiel unter Ministerpräsident Strauß, dem Maximilianeer.

Noch in die Schulzeit von Strauß war Hitlers Machtübernahme vom 30. Januar 1933 gefallen. „So, jetzt ist der Hitler Reichskanzler geworden. Das bedeutet Krieg, und dieser Krieg ist das Ende Deutschlands" – mit dieser düsteren und nur allzu zutreffenden Prophezeiung des Vaters wurde Strauß am nächsten Tag nach Heimkehr von der Schule empfangen. Strauß hat diesen Tag auch deshalb nicht vergessen, weil auf Münchens Straßen starkes Glatteis herrschte. Ein Gefühl der politischen Ohnmacht muss damals Franz Josef Strauß bedrückt haben. Von der Schwester Maria habe ich mehr als einmal gehört, wie sehr er in diesen Tagen seine Einflusslosigkeit beklagt habe, nichts gegen eine für verhängnisvoll gehaltene Entwicklung tun zu können. Und wenn sie ihn mit der Hoffnung, dass es schon nicht so schlimm werde, zu beruhigen suchte, kam die schroffe Antwort: „Du wirst noch an mich denken." Maria Strauß erzählte dann davon, wie eindringlich sie sich der Warnung des Bruders erinnert habe: „Ich habe an ihn gedacht, als in den grauenvollen Bombennächten die Luftminen auf unsere Stadt herunterpfiffen, als wir, nirgends mehr daheim, auf einer Parkbank übernachteten und als wir nach dem Krieg, dreimal ausgebombt, mit lauter geliehenen Haushaltsgeräten wieder eine eigene Wohnung bezogen, deren Fenster zu Dreiviertel aus Pappe und nur zu einem Viertel aus Glas bestanden."

Maria Strauß, akribisch korrekt in ihrer Lebensweise wie in ihren Erinnerungen an Kindheit und Jugend des Bruders, hat mir und anderen bei vielen Begegnungen immer wieder vom früh erwachten politischen Denken von Franz Josef Strauß erzählt – und es war in der Zeit des Nationalsozialismus immer ein kritisches, ein aufmüpfiges Denken. So überraschte der Sohn und Bruder die Familie zu Beginn seines Studiums mit der Ankündigung, dass er nun den Führerschein machen wolle – ein Vorhaben, das angesichts der völligen Aussichtslosigkeit, sich in absehbarer Zeit ein Automobil anschaffen zu können, von Eltern und Schwester als ein Anflug von Größenwahn angesehen wurde. Schwester Maria ist die Antwort, die sie vom Bruder auf eine entsprechende spöttische Anspielung erhielt, unvergessen geblieben: „Meinst Du, ich will einmal für den Deppen zu Fuß durch ganz Europa marschieren?" Wer mit „Depp" gemeint war, war klar.

Als Strauß den Führerschein hatte, war er dann doch sehr bald motorisiert. Ein Motorrad versetzte ihn in die Lage, die Ziele seiner mit dem Fahrrad begonnenen Entdeckungsreisen erheblich weiter zu stecken. Finanzielle Hilfe der Eltern brauchte Strauß für den Erwerb seines geliebten Motorrades nicht in Anspruch zu nehmen. Maria Strauß: „Während seiner Studentenzeit schickte ihm das Max-Gymnasium Schüler der Abschlussklassen, die in Gefahr waren, das Abitur nicht zu bestehen, zum Nachhilfeunterricht. Er hat sie alle durchgebracht." Und da Strauß während des Studiums bei der Herausgabe der Geschichte des Altertums von Professor Walter Otto mitarbeitete und auch als wissenschaftlicher Mitarbeiter bei der Herausgabe altsprachlicher Lehrbücher beim Verlag C. H. Beck tätig war, verdiente er als Student zum Erstaunen der Schwester mehr als diese, die eine durchaus gut bezahlte kaufmännische Stellung hatte.

Obwohl Franz Josef Strauß das beste Abitur seines Jahrganges in ganz Bayern hatte, war die Aufnahme seines Studiums an der Münchner Ludwig-Maximilians-Universität mit Hindernissen verbunden. Der erste Antrag auf Immatrikulation an der Universität seiner Vaterstadt wurde ohne nähere Begründung abgelehnt. Strauß wurde, was schon aus wirtschaftlichen Gründen nicht möglich gewesen wäre, nach Erlangen oder Würzburg verwiesen. Offizielle Gründe wurden nicht genannt. Freilich lagen diese auf der Hand. Dennoch war nie festzustellen, ob die allgemein bekannte politische Einstellung des Vaters – die Bayerische Volkspartei war 1933 wie alle anderen Parteien verboten worden – dafür ursächlich war oder ob der Universität Hinweise darauf vorlagen, in welcher Form sich Franz Josef Strauß über die braunen Machthaber und ihre Politik zu äußern pflegte, dass er weder Mitglied der Hitlerjugend noch der SA oder der SS war. Erst eine Intervention von Professor Zellinger, seines alten Mentors, der beim Dekan der Philosophischen Fakultät, Walter Wüst, Professor für „arische Kultur und Sprachwissenschaft", bekannt als „Rassen-Wüst", mit Nachdruck darauf hinwies, dass man es sich nicht leisten könne, den Bewerber mit dem besten Abiturzeugnis Bayerns abzuweisen, sorgte für Wandel. Strauß wurde verspätet die Zulassung zum Studium in München erteilt, wobei diesem Anfang der sechsmonatige Arbeitsdienst vorausging.

Strauß, der Altphilologie, Geschichte und Germanistik belegte, hat immer wieder von dem wenig erfreulichen und lähmenden Klima an seiner Alma Mater erzählt. Unter den Professoren gab es viele Anhänger der „neuen Zeit". Die leuchtenden Ausnahmen sind Strauß deshalb umso deutlicher im Gedächtnis geblieben. Den berühmten Romanisten Karl Vossler pflegte er hier genauso hervorzuheben wie seinen wichtigsten akademischen Lehrer, den Althistoriker Walter Otto, der noch den Titel Geheimrat trug und zu dem der Student Strauß ein besonders enges und vertrauensvolles Verhältnis entwickelte. In den Gesprächen der beiden ging es nicht nur um historische Themen, sondern stets auch um Politisches. „Es kommt zum Krieg, Strauß! Und dieser Krieg ist von vornherein verloren" – dieser Satz Ottos prägte sich unauslöschlich ein. Und von Strauß selbst überlieferten Jahrzehnte später Kommilitonen einen Satz aus dem Mai 1939, der kennzeichnend für die Einschätzung der drohenden Lage war: „Wenn der Krieg kommt, dann wird er verloren; der einzige Ausweg für uns sind die Vereinigten Staaten von Europa."

Das auffällig selbständige Urteil

In der Festschrift zum 70. Geburtstag von Franz Josef Strauß erinnerte sich der berühmte Althistoriker Hermann Bengtson, zur gleichen Zeit Student, an den auffälligen und selbstbewussten Kommilitonen: „Strauß fand bald Zugang zu dem Althistoriker Walter Otto, der sein eigentlicher Lehrer geworden ist. Der Professor aus Breslau und der Student aus München haben viele Gespräche miteinander geführt, vor allem über politische Dinge und nicht nur über Alte Geschichte. Otto war prominentes Mitglied der Mittelpartei in Bayern gewesen (so nannte man hier die Deutschnationalen). In der politischen Grundhaltung trafen die beiden zusammen. Strauß war Maximilianeer gewesen, er zeichnete sich durch hervorragende Leistungen in der Wissenschaft aus, im Staatsexamen erreichte er ein Prädikat, das noch nie, soweit man dies in den Akten zurückverfolgen konnte, in Bayern von einem Kandidaten erzielt worden war." Vor allem berichtete Bengtson auch über den eigenwilligen und mutigen politischen Kopf Strauß: „Was an Strauß besonders auffiel, war sein selbständiges Urteil, die NS-Propaganda war von ihm wirkungslos abgeprallt. So äußerte er sich ganz positiv über das antike Judentum, ähnlich wie seinerzeit Theodor Mommsen. Überhaupt nahm Strauß kein Blatt vor den Mund, er ging den Dingen auf den Grund."

Der Berufswunsch des Studenten war klar. „Ich bin von der Schule an die Universität gegangen mit dem bescheidenen bürgerlichen Ziel, einmal Studienrat, Studienprofessor, Oberstudienrat zu werden, vielleicht Oberstudiendirektor, wenn man eine ganz lange Laufbahnplanung gemacht hätte, die ich nicht gemacht habe", habe ich Strauß nicht nur einmal erzählen hören. Professor Otto brachte auch den Gedanken eines akademischen Weges an der Universität ins Spiel. In seinen beiden letzten Semestern hörte Strauß bei dem berühmten Nationalökonomen Adolf Weber volkswirtschaftliche Vorlesungen. Von den Gründen dieser wissenschaftlichen Ausweitung wusste Maria Strauß eine klare Begründung des Bruders zu berichten: „Wenn Hitler bleibt, werde ich nie eine Anstellung beim Staat bekommen, worauf ich ja beim Studium der alten Sprachen und der Geschichte angewiesen wäre, da ich weder aus der Kirche austreten noch je zur Partei gehen werde. Also muss ich mich dann in der freien Wirtschaft halten können."

Um der Zeit, und damit dem Krieg, vorzugreifen: 1940 legte Strauß die Referendar-, im Januar 1941 die Assessorprüfung ab. Am 1. Februar 1943 wurde er zum Studienrat ernannt – als Leutnant der Heeresflak war er zu diesem Zeitpunkt auf einem Lehrgang. Im Dezember 1939 – Strauß war damals schon Soldat – war ein Gesuch um einen Studienurlaub zunächst abgelehnt worden. Vermerk auf dem Schriftstück: „Jetzt wird Geschichte gemacht, nicht studiert."

Eine Erfahrung machte Strauß während der nationalsozialistischen Zeit, die ihn besonders beeindruckt hat und ihm eine wichtige Lehre für sein ganzes Leben werden sollte – die Menschen nicht nach dem äußeren Schein, sondern nach ihrem tatsächlichen Verhalten zu beurteilen. Deshalb müsse man, so eine ständig wiederholte Erfahrung und Mahnung, sein Urteil besonders sorgsam wägen, wenn man die Zeit des Dritten Reiches und die Menschen und ihr Verhalten in dieser Zeit aus dem sicheren und gefahrlosen Abstand von Jahrzehnten bewerte. Einer seiner Lehrer an der Universität, der Altphilologe Franz Dirlmeier, diente ihm hier als besonders eindrucksvolles Beispiel. Dirlmeier war Gauführer des NS-Dozentenbundes, hat aber ausgerechnet in dieser Position vielen geholfen, die mit den Nazis ihre Schwierigkeiten hatten. Obwohl sicherlich kein getarnter Widerstandskämpfer, so Strauß, habe er sich nie unanständig verhalten und sei nie als glühender Nazi hervorgetreten. Dirlmeier habe absolutes Vertrauen genossen; das ging so weit, dass Strauß in Kriegszeiten sehr offene und kritische Briefe an ihn schrieb. Der Gedanke, dass er je irgendjemand denunzieren könnte, sei völlig undenkbar gewesen.

Am 17. September 1935 war der 20-jährige Strauß gemustert und als „tauglich Kraftwagenkampfgruppe" befunden worden. Die Zurückstellung zum Studium in den folgenden Jahren funktionierte deshalb reibungslos, weil der Aufbau der Panzertruppe noch nicht weit genug fortgeschritten war – und „tauglich Kraftwagenkampftruppe" bedeutete in Wirklichkeit „tauglich Panzertruppe". Bei einer neuerlichen Musterung im Jahre 1939 war Strauß zunächst der Infanterie zugeteilt worden. Sein nachdrücklicher Hinweis auf seinen Führerschein, sein Motorrad und seine motorsportlichen Interessen brachte dann noch eine Veränderung. Er kam zur „schweren motorisierten Artillerie".

Von den letzten Friedenswochen, die er bei einer befreundeten Familie in der Oberpfalz als Hauslehrer verbrachte, hat Strauß besonders eindringlich berichtet – wie über einem geradezu idyllischen Leben in der Großfamilie eines Guts- und Brauereibesitzers die Wolken des Krieges aufzogen und immer düsterer wurden. Am 1. August hatte Strauß seinem Freund Rudolf Mitterwieser, zu dieser Zeit Unteroffizier in der Max II.-Kaserne in München, auf einer offenen Postkarte geschrieben, wie er die Zukunft einschätze: „Mir geht es gut, but I see black. Und ich komme mir vor wie auf der Insel der Seligen vor der Abfahrt in die Hölle." Eine Mitteilung, deren Offenherzigkeit und Deutlichkeit Ausdruck politischer Weitsicht ebenso war wie persönlichen Mutes.

Am 25. August begann die Mobilmachung. Strauß erhielt danach seinen Gestellungsbefehl zu einer Artillerie-Ersatzabteilung in Landsberg am Lech. Noch bis in die Abendstunden des 31. August hinein bestand im Kreise der oberpfälzischen Bekannten von Strauß die Hoffnung, dass sich eine friedliche Lösung des Polen-Konflikts abzeichnen könne. Strauß: „Gegen Mitternacht ging ich zu Bett mit der bangen Sorge im Herzen, dass in den nächsten Tagen der große Krieg ausbrechen werde. Denn ich hatte nicht den leisesten Zweifel, dass der Angriff Deutschlands gegen Polen mit Sicherheit den Kriegseintritt Frankreichs und Englands gegen das Deutsche Reich auslösen werde. Dies hatten führende englische Staatsmänner und publizistische Kommentatoren im Monat August so eindringlich und so häufig unterstrichen, dass an der englischen Entschlossenheit kein Zweifel bestehen konnte. Es war mir damals schon unbegreiflich, dass bei der Führung des Deutschen Reiches, bei Adolf Hitler und seiner Umgebung, bis in die letzte Stunde hinein die Hoffnung genährt wurde, England werde trotz aller Ankündigungen nicht in den Krieg eintreten."

Am nächsten Tag war es dann so weit, Strauß trat den Rückweg nach München an, wo er sich vor dem Einrücken noch einmal mit den Eltern und der Schwester treffen wollte. Als er gegen Abend nach der Dämmerung mit seinem Motorrad in der bayerischen Hauptstadt eintraf, war das sonst leuchtende München schon in Dunkel gehüllt. Die Fahrzeuge fuhren entweder ohne Licht oder bereits mit Verdunklungseinrichtungen. Strauß: „Am nächsten Tag bereitete ich mich darauf vor, für unbestimmte Zeit Soldat der Deutschen Wehrmacht zu werden. Ich wusste allerdings nicht, dass es bis zum April 1945 dauern würde." Und die Erinnerung daran, dass seine Eltern und seine Schwester – und wohl auch er selbst – beim Abschied Tränen in den Augen hatten, hat Franz Josef Strauß sein Leben lang nicht verlassen.

Der Krieg

„Ich war Soldat vom ersten bis zum letzten Tag. Ich kenne den Krieg. Deshalb will ich den Frieden." So die persönliche Konsequenz von Franz Josef Strauß aus dem Zweiten Weltkrieg, der Europa an den Rand des Untergangs und Deutschland in die größte Katastrophe seiner Geschichte geführt, der Leid und Tod über Millionen und Abermillionen von Menschen gebracht hat. Als ursächlichen Kern dieses ungeheuerlichen Geschehens hat Strauß immer den Abfall der deutschen Politik von den Grundnormen des christlichen Sittengesetzes gesehen. Aus dieser Ursünde sei dann alles folgende Unheil erwachsen, das durch eine verbrecherische und verblendete deutsche Politik Elend, Not und Tod über die Völker Europas, nicht zuletzt über das deutsche Volk selbst gebracht hat.

Je älter Franz Josef Strauß wurde, umso öfter hat er, wie ich es bei vielen Gelegenheiten hören konnte, über den Krieg gesprochen. Da war von veteranenhaftem Schwadronieren nie etwas zu spüren. Da wurde in tiefem Nachdenken, in ernsthaftem Gedankenaustausch der Versuch unternommen, Ursachenforschung zu treiben, das Unerklärbare zu erklären, furchtbare Erlebnisse zu bewältigen, das Verhängnis der Geschichte zu verstehen. Vor allem aber ging es bei der Erörterung dieses Themas stets darum, aus einem schrecklichen Gestern Lehren für ein anderes, ein dauerhaft besseres Morgen zu ziehen. Strauß kam aber auch gerne darauf zu sprechen, wie ihn das Erleben starker Kameradschaft, menschlicher Zuverlässigkeit und großen Vertrauens das eigentlich Untragbare erträglicher gemacht hätte. Deutlich wurde immer eines: Die Erfahrungen aus der Zeit der Diktatur und des Krieges waren die treibende Kraft, die Strauß nach 1945 in die Politik führten.

In Landsberg am Lech machte Strauß eine verkürzte achtwöchige Ausbildung durch, verbunden mit einer Kraftfahrerschulung auf Pkw und Lkw. Danach kam die Zuteilung zu dem bereits aus Polen nach dem

Westen verlegten Artillerieregiment 43, in dem er bei der Munitionsko-
lonne vier Wochen einen Lastkraftwagen – an die Marke „Opel Blitz"
hat sich Strauß immer erinnert – fahren musste. Strauß wäre nicht der
gewesen, der er war und bis zu seinem Tod geblieben ist, hätte er nicht
seiner Neigung zum offenen Wort und zur deutlichen Aussprache auch
in seiner Zeit als Soldat wieder freien Lauf gelassen – ungeachtet der
damit verbundenen Risiken.

So machte er auch im Dezember 1939 auf Munitionswache in einem
Eifeldorf gegenüber seinen Kameraden aus seinem Herzen keine Mörder-
grube, sprach mit drastischer Deutlichkeit über seine Einschätzung der
Lage: dass er den Krieg für verloren halte, dass Hitler, Göring, Goebbels
und Himmler Kriegsverbrecher seien, dass freiwilliges in den Krieg
Ziehen töricht sei.

Es kam, wie es kommen musste. Als Strauß von einem Kurzurlaub
aus München zurückkehrte, wurde er zum Verhör beim Gerichtsoffizier
der Batterie befohlen. Mit großer Genauigkeit hatte ein Denunziant die
„defätistischen Äußerungen" des Kanoniers Strauß notiert und Meldung
gemacht. Strauß spürte, dass es ihm an den Kragen gehen sollte, bot alles
auf, was ihm an Dialektik, an Ausreden, an verharmlosenden Erklärungen
zur Verfügung stand. Er bestritt die Richtigkeit des Inhalts der Denunziation, führte anderes auf Verwechslungen zurück. Dumm, saudumm,
kriegsfreiwillig – das sei beispielsweise historisch zu verstehen. 1914
seien zwei Millionen Kriegsfreiwillige, die besten der Nation, verheizt
worden – 1917 hätten diese Reserven gefehlt, vor allem bei den Offizieren, einer der wesentlichen Gründe für den Verlust des Krieges. Folglich
sei es nicht nur dumm oder saudumm, sondern geradezu verbrecherisch
gewesen, so viele Kriegsfreiwillige einzuziehen. Dass die Führer des
Dritten Reiches Kriegsverbrecher seien, behaupte doch die Feindpropa-
ganda, ebenso, dass Deutschland den Krieg verlieren werde – er habe
doch nur zitiert. Auch vernommene Zeugen vermochten das auf der
nächtlichen Munitionswache Gesagte nicht aufzuhellen, der Beschuldigte
weigerte sich, das Tatprotokoll zu unterschreiben.

Wie manches Mal in seinem Leben hatte Franz Josef Strauß auch in
diesem Fall Glück. Als er am nächsten Tag zum Batteriechef befohlen

wurde, erfuhr er, dass der Kommandeur den Tatbericht zerrissen habe und die Sache erledigt sei. Erst nach dem Frankreichfeldzug ergab sich für Strauß die Gelegenheit, sich bei diesem mutigen Vorgesetzten persönlich zu bedanken. Die Reaktion des inzwischen vom Major zum Oberstleutnant beförderten Ludwig Fergg: „Reden wir nicht davon. Wenn ich den Tatsachenbericht gegen Sie weitergegeben hätte, wäre ich unehrlich gewesen, denn im Grunde wäre gegen mich der gleiche Tatbericht fällig gewesen. Was Sie damals leichtsinnigerweise gesagt haben und wofür man Sie wegen Dummheit hätte einsperren müssen, das denke ich auch." Strauß hat zeit seines Lebens in seinem Herzen Ludwig Fergg ein Denkmal der Dankbarkeit bewahrt.

Im Mai 1940 – Strauß hat während eines Studienurlaubs von Ende Januar bis Mitte März sein Referendarexamen abgelegt und ist am 1. Mai zum Gefreiten befördert worden – gibt es die erste Erfahrung mit langanhaltendem, schwerstem Artilleriefeuer an der Maas. Vom Luftdruck einer Granate wird Strauß in einen Graben geworfen, mit einer Knöchelverstauchung bleibt er bewusstlos liegen. Vor einem überstürzten Stellungswechsel lässt der Batterieoffizier nach dem vermissten Kanonier Strauß suchen. Im Führerhaus einer Zugmaschine erholt er sich. Als auch auf die neue Stellung das feindliche Artilleriefeuer wieder einsetzt, sucht er Schutz in einem Loch im Waldboden – Minuten später wird das Führerhaus der Zugmaschine von Granatsplittern zerfetzt. Glück? Zufall? Strauß sprach lieber von einem besonderen Schutzengel, den er in dieser und anderen Kriegssituationen gehabt habe.

Aisne, Marne, Seine, Loire – Stationen eines militärischen Weges durch Frankreich, den mit Strauß Zehntausende von deutschen Soldaten gemacht haben. Dann, an der französischen Kanalküste, Vorbereitung des später so genannten „Unternehmens Seelöwe", die Landungsoperation gegen England. Auch die Artillerieabteilung II/43, zu der Strauß gehörte, war dafür vorgesehen. Das Vorhaben, in der militärischen Führung heftig umstritten, wurde zunächst verschoben, dann endgültig aufgegeben.

Dazwischen hatte Strauß, am 1. November 1940 zum Unteroffizier befördert, noch einmal Studienurlaub bekommen. Am Theresien-Gymnasium in München legte er seine zweite Staatsprüfung ab, danach arbeitete der Studienassessor als Assistent am Altphilologischen und am Althistorischen Seminar der Ludwig-Maximilians-Universität, erste Schritte in Richtung einer möglichen akademischen Laufbahn. Auch an seiner Doktorarbeit saß Strauß. Ihr Thema: „Die Weltreichsidee bei Justins Historiae Philippicae des Trogus Pompeius" (Dass ich ihm zu einem Geburtstag eine Ausgabe des Trogus Pompeius aus dem 18. Jahrhundert schenken konnte, hat ihn ebenso gefreut wie mich.) Dieser geschichtliche Stoff hatte den Studenten Strauß frühzeitig fasziniert, jener schon bei den Denkern des Altertums auftretende Gedanke von einer Reihe sich jeweils ablösender Reiche – Babylon, Perserreich, Alexanderreich, Römisches Reich. Die brutale Wirklichkeit des „Dritten Reiches" zerschlug diese Pläne, die schon weit fortgeschrittene Dissertation verbrannte in der Reitmorstraße in München, als die Familie Strauß im April 1944 zum zweiten Mal ausgebombt wurde. Zum dritten Mal erlitt die Familie dieses Schicksal im Juli 1944 in der Schraudolphstraße.

Strauß, durch den Krieg daran gehindert, seine Promotion zu vollenden, hat sich deshalb besonders darüber gefreut, dass ihm die Ludwig-Maximilians-Universität, am 13. Juli 1985 mit Grad und Würde eines „doctor rerum politicarum honoris causa (Dr. rer. pol. h.c.)" auszeichnete. Die Begründung für diese Ehrung hätte umfassender nicht sein können: „Für seine gründlichen Analysen und kritischen Urteile zur Genese und Zwecksetzung des modernen Föderalismus, zur Struktur und Funktionsweise, zu Defiziten und Reformerfordernissen des deutschen Bundesstaates, zur föderativen Finanzordnung und deren Weiterentwicklung, über Wege und Irrwege des politischen Einigungsprozesses in Europa, zur Komplexität und Aufgabenausweitung des Staates, zur Begrenzung der Staatstätigkeit und zur Bewältigung der Bürokratiedominanz in der hochindustrialisierten Gesellschaft, zu Chancen und Gefährdungen freiheitlicher politischer Existenz im pluralistischen System und zur Konstanz und zum Wandel politischer Grundwerte." Die akademische Antwort des Geehrten – sein Thema: Der Weg der Bundesrepublik Deutschland – erreichte in Dichte, Länge und Qualität an diesem sonnigen Samstag im Auditorium Maximum durchaus den Rang einer Dissertation. Strauß machte kein Hehl daraus, dass ihm unter den vielen Doktorhüten, mit denen er von vielen Universitäten rund um den Globus ausgezeichnet worden war, der seiner Alma Mater der wichtigste war.

Zurück zum Krieg. Schon in Frankreich hat Strauß Grauen und Schrecken des Krieges kennengelernt. Briefe, die er in dieser Zeit geschrieben hat, sprechen eine bewegende und erschütternde Sprache. So heißt es in einem Schreiben vom 29. Mai 1940 an einen seiner Professoren: „Was soll ich Ihnen erzählen, von zerschossenen Tanks, ausgebrannten Ortschaften, Feuerüberfällen und dergleichen, ich glaube, es hat keinen Sinn. Wir stehen alle in der Hand der Vorsehung, und ohne den Willen Gottes fällt kein Haar von unserem Haupte. Um mit Rilke zu reden – ich weiß, dass ich Raum zu einem zweiten zeitlos breiten Leben habe – im Reich der humanitas und der pietas christiana."

Zwei Wochen später schreibt Strauß an den gleichen Empfänger in München: „Vom Begriff des Schicksals kann ich nicht reden, weil ich mit ihm noch nicht fertig bin, ich weiß nur jetzt, welch ungeheure Aufgabe auf uns Erzieher wartet und wie hoch die Voraussetzungen dafür sein müssen, um heute vor einer Jugend Humanismus predigen zu können." Weiter in diesem Brief: „Ich habe heuer wohl ein unvergessliches Pfingsten erlebt, und nie hat mir die alte Hymne ‚Veni Creator Spiritus' im Innern stärker wiedergeklungen als in diesen Tagen, wo das Auge so viel Zerstörung sehen musste. Es ist mir immer ein Zeichen, ein Beweis für die Schuld, die Verkehrung des Menschen, wenn er Schutz suchen muss unter der Erde in künstlichen Deckungen, auf der er als homo erectus (aufrecht gehender Mensch, W. Sch.) wandeln sollte, im Gegensatz zum Tier, das pronus (vornübergebeugt, W. Sch.) geschaffen ist." Strauß schreibt – und steht damit im krassen Gegensatz zur offiziellen Stimmung der Zeit –, dass er angesichts des Krieges Begriffe wie „frischfrohes Erleben" oder „erhebendes Bewusstsein" ablehnen müsse: „Ich weiß nicht, für wen dies zutrifft, für uns jedenfalls gibt es nur den Begriff der Pflicht."

Wen Gott verderben will

Tiefe Sorge und Angst um die Zukunft werden spürbar, wenn es in diesem Brief weiter heißt: „Natürlich besteht allgemein Hoffnung und Wunsch auf ein baldiges Ende des Krieges. Möge der Dämon Europa eine große Katastrophe verhindern und die Verblendeten zur Einsicht bringen. Quem Deus perdere vult, eum prius dementat." (Wen Gott verderben will, dem verwirrt er zuerst den Verstand. W. Sch.)

Die Katastrophe aber geht weiter. Mit Beginn des Ostfeldzuges am 22. Juni 1941 stößt Strauß mit seiner Einheit in Richtung Lemberg vor, ist mit seinen Kameraden in Kirowograd und Kremenschug dabei, an Dnjepr und Donez. Ein herzlicher und häufiger Briefwechsel mit der Schwester beginnt, der die nächsten Jahre, so lange Strauß in Russland im Einsatz ist, anhält. Der Sohn und Bruder sorgt sich um die Angehörigen in der Heimat, zumal in München die Zeit der Bombenangriffe beginnt. Eltern und Schwester wiederum bangen um ihren Franz. Mancher Wunsch aus dem Krieg, der die Schwester erreicht, zeigt zum einen das anhaltende Bestreben von Strauß, sein Wissen zu erweitern, zum anderen die Fähigkeit, aus jeder Lage das Beste zu machen. So bittet er in einem Brief vom 1. Oktober 1942 „als Optimist" um Folgendes: „Wenn Du kannst, kannst Du mir ruhig noch eine russische Schulgrammatik schicken oder von Bubnoff die ‚Kleine russische Sprachlehre' mit Schlüssel, die recht brauchbar ist." Auch die geliebten Klassiker sind nicht vergessen. Die „Satiren und Episteln" des Horaz hätte er gerne. Denn: „Ich will doch etwas tun hier, so gut es geht." Auch Werke über griechische Philosophie und Staatsrecht, über Heerwesen und Kriegsführung der Römer und die Dichtungen des Griechen Pindar stehen auf seiner Wunschliste.

Strauß, zeit seines Lebens, was ich immer mit Staunen beobachten konnte, ein akribischer Beobachter, dem kaum etwas entging, hat auch genau auf das russische Land geschaut, hat seine Sicht der Dinge festgehalten. In einem Brief an Schwester Maria heißt es: „Ich kann mir gut vorstellen, dass die Landschaft z. B. hier auf ihre Bewohner auch einen starken seelischen Einfluss ausgeübt hat im Laufe der Jahrhunderte, diese formlose Weite, diese ungegliederten Flächen, die nur von den typischen ‚Balkas' (buschreiche Schluchten) und wilden Bachläufen durchschnitten werden. Der größte Teil der Dörfer ist ärmlich und verwahrlost, die Bewohner im Allgemeinen gutmütig. Woher die vielen, unendlich vielen uralten (d. h. nicht aus diesem Krieg stammenden) Ruinen kommen, ist mir unklar, vielleicht aus der Revolutionszeit."

An die Generation von Strauß und damit auch an ihn selbst ist immer wieder die Frage gestellt worden, was sie von den Greueltaten der Nationalsozialisten wussten, von Massenmorden, Konzentrationslagern und anderen Untaten. In den „Erinnerungen" von Strauß heißt es dazu: „Man läuft heute Gefahr, verlacht, verhöhnt, verspottet zu werden, aber es bleibt dennoch wahr, wenn ich sage, dass ich von Auschwitz und anderen Vernichtungslagern keine Ahnung hatte. Den Namen Auschwitz hörte ich 1945 zum ersten Mal. Ich wusste von Dachau und wusste, dass Dachau ein KZ war, in dem Verbrechen begangen wurden."

Beim deutschen Einmarsch in Lemberg wurde Strauß Zeuge eines doppelten Kriegsverbrechens, eines Kriegsverbrechens der Russen und eines Kriegsverbrechens der SS. Strauß in den „Erinnerungen": „Ende Juni hatten sich Teile der Bevölkerung von Lemberg gegen die Russen erhoben, woraufhin die russische Geheimpolizei GPU eine große Säuberungsaktion durchführte. Sie hat noch ermordet, was sie ermorden konnte. Ich fahre mit dem Batterieoffizier Leutnant Wenck nach Lemberg hinein, ich am Steuer, Wenck, im Frankreichfeldzug mit dem EK 1 ausgezeichnet, neben mir. Brandgeruch und Leichengestank liegen über der Stadt. Vor einem Gefängnis oder einer Kaserne bemerken wir einen ungeheuren Auflauf. Die Russen haben Hunderte von Gefangenen auf bestialische Weise umgebracht. Tot oder halbtot haben sie ihre Opfer in die Kasematten geworfen, mit Benzin übergossen und angezündet. Als wir dazustoßen, werden gerade die ersten Leichen herausgeholt – bis zur Unkenntlichkeit verbrannter menschliches Fleisch. Die Toten werden auf dem Hof in Reihen gelegt, die Angehörigen hereingelassen, um ihre Angehörigen zu identifizieren. Immer wieder tritt aus den Wolken eines bestialischen Gestanks eine Polin, eine Ukrainerin auf mich zu, packt mich, weint und schreit, zeigt Photographien von Mann oder Sohn. Auf einmal sehe ich, wie neben mir Leutnant Wenck umfällt, ein tapferer und kriegserfahrener Offizier."

Wenige Tage später, Strauß liegt mit seiner Einheit noch in der gleichen Stellung. Aus einem größeren Waldstück krachen ununterbrochen Feuerstöße aus einer Maschinenpistole. Strauß: „Wir machen uns auf, wollen sehen, was los ist im Wald. Hinter den Bäumen eine Szene des Schreckens: Zusammengetriebene Juden, kommunistische Funktio-

näre, unschuldige Menschen mussten mit dem Spaten eine Grube aus-
heben, vielleicht 50 Meter in der Länge und zwei in der Breite. Die
Gefangenen standen da zu vielen Hunderten, vielleicht auch Tausenden – die Erschießungen erstreckten sich über mehrere Tage. Sie mussten sich hinknien vor der Grube, dann ging ein junger SS-Mann, vielleicht 18 Jahre alt und sternhagelblau, mit der Maschinenpistole von
Kopf zu Kopf, drückte ab, die Toten fielen in die Grube. War eine Lage
voll, wurde Erde darauf geworfen, das Morden ging weiter. Ein ukrai-
nischer Bauer, der das Geschehen beobachtet hatte und dabei entdeckt
worden war, wurde gleich miterschossen, damit es keinen Zeugen gab."

Von da an hielt Strauß alles, was zu hören war von deutschen Verbrechen, auch für möglich. Das ging bei ihm so weit, dass er Katyn, wo die
Russen über 4.000 polnische Offiziere ermordet hatten, zunächst für ein
Nazi-Verbrechen hielt. Die SS-Einsatzgruppen haben die polnischen
Offiziere ermordet und schieben das jetzt, typisch Propagandaschwindel
von Joseph Goebbels, den Russen in die Schuhe – davon war Strauß
1943 überzeugt. Erst nach dem Krieg, als das ganze Ausmaß der Nazi-
greuel bekannt wurde, erkannte Strauß, dass seine Vermutung falsch, dass
Katyn tatsächlich ein russisches Verbrechen war.

Im September 1941 wurde Strauß zu einem Offiziersanwärterlehrgang
kommandiert, am 15. Februar 1942 zum Leutnant befördert. Er wurde
Zugführer in der III. Batterie der in Gotha neu aufgestellten Heeresflakartillerieabteilung 289, die Bestandteil der 22. Panzerdivision war und zur
6. Armee gehörte. Die Einheit von Strauß – „mehr zum Gelehrten als zum
Offizier geeignet", hatte es in der Abschlussbeurteilung des frischge-
backenen Leutnants geheißen – wurde in der Kesselschlacht von Charkow
eingesetzt und war bei der Einnahme von Rostow am Don beteiligt.

Dann ging es in Richtung Stalingrad. Der Verband, zu dem Strauß
gehörte, wurde aus der 6. Armee aus- und in die 3. Armee eingegliedert.
Russische Einbrüche sollten verhindert werden, die Befehle an die nur
zum Teil einsatzbereite Einheit überstürzten sich. In einem verlustreichen
Gefecht wehrten sich die Reste der 22. Panzerdivision, in einem Kessel
eingeschlossen, ihrer Haut. Mit Unterstützung der Luftwaffe gelang
endlich der Ausbruch. Ein Divisionsbefehl aber galt weiter: „Ein Batail-

lon Panzergrenadiere und die Heeresflakartillerieabteilung sichern nach hinten und halten nachdrängende Russen in Schach. Beide Einheiten bleiben in Stellung, bis sie von der Division abgezogen werden." Zu dieser Heeresflakartillerieabteilung gehörte der Leutnant Strauß.

Franz Josef Strauß hatte ein gesundes Misstrauen gegen manche alte Soldaten, die sich in der strahlenden Erinnerung an tatsächliche oder angebliche Heldentaten zu ergehen wussten. Der Krieg war ihm zwar ein allgegenwärtiges Thema, aber stets als Anlass zum Nachdenken über den Sinn der Geschichte und ihre Wege, zum Nachsinnen, zum Nachfragen, zum Fragen auch an sich selbst. Wer wissen will, welche Rolle Strauß im Krieg spielte, kann und sollte deshalb auf die Aussagen anderer und unverdächtiger Zeugen zurückgreifen.

Was damals in Russland geschah

Was damals in Russland geschah und wie sich Strauß verhielt, schilderte mit großer Genauigkeit der seinerzeitige Kriegsberichterstatter Paul Botzenhardt:

„Mitte November 1942 sollte die Abteilung im Verbande des 48. Panzerkorps, das im Wesentlichen aus den Restbeständen der 22. Panzerdivision und zweier rumänischer Divisionen bestand, aus einer Bereitstellung etwa 100 km westlich Stalingrad der 6. Armee zu Hilfe kommen. Kurz zuvor war der ‚Vater der Abteilung', der erfahrene, souveräne Kommandeur, Oberstleutnant Heil, als Inspekteur der Heeresflak zum OKH versetzt worden. Man gab unserer Abteilung nun für dieses Stalingrad-Abenteuer nicht etwa einen unserer kampferprobten Batteriechefs, sondern schickte ihr einen aktiven Hauptmann von 42er-Mörsern als Kommandeur. Gleich bei der ersten heftigen Feindberührung fiel schon der zweite Chef der 2-cm-Batterie. Der Adjutant der Batterie trat an seine Stelle. Und Leutnant Strauß wurde Adjutant der Abteilung.

Für die Offiziere und Soldaten der Abteilung, die beim Auftauchen des neuen Kommandeurs, gerade vor dem riskanten Unternehmen, ein unbehagliches Gefühl beschlichen hatte, war es eine erhebliche Beruhigung, wenigstens ‚den Franzl' (so wurde Strauß von seinen jüngeren Offizierskameraden genannt) an der Seite des neuen Hauptmanns zu sehen, dem ja die Kampfmethoden der neuen Heeresflak ein Buch mit sieben Siegeln sein mussten. Tatsächlich kam es dann glücklicherweise auch so, dass Strauß die Abteilung in diesem abenteuerlichen Unternehmen praktisch führte."

Wie sich dann die bedrohliche Lage weiter zuspitzte, beschreibt Botzenhardt anschließend:

„Inzwischen konnte sich das gesamte Korps hinter den Fluss Tschir in Sicherheit bringen. Die letzten Pioniere waren bereits zwei Stunden weg, doch wir kämpften wie die Löwen gegen die immer zahlreicher anrollenden Feindpanzer. Jede Granate musste bei dem Munitionsmangel sitzen. Es gab neue schwere Verluste, drei Geschütze gingen samt Bedienungsmannschaft durch Volltreffer verloren. Die Munition drohte ganz zu Ende zu gehen. Die zwei restlichen verbliebenen 8,8-cm-Geschütze hatten aber den schätzungsweise 60 nachstoßenden Sowjetpanzern soviel Respekt eingeflößt, dass sie zunächst das weitere Nachrücken aufgaben.

Da sagte Strauß zum Kommandeur: ‚Herr Hauptmann, jetzt geh'n wir auch.' Antwort: ‚Wo denken Sie hin, wir haben Befehl, den Rückzug zu decken.' Strauß: ‚Ohne Munition hat Rückzugdecken keinen Sinn mehr. Die haben uns einfach vergessen.' Strauß kannte derartige Situationen, in die unterstellte oder zugeteilte Einheiten, wie unsere Heeresflak, immer wieder gerieten.

Der Kommandeur und der Adjutant wurden sich nicht einig. Der zwar flakunerfahrene, aber aktive Offizier, dem der Gehorsam Maß aller Dinge war, ein Soldatenleben lang dazu erzogen, nicht nach dem Sinn und Zweck einer von oben befohlenen Maßnahme zu fragen, und sein an der Ostfront inzwischen sehr erfahrener und gewitzter Reserveoffizier. Der kannte sich nicht nur gegenüber dem Feind aus, sondern hatte auch den Betrieb in den eigenen Stäben erlebt. Deshalb war er in dieser Lage darauf bedacht, ‚seinen Haufen' ungeschoren herauszulavieren."

Die Lage wird, so Botzenhardt, immer dramatischer: „Während der verzweifelte Abwehrkampf gegen die Panzerübermacht tobte und die Kanoniere auf verlorenem Posten ihre letzten Granaten zählten, rangen die beiden im Gefechtsstand um Leben und Tod der Abteilung. Es stellte sich dann heraus, dass das Korps uns tatsächlich im Wirbel der Ereignisse aus den Augen verloren hatte. So verdanken wir Überlebenden der Heeresflak 289 Franz Josef Strauß unser Leben, denn die Sowjets machen in den turbulenten Bewegungskämpfen jener Tage keine Gefangenen."

Drei Minuten, nachdem die Einheit von Strauß den Tschir überschritten hatte und damit dem Einschließungsring von Stalingrad entkommen war, wurde die Brücke gesprengt. „Das war ein typischer Fall. Die Division ist der Meinung, den Rückzugsbefehl gibt das Artillerieregiment, das Artillerieregiment ist der Meinung, die Division verfügt über ihre Heeresflakabteilung selber. Das Ergebnis war, dass alle drei nichts befohlen haben. Die hätten uns mit Mann und Maus geopfert", zog Franz Josef Strauß im Rückblick die Bilanz dieses Geschehens.

Nicht nur ein Zeuge weiß von der klugen, mutigen, persönliches Risiko nicht scheuenden und auf die Rettung von Menschenleben gerichteten Haltung und Praxis des Leutnants Strauß während des Krieges zu berichten. Dr. Gerd Kohlmann, später Generalmajor der Bundeswehr, war in jenen Tagen als junger Offizier Angehöriger der Heeresflakartillerieabteilung 289, war Batterieoffizier der 2. Batterie. Ihm ist Strauß in unvergesslicher Erinnerung geblieben. Es trugen, so Kohlmann, „Einsicht in die Lage, Verantwortungsbewusstsein gegenüber der Truppe, der Mut zum Entschluss und der Wille zum Handeln unseres Adjutanten maßgeblich dazu bei, dass Krisensituationen gemeistert wurden". Was mit diesem Gesamturteil gemeint war, schildert Kohlmann an einem Beispiel:

„Am 22. November 1942 musste die Division in Ausführung eines Führerbefehls, obwohl schon vom Russen umgangen, wieder in Richtung Norden in den Feind hinein angreifen, um Verbindung zu dort noch haltenden Rumänen zu suchen. Viel zu schwach für diesen Auftrag, war die Division gezwungen, sich während der Nacht bei Donschinka einzuigeln. Am Morgen des 23. konnte sie mehrere tausend rumänische Soldaten in ihre ‚Wagenburg' aufnehmen. Gegen Mittag standen wir mit neuen russischen Kräften im Gefecht. Unser Flakkampftrupp, zwei 8,8- und 2-cm-Geschütze, sicherte dabei außerhalb des Igels eine Furt am Nordausgang von Donschinka. Die gut getarnten Geschütze konnten den Angriff russischer Panzer durch Feuereröffnung auf nahe Entfernung erfolgreich abwehren. In wenigen Minuten waren sechs Panzer abgeschossen und der Angriff damit zusammengebrochen. Bei Dunkelheit wurden wir in die Rundumstellung der Division zurückbefohlen. Auf dem Abteilungsgefechtsstand erhielt ich von dem Kommandeur den Befehl, wieder bei Donschinka in Stellung zu gehen. Die Hinweise waren vergeblich, dass die Stellung dort ohne Infanterieschutz nicht zu halten sei und schon gar nicht in der Nacht bezogen werden könne, nachdem die abgekämpften Rumänen in Panik den Ort aufgegeben hatten. Der Kommandeur beharrte auf seinem Befehl trotz des großen Risikos für Menschen und auch für die in unserer Lage so wertvollen Geschütze. Leutnant Strauß war Zeuge der Auseinandersetzung. Beim Hinausgehen raunte er mir zu: ‚Ich gehe zur Division!' Wir verließen unsere Wagenburg und fuhren in Richtung Donschinka, als uns ein Kradmelder mit dem Befehl zur Rückkehr einholte. Strauß hatte die Aufhebung des unsinnigen Befehls durchgesetzt. Nutzlose Opfer wurden durch seinen mutigen Widerspruch und sein entschlossenes Eingreifen erspart."

Der spätere Bundeswehr-Generalmajor Kohlmann in seinem zusammenfassenden und viele Jahre später formulierten Urteil über seinen damaligen Kameraden:

„Mich hat damals beeindruckt, wie der Leutnant d. Res. Strauß mutig und entschlossen für seine Entscheidung eintrat und persönliche Risiken dabei in Kauf nahm, ohne in dem Ringen mit seinem Vorgesetzten illoyal zu werden. In einer Zeit, in der sich bessere eigene Einsicht allzu leicht dem Gehorsam auch gegenüber unsinnigen Befehlen beugte, wirkte das Handeln unseres Adjutanten nach Wissen, Gewissen und Verantwortung vorbildlich."

Weihnachten und das Grauen des Krieges

Die Weihnachtstage des Jahres 1942 sind Franz Josef Strauß nachdrücklich im Gedächtnis haften geblieben, weil der Gegensatz zwischen dem christlichen Hochfest und der furchtbaren Wirklichkeit des Krieges so besonders schreiend war. Dem Kessel von Stalingrad entronnen, wurde die Heeresflakabteilung 289 einer Kampfgruppe zugeteilt, die den Auftrag bekam, Stalingrad zu entsetzen. Die Einheit von Strauß, durch ihre Verluste zu sehr geschwächt, verblieb in ihren Stellungen. Am 23. Dezember wurde er zu einer Erkundungsfahrt kommandiert, er sollte ausfindig machen, wie die Lage im rückwärtigen Gebiet der Front sei. Nach 30 Kilometern stieß Strauß auf eine rumänische Stellung. Die Auskunft dort: „Die Russen sind durchgebrochen, wir erwarten sie jede Minute."

Als Strauß zu seiner Einheit zurückkam, war dort schon der größte Teil des Abteilungstrosses den Russen in die Hände gefallen. Am Morgen des Heiligen Abends begann der Rückmarsch, unterbrochen von nächtlicher Rast in einem Stall, fortgesetzt dann in bitterster Kälte.

Vor dem Abmarsch war am Vortag der Befehl gekommen, alle russischen Hilfswilligen (Hiwis) zu erschießen. Begründung: Die Hiwis würden vermutlich desertieren, Spionage gegen die Deutschen betreiben oder ihnen sonst wie in den Rücken fallen. Für Leutnant Strauß kam solches Handeln nicht in Frage: „Dieser Befehl wird auf keinen Fall vollzogen. Das ist völlig ausgeschlossen, wir sind doch keine Mörder." Dann schickte er seine beiden Hiwis weg. Als sich Strauß am Weihnachtstag nach einem 70-Kilometer-Marsch im Divisionsstand meldete, waren die beiden Russen, mit Tränen im Bart, wieder da – in einem Nachtmarsch waren sie den Deutschen gefolgt. Strauß: „Dann haben wir sie behalten, bis die Abteilung herauskam."

Am 12. Januar 1943 erreicht Strauß in Russland die Abkommandierung zu einem Lehrgang an der Feldflakartillerieschule in Stolpmünde zur weiteren Ausbildung als Entfernungsmess- und Batterieoffizier. Dazu kommt es aber nicht. Auf der Fahrt in die Heimat fällt durch Bombardierung die Lokomotive tagelang aus, Strauß erfriert sich bei dem langen

Aufenthalt in der eisigen Kälte beide Füße, vor allem deshalb, weil er vor dem Aufbruch die warmen Filzstiefel seinem Burschen überlassen hat. Unfähig, Stiefel zu tragen, die Füße mit Binden und Lumpen umwickelt, erhält Strauß Genesungsurlaub ins heimatliche München.

An die Heimkehr des Bruders erinnerte sich Maria Strauß noch nach Jahrzehnten in allen Einzelheiten: „In einer eiskalten Winternacht im Januar 1943 kam er völlig überraschend mit erfrorenen Füßen heim. Da erfuhren wir von ihm erstmals von der sich anbahnenden Tragödie von Stalingrad und dem Untergang der 6. Armee. Er sagte: ‚Bei uns erkennt jetzt der kleinste Leutnant, dass dieser Krieg verloren ist; wenn er jetzt nicht aufhört, ist der Verbrecher noch größer, als ich schon immer gemeint habe.‘ Es war uns klar, dass er damit Hitler meinte."

In die Tage in der Heimat fällt die Ernennung von Strauß zum Studienrat und zum Beamten auf Lebenszeit. Nach Ausheilung seiner Erfrierungen absolviert Strauß von Mitte März bis Mitte Mai den vorgesehenen Lehrgang in Stolpmünde. Die veränderte Kriegslage führt dazu, dass er danach nicht mehr an die Front kommandiert wird. Der zunehmende Luftkrieg gegen Deutschland erfordert eine verstärkte Luftabwehr. Die Flakverbände des Heeres sollen möglichst rasch erweitert werden. Ausbildungsoffiziere werden benötigt. So wird Strauß zur Lehrgangsgruppe IV in Altenstadt bei Schongau versetzt. Dass er zu dieser neuen Aufgabe kommt, wundert Strauß nicht: „Beim Kommiss meint man eben, dass ein Studienrat etwas vom Ausbilden verstehen muss." Während seiner Zeit in Altenstadt wird Strauß – am 1. Juni 1944 zum Oberleutnant befördert – mehrfach abkommandiert, so nach Dänemark, zur Heimatluftverteidigung nach Mülheim, kurz vor der Invasion nach Frankreich. Die Flakschule in Altenstadt ist eine Einrichtung der Luftwaffe, das Heer, zu dem Strauß gehört, hat eine selbständige Lehrgangsgruppe, in der Strauß zusätzlich zu seiner Tätigkeit als Ausbildungsoffizier auch noch die Aufgaben des Abteilungsadjutanten und des Chefs der Stabsbatterie übernimmt.

In Altenstadt kam es zu einer Begegnung von zwei Offizieren, aus denen eine lebenslange Freundschaft werden sollte, des Oberleutnants Franz Josef Strauß und des Oberleutnants Franz Hochreiter, der Jahre später in München ein angesehener Kieferchirurg werden sollte. Ich habe Hochreiter in den siebziger und achtziger Jahren oft getroffen und nicht nur einmal mit ihm darüber gesprochen, wie er Strauß in Schongau kennengelernt, wie er mit diesem damals trotz allgemeiner zeitbedingter Vorsicht in aller Offenheit geredet und wie ihn dieser auf den Boden der bitteren Wirklichkeit geholt habe. Hochreiter kam als Oberleutnant von der Ostfront nach Schongau, ausgezeichnet mit dem Deutschen Kreuz in Gold. Strauß: „Ich habe in ihm sofort einen anständigen Kameraden erkannt, mit dem ich, obwohl er anderer Meinung war, offen zu reden wagte." Bei einer abendlichen Unterhaltung kam das Gespräch auf den Punkt. Hochreiter berichtete davon, wie er mit seiner Batterie „zu viele" russische Panzer abgeschossen habe – bei einem einzigen Angriff 20! –, weswegen er als Ausbilder in die Heimat abkommandiert worden sei. Hochreiters Schlussfolgerung: „Der Krieg ist überhaupt nicht zu verlieren."

Strauß war bestürzt ob solcher Blindheit angesichts der damaligen militärischen Gesamtlage Mitte 1944: „Herr Hochreiter, wir wollen offen miteinander reden, auch wenn ich mich dabei in Ihre Hand begebe. Ich gratuliere Ihnen zu Ihren Erfolgen, zu Ihrem hohen Orden, aber wie schaut es denn aus? Vor einem Jahr Stalingrad, die Wehrmacht seither dauernd im Rückzug, das Afrika-Korps gescheitert, zunehmende Zerstörung in der Heimat, die materielle Überlegenheit der Amerikaner, die Russen von Tag zu Tag stärker statt schwächer, Italien abgefallen – wie soll da der Krieg gewonnen werden?"

Das Gespräch wird an einem zweiten Abend fortgesetzt, die Argumente von Strauß sind auf fruchtbaren Boden gefallen. Franz Hochreiter hat mir selbst davon berichtet, wie es ihm wie Schuppen von den Augen gefallen sei, wie er die Aussichtslosigkeit der militärischen Lage Deutschlands erkannt habe. Hochreiter hat mit Bewunderung von dem Mut von Strauß zu dieser Offenheit in der damaligen Zeit und unter den damaligen Umständen gesprochen, von seiner Argumentationskraft, von seiner Fähigkeit, die Dinge im Ganzen zu sehen.

Den letzten Wahnsinn verhindern

Einigkeit bestand unter den verantwortlichen Offizieren in Altenstadt darin, dass es – das bittere Ende, die militärische Niederlage und das Heranrücken der Amerikaner zeichneten sich unaufhaltsam ab – sinnlos, gar verbrecherisch gewesen wäre, entsprechend dem am 22. Januar 1945 im gesamten Reich ausgelösten Alarmplan „Gneisenau" Widerstand bis zur letzten Patrone zu leisten. Strauß: „Um die Lehrgangsteilnehmer zu bewaffnen, standen lediglich Karabiner zur Verfügung. Die Amerikaner hingegen konnten Artillerie, Panzer und Flugzeuge in Massen aufbieten. Hätte man versucht, entsprechend dem Befehl eine ‚Lechlinie' als Verteidigungsstellung aufzubauen, wäre, abgesehen von der militärischen Sinnlosigkeit einer solchen Aktion, ein Blutbad nicht zu vermeiden gewesen. Außerdem wäre Schongau mit Sicherheit zerstört worden."

So waren sich der Kommandeur der Luftwaffenflakschule, der Kommandeur der Heeresflak-Lehrgangsgruppe und die jeweiligen Adjutanten, einer von ihnen Oberleutnant Strauß, schnell einig geworden. Obwohl die in solchen Fällen notwendige Verfügung des Oberkommandos des Heeres fehlte, wurden 2000 Luftwaffen- und 500 Heeresflak-Angehörige mit ordentlichen und gestempelten Papieren entlassen – 14 Tage vor der offiziellen deutschen Kapitulation am 8. Mai 1945. Wie sich kurz danach zeigen sollte, ging dieses Geschehen nicht ohne hohes persönliches Risiko für Strauß ab. Die Besprechungen der Offiziere, bei denen sie die befehlswidrige vorzeitige Entlassung berieten, waren offensichtlich nicht geheim geblieben. Ein Unteroffizier kam zu Strauß und eröffnete ihm, dass er Verbindungsmann zum Staatssicherheitsdienst (SD) sei und ihn warnen wolle – zwei Lehrgangsteilnehmer, ein Unteroffizier und ein Oberwachtmeister, hätten ihm mitgeteilt, dass Strauß und die anderen Offiziere die weitere Verteidigung entgegen dem Führer-Befehl verhindern wollten, weshalb sie planten, Strauß am nächsten Tag beim Morgenappell vor versammelter Mannschaft zu erschießen. Strauß und seine Offizierskameraden trafen Gegenmaßnahmen, schickten die beiden, die ihnen ans Leben wollten, auf Spähtrupp gegen die anrückenden Amerikaner, die zu dieser Zeit schon in der Gegend von Kaufbeuren standen. Das Vorhaben der beiden „Hundertprozentigen" scheiterte, hatte aber später noch ein Nachspiel. Eines Tages meldete sich bei Strauß, damals schon stellvertretender Landrat von Schongau, der Oberwachtmeister, noch in Uniform und soeben aus dem Lazarett entlassen, wegen Lebensmittelmarken. Strauß in seiner schon damals bekannten direkten Art: „Stimmt es, dass Ihr uns habt erschießen wollen?" Die Antwort: „Ich bitte um Verzeihung – ja. Wir waren so verhetzt und fanatisiert, dass ich erst später gemerkt habe, dass Sie recht hatten."

Strauß und seine Mit-Offiziere in der Flakschule Altenstadt verhinderten sinnloses Blutvergießen und sinnlose Zerstörung in einem zu diesem Zeitpunkt längst und für jedermann einsichtig verlorenen Krieg noch auf andere Weise. Der Volkssturm, vom zuständigen Gauleiter aufgeboten, sollte sich in der Flakschule versammeln. Strauß: „Es kamen zumeist alte Bauern aus der Umgebung, unzulänglich, vielfach mit Schrotflinten bewaffnet. Die Flakoffiziere nahmen den Männern die Waffen ab und schickten die erleichtert Aufatmenden nach Hause. So schnell waren die schon jahrelang nicht mehr gelaufen, wie um aus der Kaserne hinauszukommen."

In einem benachbarten HJ-Lager wollten fanatisierte und verführte Hitlerjungen noch zum letzten Kampf gegen die Amerikaner antreten. Ermahnungen und dringende Hinweise auf den verlorenen Krieg wollten nicht fruchten. „Da haben wir das HJ-Lager umstellt, mit 20, 30 Mann und haben denen die Panzerfäuste abgenommen; als die aufsässig wurden, haben wir ihnen ein paar heruntergezogen und haben gesagt: geht heim zur Mammi, da gehört Ihr hin", erzählte Strauß aus diesen Endtagen des „Großdeutschen Reiches". Gefährlicher als das Zusammentreffen mit Landsturm und Hitlerjugend war die Begegnung mit einem Hängekommando der SS, das in der Gegend um Schongau unterwegs war. Aus drei Mann bestehend, mit einem Pkw unterwegs und mit Stricken als Henkerswerkzeug wohl versehen, war das Kommando im Einsatz. Durch das Aufgreifen und Hinrichten von Deserteuren sollte in verblendeter Durchhaltegesinnung die Verteidigungsbereitschaft jenseits der Grenze jeder Vernunft aufrechterhalten werden.

Oberleutnant Strauß wurde über das barbarische Treiben vom Wirt des benachbarten Dorfes Hohenfurch alarmiert. Dem Wirtssohn war von Strauß eine vierwöchige Urlaubsverlängerung gewährt worden. Als diese verstrichen war, war der junge Mann, weil die Amerikaner gewissermaßen vor der Tür standen, nicht mehr in die Kaserne nach Altenstadt zurückgekehrt. Im väterlichen Wirtshaus war er von den SS-Männern aufgegriffen worden. Es sollte kurzer Prozess mit ihm gemacht werden.

Strauß trifft rechtzeitig ein, spricht dem SS-Kommando jede Zuständigkeit für einen Soldaten ab, der zu seiner Einheit gehört, und nimmt den jungen Mann pro forma fest, um ihn dann später laufen zu lassen. Widerspruch des SS-Kommandos lassen Strauß und seine Männer nicht aufkommen: „Erstens waren sie nur drei, zweitens waren sie im Vergleich zu uns schlechter bewaffnet. Ich habe dann gesagt: ich gebe Euch den guten Rat, weg von hier, in fünf Minuten seid Ihr draußen, und wenn nicht, dann stellen wir Euch alle drei an die Wand." Diese drastische Methode hatte Erfolg, die SS-Henker machten sich aus dem Staub.

Am 27. April 1945 fahren die Amerikaner mit ihren Panzern durch das Haupttor in die von Soldaten nach der Entlassungsaktion weitgehend entvölkerte Flak-Kaserne in Altenstadt ein – durch ein hinteres Tor verschwindet der Oberleutnant Franz Josef Strauß mit dem Fahrrad. Das Soldatenleben hat ein Ende. Zuvor hatte sich Strauß selbst aus der Wehrmacht entlassen: „Ich verwaltete ja unsere Personalpapiere. Ich trug in den Wehrpass die Entlassung ein und als Datum den 20. April." Das Datum war bewusst gewählt – der 20. April war der Geburtstag des „Führers".

Nach zwölf Jahren, sechs davon Krieg, war das „Tausendjährige Reich" vorbei. Deutschland stand vor dem größten Trümmerhaufen seiner Geschichte. Die Stunde Null schien gekommen. Was Franz Josef Strauß damals bewegte, hat er in einer Publikation mit dem Titel „Erwartungen", in der prominente Vertreter der Kriegsgeneration kritisch zurückblicken, so formuliert: „In dieser Zeit von 1945 und danach, in der es um das Überleben ging, um Essen, Heizen, die Behausung, das Wiederfinden der nächsten Angehörigen, kurz gesagt um die nackte Existenz, da haben wir uns die Frage gestellt: Wie soll das eigentlich weitergehen? Hat denn dieses Deutschland noch eine Zukunft? Wie sollen wir mit dem Wiederaufbau der größten Trümmerlandschaft der Weltgeschichte – materiell und geistig – fertig werden?"

Franz Josef Strauß hat nicht nur gefragt. Er hat mit einer großen und selbst zur Geschichte gewordenen Lebensleistung auf diese Fragen geantwortet.

„Wir stehen im Strom der Geschichte"

Die Frage, ob Politik aus der Geschichte lernen kann, hat Franz Josef Strauß, den studierten Historiker, der sein einschlägiges Examen bei dem berühmten Münchner Geschichtswissenschaftler Karl Alexander von Müller mit der eigentlich nicht möglichen Note 0,5 abgeschlossen hatte, ein Leben lang beschäftigt. Die Antwort darauf lasse sich, so hat Strauß in vielen Gesprächen abwägend sinniert, nicht nach einem einfachen Schwarz-Weiß-Muster geben, sie verlange differenziertes Denken, laute ebenso Ja wie Nein. Geschichte war für ihn kein Lehr- oder Rezeptbuch, kein Anwendungsformular für den Einzelfall, keine Anleitung für konkrete Verhaltensweisen. Historische Epochen wiederholen sich nicht, Geschichte vollzieht sich nicht wie eine Serie vorherbestimmter und geordneter Zyklen, sie läuft nicht ab wie das klassische Drama des antiken Griechenlands – das war für Strauß das eine.

Das andere: Der Mensch stehe nun einmal in einer sozialen und natürlichen Kontinuität, in Familie und Verwandtschaft, in Volk, Umwelt und Heimat. Der Mensch als ein geschichtlich eingebundenes und politisch abhängiges Wesen stehe in der Antinomie von geschichtlich-politischer Geworfenheit und geistig-autonomer Freiheit als seinem ureigensten Spannungsfeld der Bewährung.

Geschichte weist viele Aspekte auf – und es gibt kaum einen, für den sich Strauß nicht interessiert hätte. Mit wachem Auge überblickte er die Fülle historischer Neuerscheinungen, Bücherkauf war ihm bis an sein Lebensende alltägliche Gewohnheit und Notwendigkeit. Das Gespräch darüber, und ich durfte es oftmals führen, war ihm Bedürfnis, unabhängig davon, ob es von Zustimmung oder Widerspruch gekennzeichnet war. Dabei war Strauß stets darum bemüht, das Ganze zu sehen. Zur Geschichte gehörte für ihn die geographische Gegebenheit als der bleibende Teil der Bühne, die politische Umwelt, aus deutscher Sicht also zumindest die nähere und weitere europäische Nachbarschaft. Nicht weniger wichtig zum historischen Gesamtbild gehörten für ihn die wirtschaftlichen und sozialen Faktoren, der geistige Werdegang seines Volkes und aller Völker, die Ergebnisse der naturwissenschaftlichen Forschung, der technischen Entwicklung und der industriellen Anwendung. Vor allem aber ging es ihm um die Einordnung der eigenen Nation in die weltpolitische Gesamtlage.

Besonders fasziniert war Strauß, der in sich in immer wieder überraschender Weise klassisch-antikes Wissen mit technologisch-naturwissenschaftlicher Kompetenz und Neugier zu verbinden wusste, von der augenfälligen Beschleunigung des wissenschaftlichen Erkenntnis- und technischen Entwicklungsstandes. Dass sich hier das menschliche Wissen vom zweiten bis zum achten Jahrzehnt seines, des 20. Jahrhunderts, gegenüber allen Jahrhunderten vorher mehr als verdoppelt hatte, ließ ihm keine Ruhe. Auch deshalb, weil sich diese Periode der Verdoppelung wohl in immer kürzeren Abständen wiederholen würde und weil ein Ende dieser Entwicklung noch lange nicht abzusehen sei. Strauß: „Aus diesem Beschleunigungsfaktor ergeben sich immer neue und andersgeartete Anforderungen an den Menschen im Allgemeinen und an jene, die das Lebensumfeld des Menschen gestalten und bestimmen, an die Politiker, im Besonderen."

In diesem Zusammenhang erinnerte sich Strauß gerne der Lektüre seiner Kindheit und Jugend, an Autoren wie Jules Vernes, an Zukunftsromane von Hans Dominik über Reisen zum Mond, eine Utopie, die dann zu seiner Zeit längst Geschichte geworden war.

Alle politische Weisheit und alle politische Kunst sah Strauß vor dem Hintergrund des Unglückscharakters des menschlichen Lebens und des Verhängnischarakters der Geschichte: „Die Einsichten der vollkommensten Wissenschaft, die Errungenschaften der modernsten Technik, die Hilfen der umfassendsten Sozialpolitik können dem Menschen keine absolute Sicherheit gewähren. Auch aus dem Zusammenhang von geschichtlicher Erfahrung und politischer Weisheit kann nicht vollkommene Sicherheit, sondern nur ein Höchstmaß an Sicherheit gegen geschichtliche Katastrophen gewonnen werden."

Strauß hat sich – damit in klarem Gegensatz zu ideologieverhafteten sozialistischen Politik- und Geschichtsvorstellungen – stets als Vertreter einer Politik aus geschichtlicher Erfahrung und geschichtlicher Verantwortung gesehen. Für ihn gehörte die Bereitschaft, zur Geschichte Ja zu sagen, sie kennenzulernen und Lehren aus ihr zu ziehen, zum Wesenselement eines konservativen Politikers. Dieser lasse sich nicht von einem dogmatischen Ideal, einer ideologisch untermauerten Utopie oder vom Glauben an einen vorherbestimmten Ablauf der Geschichte lenken, sondern sei auf der Grundlage seiner Weltanschauung und gebunden an eine überzeitliche Weltordnung befähigt, die Symbiose von geschichtlicher Erfahrung und sich wandelndem Weltbild ständig zu vollziehen. Geschichte ist nicht die Lehrmeisterin, das nächste Mal für immer weise zu sein. Die Geschichte als Maß begreifen, an dem die Bewegung in die Zukunft gemessen wird – obwohl dieses Wort Jakob Burckhardts aus dem 19. Jahrhundert stammt, hat es Strauß als zeitgemäße Wahrheit immer wieder zitiert. Um dieses Maß zu halten, bedarf es im besten Sinne des Wortes konservativer Einsichten.

Franz Josef Strauß hat sich nie gescheut, sich auch als Konservativer zu bekennen, hat von diesem Begriff gleichzeitig jede Anmutung des Reaktionären entschlossen und überzeugend abgewehrt. Für ihn war nicht der Konservative der Reaktionär der Zeit, sondern der Sozialist. Begründung: „Ein Konservativer des Jahres 1980 ist ein anderer als der Konservative des Jahres 1880, aber der Sozialist des Jahres 1980 ist der gleiche wie jener des Jahres 1880. Sozialistisches Denken ist rückwärts gerichtet, will mit Rezepten von gestern die Aufgaben von heute verstehen und so die Herausforderungen des Morgen bestehen – eine Kombination, die in die Irre führen muss. Sozialisten tragen ein im vergangenen Jahrhundert entstandenes ideologisches Weltbild vor sich her und sind dadurch nicht in der Lage, das tatsächliche Bild der Welt wahrzunehmen."

Im Gegensatz zu der reaktionären Erstarrung des Marxismus und des Sozialismus hat sich, so die Sicht von Strauß, der moderne Konservative gelöst von dem inneren Zwang, alles und jedes konservieren zu müssen: „Er steht nicht unter einem ideologischen Druck, unkritisch und wahllos Vergangenes und Überholtes um jeden Preis in die Zukunft hinein bewahren zu müssen. Der Konservative hat die intellektuelle Souveränität, den sich ständig ergebenden technischen und sozialen Wandel zu erkennen und zu verarbeiten, er sucht sich aus Vergangenem und Gegenwärtigem das Bewahrenswerte kritisch wählend aus. Strauß zitierte in diesem Zusammenhang nicht nur einmal einen Grundsatz von Bayerns wohl bedeutendstem König Ludwig I.: „Was alt ist und gut, soll bleiben; was alt ist und gleichgültig, mag bleiben; was alt ist und schlecht, will ich stürzen, und wenn es tausend Jahre bestünde." Deshalb will der moderne Konservative die Welt nicht zerschlagen, um eine neue, bessere zu gestalten, sondern er nimmt sie, wie sie ist, und versucht das Beste aus ihr zu machen. Der moderne Konservative hänge auch nicht an allem, was gestern war, sondern er stehe für ein Leben aus dem, was immer gelte, pflegte Strauß sinngemäß Ernst Jünger zu zitieren.

Nur der Konservative ist für Strauß in der Lage, den dynamischen Gesamtprozess von Zeit und Geschichte zu begreifen und zu bewältigen. Er hat sich, weil er nicht in steriler Unbeweglichkeit verharrt, von statischem Denken gelöst. Wichtig war für Strauß, der in siebenundzwanzigeinhalbjähriger Führung der CSU stets auch um die Begriffsklärung des Namens seiner Partei bemüht war, dass neben dem Christlichen, dem Sozialen und dem Konservativen auch das Liberale seinen Platz hatte. Für ihn war ein echter Konservativer liberal, ein echter Liberaler konservativ: „Nur der moderne Konservative ist mit der geistigen Weite der Liberalität für Neues empfänglich und zu Neuem fähig. Nur dieser Zusammenklang von modern-konservativ und echt-liberal ergibt die geistige Weite für ein wesentliches Kriterium politischen Handelns: für die Fähigkeit zwischen besser und anders sowie zwischen gut und neu unterscheiden zu können."

Geschichtsverständnis und Geschichtsbewusstsein

Die Frage nach Sinn und Nutzen der Geschichte für den Menschen und die Politik hat Strauß sich und anderen immer wieder gestellt. Geschichtsverständnis und Geschichtsbewusstsein hat er stets als eine

Kernfrage des Gemeinschaftslebens überhaupt angesehen. Die Notwendigkeit, in geschichtlichen Maßstäben zu denken, hat er allen politisch Handelnden geradezu zur Pflicht gemacht: „Kein Mensch und kein Volk kann seiner Geschichte davonlaufen. Wer aus der Geschichte emigrieren will, wird von ihr eingeholt, im Falle der Katastrophe auch erschlagen werden." Die Geschichte ist keine Summe von Rechenexempeln oder moralischen Lehrstücken, sie zeigt immer nur im Guten wie im Bösen – bis hin zum satanisch Zerstörerischen, so Strauß – die Möglichkeiten, die der Mensch in all seiner Gebrochenheit, Verführbarkeit und Angefochtenheit besitzt.

Strauß wurde nie müde in seinem Plädoyer, den Kindern und den nachwachsenden Generationen insgesamt geschichtliches Wissen und geschichtliche Zusammenhänge zu vermitteln. Dabei ist jede Einseitigkeit zu vermeiden, Geschichte muss als Ganzes gesehen werden, damit die jungen Menschen die Geschichte ihres Volkes einordnen können in den europäischen und in den Weltzusammenhang. Weil Strauß ein leidenschaftlicher Gegner von Geschichtsklitterungen war, im Positiven wie im Negativen, war ihm gerade beim Blick auf die geschichtliche Situation Deutschlands das Ganze wesentlich. Er forderte, dass kein Kapitel der deutschen Geschichte, und sei es noch so düster, verschwiegen, kein Jota deutscher Schuld geleugnet werde. Als entschiedener Feind jeder Einseitigkeit wandte er sich aber auch gegen eine Geschichtsdarstellung, „die eindeutig und allein zu Lasten des deutschen Volkes, seiner Lebensrechte, seiner geschichtlichen Würde und seiner zukünftigen Daseinsansprüche geht". Auch im Buch der Geschichte anderer Völker gebe es dunkle Kapitel.

Deutsche politische Führung habe im Laufe der Jahrhunderte – und im Laufe der von seiner Generation erlebten Jahrzehnte – Versäumnisse, Fehler und große Verbrechen begangen. Strauß verwahrte sich aber gegen den Rückschluss, dass solches nur und ausschließlich den Deutschen anzulasten sei, als eine unzulässige historische Verengung: „Nicht nur, dass wir im freien Teil Deutschlands, die Bürger und die Politiker dieses Landes, faktisch, moralisch und politisch wieder gutzumachen versuchten, was nur irgendwie in menschlicher Unvollkommenheit gutzumachen ist – wir haben vor allem mit dem Auf- und Ausbau einer funktionierenden und stabilen Demokratie praktische Konsequenzen aus den Lehren unserer Geschichte gezogen. Wir tragen an dem, was im deutschen Namen verschuldet wurde. Die historische Wahrheit aber erlaubt es nicht nur, sie gebietet es zu sagen: Auch andere haben Versäumnisse begangen, auch andere haben Fehler gemacht – und auch an dem deutschen Volk und seinen Verbündeten sind während des Krieges und nach dem Kriege Verbrechen in großer Zahl und Scheußlichkeit begangen worden."

In diesem Kontext erinnerte Strauß an das Schicksal 12 Millionen vertriebener Deutscher, an die geschichtliche Leistung ihrer Eingliederung, an ihren Beitrag zum wirtschaftlichen, sozialen und politischen Aufbau. Die Rechnung Stalins sei nicht aufgegangen: „Die Millionen vertriebener, entwurzelter, verarmter, gedemütigter Deutscher aus dem Osten sind nicht der weltgeschichtliche Sprengstoff geworden, dessen Explosion ganz Deutschland und damit schließlich ganz Europa in die soziale und politische Revolution treiben und damit zur leichten Beute des Kommunismus hätte machen sollen."

Als Angehöriger des Jahrgangs 1915 hat Strauß die historischen Katastrophen des 20. Jahrhunderts wie Millionen seiner Generation erfahren und erlitten. Aus einem Wort Goethes in dessen „Maximen und Reflexionen", dass über Geschichte niemand urteilen könne, als wer an sich selbst Geschichte erlebt habe, hat Strauß die Beschäftigung mit der Geschichte geradezu zur Pflicht für einen Politiker gemacht: „Nur die Einsicht in die Abläufe der deutschen und der europäischen Geschichte setzt freiheitliche Politik in die Lage, ihren Beitrag zur Vermeidung historischer Katastrophen in der Zukunft leisten zu können." Er warnte vor der landläufigen Meinung, dass sich Geschichte überhaupt nicht wiederholen könne: „Sie kann sich durchaus, wenn auch nicht in allen Einzelheiten, so doch im Großen wiederholen, wenn aus den Niedergängen und Zusammenbrüchen, die meine Generation zweimal erlebt hat, von den Europäern und damit auch von den Deutschen nicht die Lehren und Konsequenzen gezogen werden."

Im Denken in geschichtlichen Zeitabläufen sah Strauß das einzig wirksame Gegenmittel gegen eine kurzatmige, nur von Tag zu Tag hinstolpernde, vom Tellerrand des einen bis zum Tellerrand des nächsten Wahlkampfes dahindämmernde Politik. Auch deshalb könne Geschichtskunde nicht durch Gesellschaftslehre ersetzt werden: „Man kann nicht die Kenntnis der Probleme vom Gleichgewicht der Macht, von Krieg und Frieden durch soziologische Kriegs- und Friedensforschung ersetzen. Man kann die großen Lebensfragen der machtpolitischen Probleme unserer Zeit und unserer Welt nicht damit lösen, dass man die Jugend in gesellschaftlicher Konflikttheorie ausbildet. Deshalb und weil Politik in erster Linie Arbeit für die Generation von morgen ist, führt kein Weg an der Forderung vorbei, dass unsere Jugend, dass die Jugend Europas wieder Geschichtsbewusstsein lernen muss, um wieder Verantwortung übernehmen zu können, wie es immer dringender geboten ist.“

Der Bayer Strauß hat am Preußen Otto von Bismarck stets auch dessen Denken in geschichtlichen Bezügen anerkannt und ein Wort des ersten Reichskanzlers des 1871 geschaffenen Deutschen Reiches gerne wiederholt: „Wir können die Geschichte der Vergangenheit weder ignorieren, noch können wir die Zukunft machen. Das ist ein Missverständnis, vor dem ich warnen möchte, dass wir uns einbilden, wir könnten den Lauf der Zeit dadurch beschleunigen, dass wir unsere Uhr vorstellen.“ Auch mit Leopold von Ranke war Strauß vertraut und bezog sich bei seinen Überlegungen über Mensch und Geschichte auf ihn: „Die Geschichte hat den Menschen selbst zu ihrem Gegenstand. Eine ihrer immanenten Bedingungen ist es, dass sie die menschlichen Dinge, wie sie sind, zu ergreifen, zu verstehen und verständlich zu machen versucht.“ Geschichte soll, so Ranke, zeigen, wie es gewesen ist. Als erbitterter Feind jeder Geschichtsfälschung fand Strauß den Unterschied zwischen Ideologen und Geschichtsschreibern dann nur noch geringfügig, wenn die einen die Zukunft fälschen, die anderen die Vergangenheit.

Wer wissen will, wohin er will, muss wissen, woher er kommt und wo er steht – das Ja von Franz Josef Strauß zur Geschichte und ihrer Kenntnis gründet in diesem Zusammenhang. Das Wort „Wir stehen im Strom der Geschichte“ war für Franz Josef Strauß Selbstverständlichkeit. Wer sich in diesem Strom behaupten will, muss Geschichte kennen.

Der Weg in die Politik

Franz Josef Strauß ist oft gefragt worden, warum ihn sein Lebensweg in die Politik geführt habe. Seine Antwort: Politiker zu werden, habe er nie beschlossen, aber er sei es unter dem Zwang der Stunde geworden und vielleicht in Erfüllung einer intuitiv verstandenen Pflicht, seinen Beitrag dafür zu leisten, dass die deutsche Politik niemals wieder auf schreckliche Irrwege kommen solle, wie seine Generation sie erlebt habe. Dieses Erleben im 20. Jahrhundert fasste Strauß in gewaltigen und eindrucksvollen Sätzen zusammen: „Das Ende des Ersten Weltkrieges und den Ausbruch der Revolution 1918 habe ich in meiner frühen Kindheit unbewusst erlebt, bewusst jedoch schon die galoppierende Inflation, die Währungsreform im November 1923, den Hitler-Putsch, die Jahre des scheinbaren wirtschaftlichen Aufstiegs zwischen 1924 und 1929, den Ausbruch der langanhaltenden und tiefgreifenden Wirtschaftskrise, die verheerende Massenarbeitslosigkeit, den zunehmenden Radikalismus rechts und links, die systematische Zerstörung der Weimarer Demokratie durch die Zusammenarbeit der äußersten Linken mit der äußersten Rechten, die Machtübernahme Hitlers – all das in München. Dann kamen die Jahre der Feste, Feiern und Fackelzüge, der zynische Abfall der deutschen Politik vom christlichen Sittengesetz, die Gewitterwolke des heraufziehenden Krieges, seine mutwillige Auslösung, die Blitzsiege, die Rückschläge und Katastrophen, das chaotische, unvermeidliche Ende, die völlige Niederlage. Dieser Krieg hatte mich als Wehrpflichtigen vom Lech zum Atlantik, vom Atlantik zum Don, vom Don wieder zum Lech geführt. Es folgten Fluch und Gnade der Stunde Null, das Bewusstsein, noch einmal davongekommen zu sein."

Wie es kam, dass der ehemalige Oberleutnant der deutschen Wehrmacht, Franz Josef Strauß, zum stellvertretenden Landrat von Schongau bestellt wurde, ist einem jener zufälligen Ereignisse zu danken, an denen die Nachkriegszeit so reich war und an denen es auch im Leben von

Strauß nicht fehlte. Nach seiner Selbst-Entlassung aus der Wehrmacht hatte er zunächst Unterschlupf beim Pfarrer des Dorfes Schwabniederhofen gefunden. Neugierig, wie er war, wollte er schon am anderen Tag mit dem Fahrrad nach Schongau, um zu erfahren, was dort passiert. Wahlloses Maschinengewehrfeuer einer amerikanischen Panzerkolonne ließ ihm jedoch die Umkehr ratsam erscheinen. Einen Tag später kamen die Amerikaner in das Dorf, die männliche Bevölkerung musste antreten. Die Papiere von Strauß wurden kontrolliert, als korrekt akzeptiert. In eine zweite Kolonne geriet Strauß, weil er bei einem Gang durch Schwabniederhofen allzu interessiert die amerikanischen Panzer inspiziert hatte. Zwei Offiziere nahmen Anstoß am unglaubwürdigen Entlassungsdatum 20. April und Strauß kam in amerikanische Kriegsgefangenschaft nach Schongau. Über die Behandlung, die er dort erfuhr, konnte er sich nicht beklagen. Ende Mai 1945 wurde er aus der kurzen Gefangenschaft entlassen.

Strauß wollte endlich wieder einmal seine Familie in München sehen. Dazu bedurfte es in der damaligen Zeit einer Erlaubnis der Militärregierung. Strauß meldete sich in Schongau beim zuständigen amerikanischen Offizier, Captain Carlson, trug sein Anliegen vor, und dies in flüssigem Englisch. Der Amerikaner war beeindruckt, fragte nach dem Beruf des ehemaligen Oberleutnants. Die Antwort: „Beamter." Darauf rückte Captain Carlson mit seinem Anliegen und seinem Problem heraus: „Wir haben gestern einen Landrat eingesetzt, einen tüchtigen Mann, der früher schon einmal in der Verwaltung tätig war, der aber kein Wort Englisch kann. Und da wir doch jeden Tag miteinander zu tun haben, brauchen wir jetzt einen Stellvertreter, mit dem wir uns unterhalten können. Sie wären unser Mann. Sind Sie dazu bereit?" Strauß sah in dem überraschenden Angebot eine gute Gelegenheit für ein zumindest vorübergehendes Unterkommen und sagte Ja.

Landrat von Schongau war Franz Xaver Bauer, ehemaliger Regierungsinspektor, einst Mitglied der Bayerischen Volkspartei. Strauß stellte sich bei seinem neuen Chef vor: „Herr Landrat, Grüß Gott, ich bin Ihr Stellvertreter." Bauers Freude hielt sich zunächst in Grenzen. Strauß nahm es ihm nicht übel: „Der hat zunächst gemeint, ich sei so eine ‚Amifigur' und hat sich mit Händen und Füßen gewehrt. Als er dann merkte, dass ich ein bayerischer Landsmann bin, dass ich aus München stamme, also nicht eine dieser damaligen Halbweltexistenzen war, die da so hereingeschwommen waren, war er zufrieden." Landrat Bauer war auch mit der Arbeitsteilung einverstanden, wie sie sich die amerikanische Besatzungsmacht vorgestellt hatte. Nach den Plänen der Militärregierung sollte Bauer für die Betreuung der deutschen Bevölkerung zuständig sein, Strauß dagegen war in allen Punkten verantwortlich, in denen es notwendigerweise Kontakte zwischen der deutschen Behörde und der Besatzungsmacht gab.

Freilich waren nicht nur Straußens Kenntnisse der englischen Sprache entscheidend dafür, dass Strauß zum stellvertretenden Landrat von Schongau ernannt wurde. Ausschlaggebend war auch die politische Haltung von Strauß während der Zeit des Dritten Reiches. Wie diese eingeschätzt wurde, war in der Beurteilung der Spruchkammer zu lesen: „Strauß hat sich zum Nationalsozialismus nicht nur passiv verhalten, sondern darüber hinaus in hohem Maße aktiv gegen die nationalsozialistischen Maßnahmen und Ideologien Widerstand geleistet. Strauß hat für seine Anschauungen an der Schule, an der Universität und während seiner Dienstzeit in der Wehrmacht leidenschaftlich geworben, seine anti-nationalsozialistische Ansicht unter Gefahr weiterverbreitet, aktiv Widerstand geleistet und andere zu anti-nationalsozialistischen Denkweisen zu überzeugen versucht und überzeugt. Er hat seine religiösen Überzeugungen durch Teilnahme an öffentlichen Veranstaltungen gegen jedermann bekundet." Im Papier der Spruchkammer heißt es dann weiter: „Strauß hat als Offizier der Flak-Artillerieschule Altenstadt durch sein entschlossenes Handeln maßgebend daran mitgewirkt, dass der Landkreis Schongau bei der Besetzung durch die amerikanischen Truppen ohne Blutvergießen und ohne größere Zerstörungen übergeben werden konnte."

Ein eigenwilliger Kopf von Anfang an

Die Erfahrungen seiner politischen Anfänge, die Strauß in einer Zeit größter materieller, geistiger und seelischer Not des deutschen Volkes im Landkreis Schongau gemacht hat, waren ihm ein politischer Grundkurs der besonderen Art. Nicht große Redensarten, nicht hochgetürmte Ideologien, nicht unerfüllbare Utopien – die praktische, die konkrete, die fassbare, die erfahrbare Hilfe für den Menschen bestimmte fortan sein politisches Handeln, freilich auf dem Fundament einer überzeugungsstarken und überzeugungstreuen politischen Grundhaltung.

Schon in diesen politischen Anfängen ist zwischen Strauß und der Region um Schongau eine enge und herzliche Beziehung gewachsen, die bis zu seinem Lebensende andauern sollte. Ob in seinen 29 Jahren als Mitglied des Deutschen Bundestages oder in seinem Jahrzehnt im Bayerischen Landtag, die Menschen in den Städten und Dörfern seines Wahlkreises konnten sich seit seinem kommunalpolitischen Beginn in der unmittelbaren Nachkriegszeit seiner sorgenden Aufmerksamkeit gewiss sein.

Von seinem Amt als stellvertretender Landrat her war Strauß vor allem und zunächst zuständig für die Versorgung und Unterbringung der Heimatvertriebenen, der Flüchtlinge, der Evakuierten. Er hatte sich Tag für Tag mit Ernährungs- und Wohnungsproblemen jener von Hitler nach Deutschland verschleppten Ausländer zu befassen, die nun „Displaced Persons (DP)" genannt wurden. Er hatte sich um Verkehrsprobleme im Landkreis zu kümmern, um die Versorgung mit Benzin und dessen Zuteilung und um ähnliche praktische Dinge mehr. Das öffentliche und private Leben jener Zeit stand vor unsagbaren Schwierigkeiten. Es musste improvisiert, es musste Phantasie gezeigt, es musste der Mut zu ungewöhnlichen Wegen aufgebracht werden. Strauß, der im Rückblick den damaligen Tag- und Nachteinsatz stets auch als eine schöne Zeit gesehen hat, bestand diese politischen Feuerproben. Er hat daraus Erfahrungen gesammelt, Einsichten gewonnen, Erkenntnisse gezogen, die ihm nicht selten in seinem späteren politischen Leben einen Informationsvorsprung und einen größeren Überblick gegenüber anderen Politikern gaben, denen diese „Grundausbildung" fehlte.

Zufrieden mit der Arbeit und mit der Leistung des stellvertretenden Landrats waren nicht nur die Menschen, denen Strauß helfen konnte und die ihre Dankbarkeit oftmals noch nach Jahrzehnten zum Ausdruck brachten, zufrieden waren auch die Herren von der amerikanischen Besatzungsmacht. Auch Landrat Bauer anerkannte die Leistung seines

Stellvertreters. Aus den mit Misstrauen begonnenen dienstlichen Beziehungen der beiden entwickelte sich ein langanhaltendes freundschaftliches Verhältnis.

Im Hochsommer 1946 kam es in Schongau zur Wahl eines Nachfolgers des amtsmüden Landrats Bauer, der sich die Last der Arbeit nicht weiter aufbürden wollte. Damals wurde der Landrat noch nicht von der Bevölkerung, sondern vom Kreistag gewählt. Strauß trat als Kandidat an und wurde gewählt, die Wahl wurde von der Militärregierung bestätigt. Säuberlich und in acht Paragraphen wurde dann in dem Dienstvertrag des Landrats mit seinem Landkreis niedergeschrieben, was Straußens Pflicht und Schuldigkeit sei. Festgelegt wurde die Dienstzeit von zwei Jahren – die später übliche Amtszeit bayerischer Kommunalbeamter von vier und sechs Jahren galt damals noch nicht –, festgelegt wurde das Dienstgehalt des Landrats, es betrug 4.800 Reichsmark jährlich, festgelegt wurde eine monatliche Dienstaufwandsentschädigung von 100 Reichsmark.

Ob als Stellvertreter oder als Landrat, Franz Josef Strauß kümmerte sich intensiv und nachdrücklich, übrigens mit einer schon damals hartnäckig ausgeprägten Vorliebe für den Einzelfall, um die Bürger seines Landkreises. Noch Jahrzehnte nach diesen Schongauer Anfängen haben sich Bürgerinnen und Bürger an konkrete Hilfe erinnert und dafür gedankt. Sein Wort, man könne nur groß im Großen sein, wenn man auch groß im Kleinen sei, habe ich immer wieder von ihm gehört. Es ging auf diese Zeit zurück.

In Schongau ging es um das Praktische, ohne dass dabei das Grundsätzliche aus dem Auge gelassen worden wäre. Schon damals bezog Strauß gegenüber der Öffentlichkeit klare und über den kommunalpolitischen Alltag hinausreichende Positionen. Dies war beispielsweise der Fall, als im September 1947 im Landkreis Schongau der Opfer des Nationalsozialismus gedacht wurde. Strauß: „Durch die ganze Geschichte des Abendlandes zieht sich die ewige Auseinandersetzung zwischen Freiheit und Unterdrückung, zwischen der Würde des Menschen als eines göttlichen Geschöpfes und der Entwürdigung des Menschen durch eine missbrauchte Staatsgewalt. Der Nationalsozialismus hat bewusst die

Freiheit des Bürgers im Staate vernichtet, die Achtung vor dem Leben des Menschen aufgehoben und ihn zum versklavten Werkzeug einer seelenlosen Machtpolitik erniedrigt. In allen Völkern, aber auch besonders im deutschen Volk – das wollen wir nicht vergessen – sind Männer und Frauen aufgestanden gegen den Terror einer verbrecherischen Staatsgewalt und sind eingetreten für die ewigen unabdingbaren Rechte des Menschen, sind unbeugsam und ihrem Gewissen folgend den Weg des Anstandes gegangen, haben die Tore der Konzentrationslager durchschritten und in einem nicht unterdrückbaren Glauben an die Würde und an die Freiheit des Menschen ihr Leben gegeben." Schon damals – man schrieb den September 1947! – mochte Strauß eine Gesamtschuld des deutschen Volkes, eine Kollektivschuld nicht akzeptieren. Ausdrücklich wies er auf das andere Deutschland hin, das gegen ein verbrecherisches Regime stand.

Strauß wäre nicht Strauß, hätte er sich damals und auf Dauer mit dem überschaubaren, eingegrenzten Aufgabenbereich des Landrats von Schongau begnügt. Sein Blick ging weiter, sein Verantwortungsbewusstsein war größer, seine politische Verpflichtung umfassender. So fand Franz Josef Strauß zur Christlich-Sozialen Union.

Mitbegründer der Christlich-Sozialen Union

Die Gründung einer neuen Partei – und bei der Christlich-Sozialen Union handelte es sich ebenso wie bei der Christlich-Demokratischen Union um eine völlig neue Partei – stieß in der damaligen Zeit auf Hindernisse vielfältigster Art. Wie schwierig und schier aussichtslos die Lage war, hat Konrad Adenauer in seinen Erinnerungen geschildert: „Die Gründung einer neuen Partei war schwer bei der trostlosen Lage, die in Deutschland bestand. Die materielle Not war groß, die politische Not und die Gleichgültigkeit gegenüber politischen Angelegenheiten bei den meisten Deutschen waren entmutigend. Die Gegenwart war niederdrückend, und die Zukunft unsicher und ungewiss. Das deutsche Volk war Erbe der Schandtaten des Nationalsozialismus, verhasst in der ganzen Welt. Parteipolitische Tätigkeit erschien aussichtslos. Es gehörte viel Mut dazu, eine neue Partei zu gründen. Es erscheint mir heute, wenn ich zurückblicke in die dunkle Zeit, wie ein Wunder, dass sich überall in Deutschland Gruppen bildeten, die, durch das Erlebnis der nationalsozialistischen Zeit gegangen, eine auf christlichem Fundament stehende neue Partei forderten."

Adenauer hatte in der Gründungsphase der Unionsparteien auch seine Beziehungen nach Bayern. In einem Brief vom 21. August 1945 unterrichtete der Kölner Oberbürgermeister seinen Münchner Amtskollegen Karl Scharnagl von der Gründung der CDP, der Christlich-Demokratischen-Partei, legte ihre Grundsätze dar, drängte darauf, sich dieser Entwicklung anzuschließen. Strauß dazu: „Adenauer war gegen eine Rückkehr zum alten Zentrum; er griff eine beim Katholikentag 1922 in München – dessen Präsident er war – geäußerte Idee einer Partei beider christlicher Konfessionen auf. Damals war auch der Gedanke einer Umbildung des Zentrums in eine interkonfessionelle christliche Volkspartei aufgekommen. Die Zeit aber war nicht reif dafür. Nicht nur heute ist zu fragen, was geschehen wäre, wenn dies hätte gelingen können ... Die Möglichkeit einer anderen Entwicklung der deutschen und damit der europäischen Geschichte wäre wahrscheinlich. Aber dies ist nur ein Stoßseufzer des historischen Irrealis! Bemerkenswert war in dem Brief Adenauers an Scharnagl auch die Feststellung, dass die politische Zusammenarbeit der Christen beider Konfessionen die einzige Rettung vor den aus dem Osten drohenden Gefahren sei."

Der Münchner Oberbürgermeister sah, den Vorstellungen Adenauers gegenüber voll aufgeschlossen, anstatt einer starren Ideologie die christliche Weltanschauung als einzig wirkungsvolle Grundlage einer breiten und neuen Volkspartei, deren Programm auf der Basis der christlichen Staats- und Gesellschaftsauffassung stehen müsse. Josef Müller, der Gründer der CSU, wies stets auf eine weitere Quelle der neuen politischen Idee und der neuen politischen Partei hin: „Erst das gemeinsame Erlebnis der Verfolgung im Dritten Reich und die Katastrophe des totalen Zusammenbruchs ließen die Zusammenarbeit der Christen beider Konfessionen auf dem Gebiet der Politik im Allgemeinen und der Kultur-, Wirtschafts- und Sozialpolitik im Besonderen zu einer geradezu unausweichlichen Notwendigkeit werden."

Schon im Sommer 1945 war Franz Josef Strauß bei den vorbereitenden Gesprächen, im November dann bei der Gründung der CSU dabei. Er erhielt im Landkreis Schongau die Mitgliedsnummer 2, denn die Zulassung politischer Parteien wurde von der Besatzungsmacht vorerst nur auf Kreisebene ermöglicht. Deshalb fällt es auch schwer zu sagen, wo und von wem exakt die Christlich-Soziale Union gegründet wurde, sie entstand fast gleichzeitig überall in ganz Bayern. Der offizielle Gründungstag wurde der 8. Januar 1946. Im Münchner Rathaus fand die erste Landessitzung der neuen Partei statt, zu der Vertreter aus allen bayerischen Regierungsbezirken gekommen waren. Die Lizenzurkunde, in englischer Sprache abgefasst und von dem amerikanischen Brigadegeneral Walter J. Muller unterschrieben, erhielt der schon im Dezember 1945 zum vorläufigen Landesvorsitzenden berufene Josef Müller, der Ochsensepp, der dann Ende März 1946 offiziell zum Parteivorsitzenden gewählt wurde.

Dass Franz Josef Strauß den Weg zur CSU fand, dass er nicht zu irgendeiner anderen der damals in Gründung befindlichen oder – wie die SPD – wiedergegründeten Parteien stieß, war für ihn Selbstverständlichkeit. Von seinem christlichen Elternhaus, von seiner Erziehung, von seinen Erfahrungen her kam für ihn nur eine Partei in Frage, die sich in zentralem und diametralem Gegensatz zu jener Politik befand, die Deutschland und Europa in das Unglück und in die Katastrophe geführt hatte. Wie die anderen Gründer der Christlich-Sozialen Union sah Strauß nur in einer neuen Partei, in der die Spaltungen und Spannungen der Konfessionen überwunden waren und christlich verantwortete Politik über die Konfessionsgrenzen hinweg zu praktischem Handeln geführt wurde, Ansatzpunkt und Möglichkeit, die riesigen Herausforderungen der Zeit und der Zukunft bestehen zu können. Vor allem die Kriegsgeneration war es, die nicht einfach an das Ende der Weimarer Republik im Jahre 1933 anknüpfen konnte und wollte.

Strauß stand mit seiner ganzen politischen Leidenschaft, die ihn bis zu seinem Tod nicht wieder verlassen hat, auf der Seite dieses Neuen in der deutschen Politik: „Irgendwie haben wir auch instinktiv vor Ausbruch des Krieges und während des Krieges gespürt, dass etwas ganz Neues geschaffen werden muss auf der politischen Plattform, wenn nicht eine Schöpfung der deutschen Demokratie wieder einen sehr negativen Verlauf nehmen soll."

Den ersten Parteitag der CSU erlebte Strauß im März 1946 in Bamberg, zu einer Zeit, als die extrem schwierigen Verkehrsmöglichkeiten der Abhaltung einer ganz Bayern umfassenden Veranstaltung viele Hindernisse in den Weg legten. Strauß bemühte sich um einen Ausgleich zwischen den Flügeln. Auf der einen Seite, so die gängige Lesart, standen Fritz Schäffer und Alois Hundhammer mit ihren Anhängern, die an Namen und Tradition der Bayerischen Volkspartei der Weimarer Zeit anknüpfen, auf der anderen Seite die „Liberalen" um Josef Müller und Adam Stegerwald, die Neubeginn, nicht Fortsetzung wollten. Schon dieser erste Auftritt von Strauß, der ihm über den engeren Kreis seiner oberbayerischen Parteifreunde hinaus Aufmerksamkeit verschaffte, war von einer eigenständigen Meinung und von einer selbstbewussten und kräftigen Ausdrucksweise gekennzeichnet. Nachdrücklich drängte der junge Politiker die großen Streithähne der Partei, doch endlich einmal Ruhe zu geben, die Richtungskämpfe zu beenden, den Blick von der Vergangenheit abzuwenden und sich auf die großen Aufgaben der Zukunft zu konzentrieren.

Erste Erfahrungen als politischer Redner auf lokaler Ebene machte Strauß schon im Januar 1946. Er nahm kein Blatt vor den Mund, auch nicht gegenüber der amerikanischen Besatzungsmacht. Die Folgen blieben nicht aus. Wieder einmal geriet Strauß wegen der freimütigen Bekundung seiner Meinung in Gefahr. Helmut Hammerschmidt, später langjähriger Intendant des Südwestfunks, war damals Dolmetscher der Militärregierung. Er warnte Strauß, dass die Amerikaner gegen ihn vorgehen würden, weil er angeblich in seinen Wahlreden die Militärregierung beschimpft habe. Strauß wusste, worum es ging und was er gesagt hatte: Viele Deutsche verhielten sich ganz erbärmlich; zuerst habe man die halbe Welt mit Marschstiefeln niedergetrampelt, und jetzt, nachdem man besiegt sei, lecke man den Staub von den Stiefeln der Sieger, sei auch bereit, andere Deutsche zu denunzieren. Und Strauß gebrauchte das deutliche Bild, dass man den Teppich vor der amerikanischen Kommandantur habe auswechseln müssen, weil die Denunzianten den ersten schon durchgetreten hätten.

Von Schongau nach München

Strauß wurde zum amerikanischen Gerichtsoffizier bestellt, es kam zu einer erregten Auseinandersetzung. Auch dabei wich der selbstbewusste Strauß nicht von seinem Standpunkt ab – es stimme doch, dass die Bereitschaft der Amerikaner, jeder noch so absurden Denunziation nachzugehen, zu einer unsinnigen Verhafterei führe. Die Unterredung nahm an Lautstärke zu. Strauß: „Draußen scharte sich das Volk der Sekretärinnen und Dolmetscher und zitterte, ich habe gebrüllt wie ein Löwe." Eine monatelang angestaute Verärgerung brach sich Bahn. Plötzlich sagte der Gerichtsoffizier, ein Jude, zu Strauß: „Außerdem sind sie ein Antisemit, ein Judenfeind!" Strauß forderte Beweise für diese Behauptung, worauf die Begründung kam: „Sie haben eine Partei gegründet, welche die Juden diskriminiert, weil sie christlich-sozial heißt." Die Erwiderung des CSU-Mannes: „Christlich-Sozial ist keine antijüdische Bezeichnung und kein antijüdisches Kriterium. Das können wir dadurch am besten aus der Welt räumen, dass Sie der CSU beitreten. Ich nehme Sie sofort auf." Strauß zog ein Aufnahmeformular aus der Tasche und legte es dem amerikanischen Gerichtsoffizier hin. Dieser nahm dann doch von einem Beitritt zur Christlich-Sozialen Union Abstand. Die Aufregung verlief im Sande.

Strauß stellte auch damit eine Haltung unter Beweis, die den Bürgern des Landkreises Schongau offenbar gefiel. In einem Zeitungsbericht aus der damaligen Zeit heißt es: „Die Wähler schätzten ihn wegen seiner Arbeitskraft und seines Mutes, mit möglichst wenig Bürokratie auszukommen. Sie schmunzelten über ihn, weil er ein offenes Wort liebte. Sie respektierten ihn, weil er nach Charakter und Wissen alle Voraussetzungen zu einem damals schweren Amt mitbrachte. Was dem Oberbayern besonders gefiel, war das ständige Aufmucken von Strauß gegen eine allumfassende Reglementierungswut der Besatzungsmacht und der von Strauß stets entschlossen vertretene Standpunkt, dass für die Behandlung deutscher Angelegenheiten allein die deutsche Verwaltung zuständig sein solle. Die Zustimmung zu Person und Amtsführung des Landrats Strauß trug Früchte. Im Juni 1948 wurde er erneut zum Landrat gewählt.

Vieles von dem, was drei oder vier Jahrzehnte später oder gar heute kaum mehr vorstellbar ist, war in den schwierigen und auch wirren Nachkriegsjahren durchaus möglich und üblich. So war Franz Josef Strauß nicht nur Landrat von Schongau. Schon im Mai 1946 übernahm er gleichzeitig, im Range eines Regierungsrats, die Leitung des Jugendreferats im Bayerischen Staatsministerium für Unterricht und Kultus in München. Er hatte sich zu dieser zusätzlichen Arbeit freilich nur unter der Bedingung bereit gefunden, dass dadurch seine politische Betätigungsmöglichkeit nicht eingeschränkt werden dürfe. Aus dem Kultusministerium kam Strauß später in das Bayerische Staatsministerium des Innern, wo er, zum Oberregierungsrat befördert, die Leitung des Landesjugendamtes übernahm.

Nicht nur in seiner Beamteneigenschaft kam Strauß öfters nach München. Ein besonders wichtiger Termin in der Landeshauptstadt war in den Anfangs- und Aufbaujahren der CSU jeweils der Mittwoch. An diesem Tag traf man sich in der Schwabinger Gedonstraße bei Josef Müller zum politischen Gespräch. Strauß, vom Ochsensepp schnell als „Vorzugsschüler" akzeptiert, hat immer wieder darauf hingewiesen, dass er an diesen Abenden, an denen sich vornehmlich schon in der Weimarer Republik aktive Köpfe trafen, viel an politischer Strategie und Taktik gelernt habe.

Im Lauf des Jahres 1948, er hatte zu dieser Zeit in der Partei bereits eine gewisse Bekanntheit und auch Profil gewonnen, hatte sich für Franz Josef Strauß klar abgezeichnet, dass eine Beibehaltung all seiner Ämter und ein weiteres Verbleiben in Schongau wohl nicht sein politischer Weg sein könne. So groß war die Zahl vor allem junger Köpfe in der CSU auch nicht, als dass die Partei angesichts der schwierigen vor ihr liegenden Aufgaben auf Strauß hätte ohne Weiteres verzichten können. Obwohl im Sommer 1948 als Landrat wiedergewählt, entschied er sich, dieses Amt zum 31. Dezember des Jahres abzugeben. In dieser Zeit war Strauß nicht nur Landrat in Schongau und Beamter in München, sondern auch Mitglied des Frankfurter Wirtschaftsrates.

Im Juni 1946 hatte die amerikanische Militärregierung die anderen Besatzungsmächte zur Schaffung einer einheitlichen Wirtschaftspolitik in allen Zonen aufgefordert. Die Sowjetunion reagierte auf diesen Vorstoß überhaupt nicht, Frankreich sagte nein. Es entstand die sogenannte Bi-Zone, der wirtschaftliche Zusammenschluss der amerikanischen und britischen Besatzungszone. Vom Januar 1947 an wurde die Verwaltung dieses Wirtschaftsraums einem deutschen Verwaltungsrat übergeben, im Sommer 1947 für dieses „vereinigte Wirtschaftsgebiet" ein Wirtschaftsrat geschaffen, dem 50 von den Landtagen der in der amerikanischen und britischen Zone liegenden Länder entsandte Abgeordnete angehörten. Bis zur Errichtung von Regierungs- und Verwaltungsstellen für ganz Deutschland sollte dieser Rat die Wirtschaft der beiden Besatzungszonen koordinieren. Als zu Beginn des Jahres 1948 die Zweizonenverwaltung umorganisiert wurde, erhöhte man gleichzeitig die Zahl der Abgeordneten des Wirtschaftsrates auf 104. Die bayerische CSU entschied, dass der Schongauer Landrat diesem Wirtschaftsrat angehören sollte. Die parlamentarische Laufbahn des Franz Josef Strauß begann.

Strauß stand in jener Zeit, als es um die grundsätzliche Entscheidung zwischen Staats- und Planwirtschaft auf der einen und freier und sozialer Marktwirtschaft auf der anderen Seite ging, nachdrücklich an der Seite Ludwig Erhards. Dies führte sogar zu einer heftigen Auseinandersetzung mit dem CSU-Vorsitzenden und Strauß-Förderer Josef Müller, der wie vor allem auch die Vertreter der Landwirtschaft der neuen Wirtschaftspolitik Erhards skeptisch bis schroff ablehnend gegenüberstand. Strauß blieb bei seinem Standpunkte und auf der Seite Erhards – eine Rückkehr zur Zwangsbewirtschaftung sei kein Ausweg aus den riesigen wirtschaftlichen Problem der Zeit. Erhard setzte sich durch – und Strauß war sein Leben lang stolz darauf, der Sache der Sozialen Marktwirtschaft zum Sieg verholfen zu haben. Ludwig Erhard hat sich der Unterstützung von Strauß immer dankbar erinnert: „So jung der Strauß damals war – im Frankfurter Wirtschaftsrat gehörte er zu den entscheidenden Politikern, mit denen ich gemeinsam die Widerstände gegen die Soziale Marktwirtschaft überwunden habe. Strauß hat die Bedeutung dieses freiheitlichsten aller Wirtschaftssysteme als einer der ersten Angehörigen der Frontgeneration begriffen."

Welche Auswirkungen diese Entscheidung, zu der noch die Währungsumstellung, die „Währungsreform" vom 20. Juni 1948, kam, für die wirtschaftliche Zukunft der Bundesrepublik Deutschland haben sollte, war damals nicht einmal in Umrissen abzusehen. Strauß: „Auch ich habe damals nicht in vollem Umfang geahnt, welche große Bedeutung der Einführung einer neuen Währung im westlichen Teil Deutschlands für das weitere politische und wirtschaftliche Schicksal unseres Landes zukam. An die steile wirtschaftliche Entwicklung, die dann eingetreten ist – im Ausland vielfach als deutsches Wirtschaftswunder bestaunt – und die uns in wenigen Jahren, verbunden mit einer Politik der Eingliederung in die freie Welt, wieder zu einem gewissen Ansehen in der Welt verholfen hat, hat damals noch niemand von uns geglaubt. Wohl aber wusste ich, dass Währungsreform und Aufhebung der Zwangswirtschaft unerlässlich und zwingende Voraussetzung für eine absehbare Wende der Not und für einen wirtschaftlichen Aufstieg waren."

In jene Zeit fällt auch die erste Begegnung von Strauß mit Konrad Adenauer: „Ich habe ihn das erste Mal bei der Gründung der Arbeitsgemeinschaft von CDU und CSU in Kronberg im Taunus gesehen und erlebt. Die Umrisse seiner Politik – christliches Menschenbild, Wiederaufbau des Landes, Versöhnung mit den Kriegsgegnern, Warnung vor dem Kommunismus – traten dabei ebenso klar zu Tage wie sein taktisches Geschick, wenn es darum ging, innerparteiliche Widersacher, zum Beispiel Jakob Kaiser, auszumanövrieren. Adenauer hatte kein Amt in der nordrhein-westfälischen Landesregierung. Er war Mitglied und Präsident des Parlamentarischen Rates, der für den westdeutschen Bundesstaat eine Verfassung ausarbeiten sollte. Die anderen sprachen von einer ehrenvollen Abschiedsposition, er selbst dachte an eine Startbahn für seine und Deutschlands politische Zukunft. Die Stunde Adenauers – der in dieser Zeit mehr an Autorität als an Popularität gewann – war gekommen, seine geschichtliche Chance ihm gegeben."

Auch die Stunde des Politikers Franz Josef Strauß war gekommen – über das Amt des Landrats von Schongau hinaus zeichnete sich die bayerische und deutsche Dimension seines Wirkens ab.

Die Bonner Jahre –
Durchbruch in die erste Reihe

Die erste Bundestagswahl der Bundesrepublik Deutschland fand am 14. August 1949 statt. Franz Josef Strauß war Kandidat im Wahlkreis Weilheim-Schongau, dem bis zu seinem Tod sein Herz gehören sollte, und wurde gewählt. Insgesamt lagen bei dieser geschichtlich so bedeutsamen Wahl CDU und CSU mit 7,37 Millionen Stimmen knapp vor der SPD, für die 430.000 Stimmen weniger abgegeben worden waren. Die CSU erreichte bescheidene 24 Mandate. Dies hing damit zusammen, dass damals die Bayernpartei im Lande noch eine starke Stellung hatte, sie konnte 17 Abgeordnete nach Bonn entsenden. In Oberbayern beispielsweise sah es so aus, dass – in München hatte die SPD alle vier Mandate errungen – die CSU nur in den Wahlkreisen Fürstenfeldbruck mit Dr. Richard Jaeger und Weilheim-Schongau mit Strauß erfolgreich war. Alle anderen oberbayerischen Direktmandate fielen an die Bayernpartei. Noch dramatischer für die CSU sah es in Niederbayern aus. Dort eroberte, mit Ausnahme von Passau, wo Fritz Schäffer kandidiert hatte, die Bayernpartei alle Direktmandate.

Die zwei Dutzend Abgeordneten der CSU formierten sich, der bayerische Zusammenschluss in der Fremde wurde ganz schnell als zweckmäßig erkannt. Auf Vorschlag von Fritz Schäffer und Franz Josef Strauß wurde die Landesgruppe der CSU im Deutschen Bundestag gebildet. Dieses Ja zur Selbständigkeit, das für die politische Entwicklung der Bundesrepublik Deutschland nicht ohne Folgen bleiben sollte, wurde und wird seither nach jeder Bundestagswahl von den Abgeordneten der CSU mit großer und gewachsener Selbstverständlichkeit bestätigt und fortgeführt. Das Gewicht, das die CSU im Neben- und Miteinander und manchmal auch im Gegeneinander der Unionsparteien sowie insgesamt in der deutschen Politik hat, hängt entscheidend auch mit dieser prinzipiellen Orientierung zu Beginn der parlamentarischen Arbeit der CSU in Bonn zusammen. Vorsitzender der Landesgruppe wurde Fritz Schäffer.

Als diesen Bundeskanzler Adenauer zum ersten Finanzminister der Bundesrepublik Deutschland berief, trat Strauß an seine Stelle.

Vorher aber ging es in Bonn noch um andere Entscheidungen. Weniger um jene, dass Konrad Adenauer, dessen Führungsrolle sich immer klarer herausgebildet hatte, für das Amt des Bundeskanzlers vorgeschlagen werden sollte, sondern mehr darum, welche Koalition die Unionsparteien anstreben und bilden sollten. In der CDU gab es durchaus starke Kräfte, die für ein Bündnis mit der SPD plädierten. Dieser Gruppe standen die Befürworter einer Kleinen Koalition mit FDP und Deutscher Partei (DP) gegenüber, weil diese eine Allianz mit der auf Staatswirtschaft ausgerichteten SPD für verfehlt hielten. Im Haus von Konrad Adenauer in Rhöndorf fand die entscheidende Konferenz statt, bei der Franz Josef Strauß das Gewicht der CSU in die Waagschale der auch von Adenauer gewünschten Kleinen Koalition warf. Richard Stücklen, CSU-Bundestagsabgeordneter von Anfang an: „Strauß ist es ganz wesentlich mit zu verdanken, dass der deutsche Neuanfang nicht im Zeichen einer Großen Koalition von CDU/CSU und SPD stand – einem Regierungsmodell, das in jener Zeit, in der die Union viele Anhänger hatte, den marktwirtschaftlichen Anfängen bald den Garaus gemacht hätte. Es war kein anderer als der junge Strauß, der sich 1949 in einer Besprechung der führenden Unionspolitiker für eine Kleine Koalition, damit für die Wirtschaftspolitik Erhards aussprach und mit dieser wichtigen Hilfe für Adenauer seinen ersten großen bundespolitischen Akzent setzte."

Das Eintreten der CSU für eine Kleine Koalition wurde ihr von Teilen der CDU durchaus verübelt. Diese Verärgerung hatte auch damit zu tun, dass die CSU als Mehrheitspartei im Bayerischen Landtag das Grundgesetz abgelehnt hatte – was damals wie heute zu vielerlei Missdeutungen geführt hat und führt. Die Haltung der CSU nämlich gegenüber der Verfassung des sich neubildenden demokratischen Staates war durchaus differenzierter, als es diese Kritik wahrhaben wollte. Straußens Sicht: „In der bayerischen Haltung drückten sich zwei Positionen aus – einmal die Kritik an der nicht ausreichenden föderativen Gestaltung des Grundgesetzes, zum anderen aber die trotzdem demonstrierte Bundestreue, die Erklärung der Verbindlichkeit des Grundgesetzes. Ja also zur Verbindlichkeit des gesamten Textes, nein aber wegen der Beanstandung einzelner Teile des Textes." Für separatistische Strömungen, die es damals in Bayern durchaus gab und die es heute in eher freundlich-skurrilen Überresten immer noch gibt, hatte Franz Josef Strauß nie das Geringste übrig. Entscheidend für diese klare Haltung für das gesamte Deutschland waren auch, wie er oft gesagt hat, die Erfahrungen des Krieges: „Zu meiner Prägung haben sechs Jahre Dienst in der Wehrmacht, davon mehrere Jahre Fronterlebnis, wesentlich beigetragen. Sie haben mein Verhältnis zu den außerbayerischen Deutschen verändert, haben bei der Formierung der Persönlichkeit und im Kameradschaftsgefühl gegenüber anderen deutschen Stämmen eine wesentliche Rolle gespielt. Das verpflichtende Bewusstsein, für das Ganze einstehen zu müssen, drang unauslöschlich in mich ein."

Die Kleine Koalition aus CDU, CSU, FDP und DP wurde gebildet, Konrad Adenauer mit einer Stimme Mehrheit – es war seine eigene! – zum ersten Bundeskanzler der Bundesrepublik Deutschland gewählt. Strauß – seine Erfahrungen als Leiter des Landesjugendamtes lassen grüßen – wird zum Vorsitzenden des Parlamentsausschusses für Jugendfürsorge gewählt. Auch seine erste Parlamentsrede am 21. Juli 1950 hatte die Jugend zum Thema, das Bemühen, die junge Generation für den neuen demokratischen Staat zu gewinnen, mit einer Politik für die Jugend die Voraussetzungen dafür zu schaffen, dass diese in späterer Zeit ihre demokratische Pflicht erfüllen kann und will.

Es wäre überraschend, wenn der Abgeordnete Strauß nicht umgehend und neugierig über den jugendpolitischen Bereich hinaus seine parlamentarische Kompetenz demonstriert hätte. Mit einem breitgefächerten politischen Interesse, mit einem wachen Auge und Ohr für die großen Probleme der Zeit, mit der Bereitschaft, sich in immer neue politische Felder einzuarbeiten, reifte Strauß zu einem Politiker, dessen umfassende Ausstattung ihn zu umfassendem Einsatz befähigte. Er wird dabei zu einem ergänzenden, unterstützenden und unerlässlichen Partner für den Bundeskanzler. Dies gilt besonders für parlamentarische Situationen, in denen die Regierung in Not gerät. Dies ist bei den schwierigen außen-, vor allem aber sicherheitspolitischen Entscheidungen jener Anfangsjahre und auch angesichts der knappen Mehrheit, über welche die Bundesregierung verfügt, nicht selten der Fall.

Die Wirkung einer großen Rede

Beispielsweise am 7. Februar 1952. Es ging, im Vorfeld der Auseinandersetzungen um eine Europäische Verteidigungsgemeinschaft (EVG), um die militärische Verteidigung der Bundesrepublik Deutschland, um die Aufstellung deutscher Streitkräfte. Am Vormittag hatte Adenauer gesprochen. Es war nicht sein stärkster Tag im Parlament. Der Opposition war es gelungen, die Bundesregierung in manchen Punkten an die Wand zu drücken.

Da ergreift der CSU-Abgeordnete Strauß (Weilheim-Schongau) das Wort. In einer glasklaren Analyse zeichnet er die weltpolitische, die europäische, die deutsche Situation, zieht daraus die zwingenden Schlussfolgerungen, auch im Hinblick auf die Bereitschaft und die Fähigkeit der Deutschen, zur Erhaltung des Friedens und der Freiheit einen eigenen Beitrag leisten zu können und zu müssen. Strauß präzisiert, was er unter einer Politik für den Frieden versteht: „Friedenspolitik heißt nicht Schwäche, heißt niemals Entwaffnung. Friedenspolitik heißt vor allen Dingen nicht leichtsinnige Hoffnung auf Errettung durch die Hand des Zufalls. Friedenspolitik heißt eines: klar erklärter Verzicht darauf, politische Ziele mit Gewalt durchsetzen zu wollen. Friedenspolitik heißt aber auch, einem eventuellen Angreifer klar zu machen, dass sein Angriff auf den organisierten Gesamtwiderstand Europas und Amerikas stoßen wird."

Strauß mahnt das Parlament, dass nicht unbegrenzt Zeit zur Verfügung stünde, um über die Organisation der europäischen Sicherheits- und Verteidigungspolitik debattieren zu können. Und er macht dies mit einem Bild deutlich, das zu einem der geradezu klassischen Sätze in der Parlamentsgeschichte der Bundesrepublik Deutschland geworden ist: „So gern ich auch die beiden mitsammen sprechen sehe, so möchte ich doch Herrn Dr. Adenauer und Herrn Dr. Schumacher nicht gerne hinter Stacheldraht im Ural sich darüber unterhalten sehen, was sie im Frühjahr 1952 hätten tun sollen!" Stürmischer Beifall bei den Regierungsparteien – lebhafte Zurufe von links, vermerkt das Bundestagsprotokoll.

Strauß, damals kaum mehr als 35 Jahre alt, erweist sich schon hier, am Anfang eines großen politischen Weges, als der Politiker, der in großen Maßstäben denkt, der die weltweiten Zusammenhänge sieht und in seine Überlegungen einbezieht. Das Schicksal Deutschlands sei untrennbar mit dem Schicksal der freien Welt verbunden, deren Verteidigungsgrenzen sich um den ganzen Erdball zögen. Deshalb könne die Frage, die von Millionen Deutschen in berechtigtem Ernst gestellt würde, ob ein deutscher Verteidigungsbeitrag die Kriegsgefahr erhöhe, nicht allein von der europäischen Landkarte aus entschieden werden. Und geradezu beschwörend: „Ein deutscher Beitrag für die Europäische Verteidigungsgemeinschaft bedeutet für Russland keine Gefahr, weil die EVG bewusst auf dem Gedanken der Sicherung und des Verzichtes auf jeden Angriffskrieg aufgebaut ist."

Beeindruckend und von großem Ernst getragen ist der Appell, den Strauß zum Ende dieser großen und seinen weiteren politischen Weg bestimmenden Rede an die Opposition richtet: „Wir sollten diesen Weg, meine Damen und Herren von der SPD, in gemeinsamer Verantwortung gehen. Möge es uns erspart bleiben, einmal darüber nachzudenken – wie es Ihren Parteifreunden und meinen Gesinnungsfreunden in der Vergangenheit gegangen ist –, was man hätte tun sollen, als es Zeit war. Heute ist es noch Zeit: erstens zu prüfen, zweitens zu entscheiden und drittens in europäischer Verantwortung danach zu handeln."

Seit dieser Rede galt Strauß bei Freund und Feind als wortgewaltiger Streiter, als leidenschaftlicher Mitkämpfer Adenauers und als Experte in Fragen eines deutschen Verteidigungsbeitrages. Wenige Monate später, im Juli 1952, wurde er Vorsitzender des EVG-Ausschusses des Bundestages, aus dem später der Ausschuss für Fragen der europäischen Sicherheit und dann der Verteidigungsausschuss hervorging. Durch seine Rede vom 7. Februar 1952 wurde Strauß auch für Menschen zum Begriff, die sich nur gelegentlich um Politik kümmerten. Die deutsche Presse entdeckte Strauß, widmete ihm viel Platz und zahlreiche Kommentare. „Er ist witzig, schlagfertig, hat einen sechsten Sinn für die Schwächen des Gegners und trägt auch Grundsätzliches mit der sympathischen Lebendigkeit eines großen politischen Temperaments vor", schrieben die „Ruhr-Nachrichten". Das „Hamburger Abendblatt" ließ Strauß fortan innerhalb der Bonner Rangordnung „in der ersten Reihe" rangieren. Die „Neue Zeitung" rechnete ihn „zu den besten und temperamentvollsten Rednern des Bundestages". Der „Münchner Merkur" zog das Fazit: „Franz Josef Strauß hat sich durch seine Rede im Bundestag wahrscheinlich endgültig in die erste Garnitur der Bonner Hierarchie vorgespielt. Auch diejenigen, die ihn ablehnen, rechnen mit ihm."

Unter vielen Talenten war es also das Talent zur Rede, das Strauß in die politische Spitze geführt hat. Er selbst hat dies gewusst und oft darüber gesprochen, sachkundige Dritte haben sich immer wieder mit dem Redner Strauß befasst.

Die Kunst der Rede

Franz Josef Strauß als Redner – dieses Phänomen hat die Zeitgenossen immer wieder beschäftigt. Sein Rang als ein außergewöhnlicher Meister der Redekunst war unumstritten. Warum er es vermochte, die Menschen zu fesseln, ob im kleinen Kreis, bei internen Sitzungen oder bei Massenveranstaltungen mit zehntausend Menschen oder mehr – Strauß selbst versuchte auf diese Frage des Öfteren eine Antwort zu geben. Über alle theoretischen und wissenschaftlichen Begründungen hinaus fand Strauß die Wurzeln seines rednerischen Urtalents in der eigenen Natur. Auf der anderen Seite kannte er die Schriftsteller des klassischen Altertums, ob in Griechenland oder in Rom, zu gut – zudem waren sie in vielen Fällen ja auch zunächst Redner und dann erst Schreiber –, um nicht zu wissen, dass die Rede eine zeitlose Kunst ist. Die äußeren Bedingungen mögen sich ändern, so seine Sicht, die psychologischen Voraussetzungen einer erfolgreichen Rede aber blieben gleich. Die Schlussfolgerung: Die Redekunst lasse sich nur bis zu einem gewissen Grad erlernen.

Eines der Erfolgsgeheimnisse eines guten Redners habe ich in Hunderten Reden von Strauß beobachten können – er ließ nie bei seinen Zuhörern Langeweile aufkommen. Er wusste zu fesseln, machte es spannend und überraschend, verlor nie den Faden, kam stets zu einem fulminanten Schlusspunkt. Mit atemloser Spannung habe ich Strauß immer wieder zugehört, wenn er in kühnen und komplizierten Satzkonstruktionen sich zu verlieren drohte, dann doch immer wieder ein grammatikalisch korrektes Ende fand. Zusätzliche Möglichkeit, mich in den Redner Strauß zu vertiefen, hatte ich, wenn es mir – was viele Dutzend Male der Fall war – zukam, Reden von ihm zu redigieren und druckfertig zu machen. Die großen und langen Reden des Politischen Aschermittwochs, zuerst in Vilshofen und dann in Passau, stellten dabei jedes Mal eine besondere Herausforderung dar.

Strauß blickte auf sich selbst beim Thema Redner nicht ohne Ironie. Eigentlich sei er doch der geborene Antiredner. Er rede erstens nie kurz, bilde zweitens zu lange Sätze, verwende drittens viele Fremdwörter und fremdsprachige Zitate. Diese drei Punkte führten zusammengenommen dann allerdings doch, und jetzt wurde Strauß wieder ernst, zu einer rhetorischen Wirkung, über die er sich, was Größe und Ausdauer seines Publikums angehe, nie zu beklagen habe. Eines der Rezepte des Redners Strauß: Ein Politiker, der ein guter Redner sein wolle, werde immer einiges sagen, was die Leute nicht verstünden – er könne dies, er dürfe dies, ja er müsse dies sogar. Deshalb: „Erfolgreichen Rednern haftet grundsätzlich etwas Mystisches und Geheimnisvolles an. So kommt es auch, dass es mir nicht übelgenommen wird, wenn ich bei Massenveranstaltungen und anderen volkstümlichen Anlässen ausführlich griechische oder lateinische Zitate einflechte – nicht mühsam vorbereitet, sondern spontan."

Im Gegensatz zu dieser Überlegung könnte stehen, dass sich Strauß stets als einen Verfechter der deutlichen Aussprache – und seine Partei, die CSU, als Verein für diese volksnahe Grundhaltung gesehen hat. Die Menschen wussten, woran sie bei ihm waren. Er selbst schaute dem Volk aufs Maul, freilich ohne ihm nach dem Munde zu reden.

Golo Mann, der große Historiker, der sich viel Feindschaft aus dem linken politischen Lager zuzog, als er es im Bundestagswahlkampf 1980 in Wahrnehmung einer selbstverständlichen demokratischen Freiheit wagte, für den Kanzlerkandidaten Strauß Partei zu ergreifen, ist intensiv der Frage nachgegangen, welcher Eigenschaften ein großer Parlamentarier und Redner bedürfe: „Der Parlamentarier muss seine Kollegen hoch achten, wie schwer es ihm auch manchmal fallen mag, samt dem Institut, dem sie angehören; er muss daran glauben. Das ist eine Vorbedingung. Weiter: Arbeitskraft und eiserner Fleiß, Beherrschung der Materie, über die er spricht. Vitale Intelligenz, Fähigkeit zur Analyse, zuverlässiges Gedächtnis, Präsenz des Geistes, Schlagfertigkeit." Für besonders wichtig für die Qualität und den Erfolg eines Redners hielt Golo Mann den Humor: „Ernst ohne Humor, ein paar Stunden lang, wird monoton."

Verbindung von Gedanke und Intuition

Auch an Aggressivität, getragen durch die Stärke des Charakters, dürfe es nicht fehlen. Der Redner im Parlament, ob er den Regierungsfraktionen angehört oder der Opposition, spreche überwiegend zu Gegnern – die seinen brauche er ja nur selten zu überzeugen. Dennoch warnt Golo Mann: „Aber Angriff und nichts als Angriff tut es auch wieder nicht. Natürlich muss er scharfe Kritik üben, derart, dass die Angegriffenen zwar lachen – das tun sie immer –, aber lachen, weil sie nicht widerlegen können. Er muss neben der Kritik auch Positives bieten, muss wenigstens andeuten, was denn die Opposition anders und besser machen würde, wenn sie an der Macht wäre. Er muss auch der Regierung etwas vorgeben, dort, wo sie es verdient; den Angriff unterbrechen durch etwas Lob; den Grundkonsens unterstreichen, der beide Seiten des Hauses trotz allem verbindet, weil sonst die parlamentarische Demokratie auseinanderbräche." Golo Mann hält noch ein Weiteres für unabdingbar bei einem großen parlamentarischen Redner: „Die Verbindung von Gedanken und Intuition, die auch das Zweitrangige, um das es gerade geht, in einen weiten und immer noch weiteren Zusammenhang stellt. Wäre das nicht, dann wäre die Stunde des technokratischen Beamten gekommen und jene des Parlamentariers zu Ende."

Der Historiker Golo Mann zusammenfassend: „Alle diese Gaben, Neigungen, Bereitschaften zeichnen die Bundestagsreden des Franz Josef Strauß aus."

Kurt Georg Kiesinger, herausragender Außenpolitiker der CDU/CSU-Bundestagsfraktion, ehe er als Ministerpräsident in die baden-württembergische Heimat zurückkehrte, um dann als Bundeskanzler der Großen Koalition 1966 seinen zweiten und großen Auftritt auf der Bonner politischen Bühne zu haben, hatte selbst den Ruf eines großen politischen Redners, der ihm den ironisch-respektvollen Beinamen „König Silberzunge" eingebracht hatte. Kiesinger hat in einem Glückwunschartikel, den er zum 70. Geburtstag von Strauß im Jahre 1985 für den Bayernkurier schrieb, den Gründen der rednerischen Außergewöhnlichkeit von Strauß nachgespürt. Nach Überlegungen über das Bayerische an Strauß, bei dem er den Bogen zwischen heimatlich Angestammtem und weltkundiger Urbanität stets glaubwürdig gespannt sah, und nach Überlegungen zur besonderen Art des bayerischen Lebens kam er zum Redner Strauß: „Dieses Leben, das halt auch in der Politik sein muss, weil es zum großen politischen Spiel gehört, fehlte in keiner der ungezählten Reden, die Franz Josef Strauß, bewundert, bejubelt, zum Grimm seiner politischen Gegner gehalten hat. Zu Tausenden strömten sie herbei, um ihn zu hören. Er wurde der volkstümlichste und wortmächtigste Redner unseres Landes. Wie sich da bayerisch Bodenständiges und humanistisch Gebildetes, listiges Parlieren und souveränes Argumentieren, scharfe Gedanken und pralle Bilder zur Synthese gestalteten!"

Hans Maier, der in seinen langen Jahren als bayerischer Kultusminister Professorales und Politisches vorzüglich zu vereinen wusste, hat sich in der Festschrift zum 65. Geburtstag von Strauß – die beiden waren sich nicht immer in Harmonie, aber stets in Respekt vor der intellektuellen Kraft und Kapazität des jeweils anderen verbunden – mit Akribie und analytischer Stärke den Besonderheiten der Strauß'schen Redekunst gewidmet. Gewissenhaft untersucht Professor Maier zunächst die üblichen rednerischen Kategorien, um dann die Frage zu stellen, in welche Strauß gehöre, ob er sich denn überhaupt einer bestimmten Rubrik zuordnen lasse. Maiers Antwort: „Eben gerade nicht! Wer sich die Mühe macht, den Redner Strauß gründlicher zu studieren, gewinnt ein recht differenziertes Bild. Cicero sei zitiert: ‚Is enim eloquens, qui et mediocria temperate potest dicere' – ‚der ist der wahre Redner, der einfache Dinge schlicht, erhabene mit Würde und Gegenstände mittleren Gewichts gemäßigt sagen kann.' Der Redestil von Strauß passt sich der jeweiligen Thematik an. Je nach Thema, Publikum und Atmosphäre vermag Franz Josef Strauß äußerst unterschiedliche Töne anzuschlagen; er wechselt von Dur zu Moll, springt abrupt vom Largo zum Stakkato."

Hans Maier beobachtet genau: „Der Redner Strauß vereinigt ein kräftiges Streben nach rationaler Klarheit der Argumente, nach logischer Gedankenfolge, nach einleuchtender Darbietung der Fakten, nach allgemeiner Verständlichkeit mit einem oft schier unstillbaren Drang nach emotionsgeladenen, barocken und plakativen Formulierungen. Ob er fachkundig doziert, ob er Ursachen und Wirkungen der Zeitabläufe analysiert, ob er seine Hörer mit Daten bombardiert, ob er ironisch oder polemisch die Argumente der Gegner zerpflückt, ob er emotions- oder affektgeladen die Wucht seiner Wortschöpfungen in den Raum schleudert, ob sein Witz das Publikum mitreißt, in jedem Falle schafft Franz Josef Strauß eine spannungsgeladene Wechselbeziehung zwischen Publikum und Redner, die ‚Affektbrüche' klassischer Rhetorik."

Detailliert und mit professoraler Sorgfalt hat sich Hans Maier auch mit den heiteren Aspekten in der Redekunst von Franz Josef Strauß beschäftigt. So lasse sich dieser beispielsweise beim Stichwort Herbert Wehner leicht reizen, ins Anekdotenhafte abzugleiten: „‚Sie haben vor sich hingeknurrt, was für Sie auch gelegentlich ein Interview ist. Da haben Sie in Ihre Pfeife hineingenuschelt. Sie müssen halt ordentlich und gepflegt deutsch sprechen.' Oder zu Helmut Schmidt: ‚Er ist die beste Tarnfigur für das, was hinter ihm weiterhin vor sich geht. Das Schiff driftet nach wie vor nach links, nur der Kapitän schaut mit der Prinz-Heinrich-Mütze zum rechten Bullauge heraus.' Hier wird Humor zur Waffe."

Wie Strauß es verstand, komplizierte wirtschaftspolitische Zusammenhänge verblüffend einfach aufzulösen, erläuterte Hans Maier mit der Art und Weise, in der Strauß das System der festen Wechselkurse von Bretton-Woods zu erklären pflegte: „Man hat zwar den Schwur auf mehr Stabilität abgelegt und damit sozusagen Schilder mit der Aufschrift ‚Rauchen verboten, Waldbrandgefahr' aufgestellt, will aber andererseits einen Stabilisierungsfonds errichten und sagt damit: weiterrauchen, weil wir eine Feuerwehr haben, nämlich den Stabilisierungsfonds." Der Wissenschaftler Maier sieht darin ein klassisches Beispiel einer Allegorie, der bildhaften Einkleidung eines abstrakten Gedankens.

Das Spiel mit Witz und Ironie

In der Verwendung der Antithese, eines typischen Formprinzips der Dialektik, sieht Maier ein weiteres Element klassischer Rhetorik bei Strauß. Beispiele: Teheran, Jalta und Potsdam waren für den Historiker Strauß „nicht die Konferenzen der Sieger des Zweiten Weltkrieges, sondern die ersten Niederlagen der Westmächte gegenüber der Sowjetunion".

Oder Strauß zu Helmut Schmidt: „Sie sind nämlich Kanzler und nicht Abkanzler." Oder über die sich nur zögernd an ihre Integration heranwagenden Europäer: „Sie sind ein bleibender Zwergenhaufen, aber nicht eine werdende Großmacht." Ein weiteres Beispiel: „Aus der Bundesrepublik darf kein muffiges, stickiges, sogenanntes Volksheim für politisch entmündigte Objekte bürokratischer Totalbetreuung werden. Die Bundesrepublik Deutschland muss ein Land freier, schöpferischer Menschen, das Land einer offenen Gesellschaft, verantwortungsvoll handelnder Bürger und das Land einer frohen Jugend bleiben."

Witz, Ironie, auch Sarkasmus würzten die Reden von Franz Josef Strauß. Auch dazu zitiert Hans Maier schlagende Beispiele. So gesteht Strauß schmunzelnd zu: „Von Bayern gehen die meisten politischen Dummheiten aus; wenn aber wir in Bayern sie längst abgelegt haben, dann werden sie anderswo erst als der Weisheit letzter Schluss übernommen." Wenn Strauß noch unbekannte Abgeordnete freundlich als „Politiker im Taschenbuchformat" einstuft, dann zeige dies eine Gemütsverfassung, die Theodor Fontane „das Darüberstehen, das heitersouveräne Spiel mit den Entscheidungen des Lebens" nennt. Bei Strauß könne, so Maier, Witz aber auch vernichtende Kritik sein – die zunehmende europäische Bürokratisierung bekommt dies zu spüren: „Es ist doch mehr als fraglich, ob bis ins letzte Detail gehende Bestimmungen über den Rasenmäher, über den EG-Turmdrehkran, über die Extrakte aus Kaffee und Tee und aus Kaffee- und Teemitteln einschließlich Zichorie, über Rizinussamenerzeugung in der Gemeinschaft, über Eröffnung, Aufteilung und Verwaltung eines Gemeinschaftszollkontingents für Haselnüsse, frisch oder getrocknet, auch ohne äußere Schalen oder enthäutet, mit Ursprung in der Türkei, über den Rückwärtsgang in Kraftfahrzeugen oder über gewisse Arten einfacher Druckbehälter notwendig sind zur Förderung der europäischen Wirtschaft, zur Beschleunigung des europäischen Einigungsprozesses oder zur Verbesserung der Lebensbedingungen der Europäer." Von europäischen zu deutschen Angelegenheiten – eine Aussage von Helmut Schmidt, wonach fünf Prozent Inflation besser seien als fünf Prozent Arbeitslosigkeit, konterte Strauß nach einer schonungslosen Analyse mit dem zusammenfassenden Satz: „Meine Behandlung hat dir zwar die Tuberkulose eingebracht, dafür bist du aber vom Keuchhusten verschont geblieben."

Als Fundamente der Rhetorik von Strauß sieht Hans Maier zum einen ein fest verankertes Geschichtsbewusstsein, zum anderen analytische Kraft und zum Dritten eine natürliche Volksverbundenheit. Franz Josef Strauß lebe und denke in historischen Bezügen: „Aus dem Arsenal seiner Geschichtskenntnisse gewinnt er die Vergleiche für seine Prophezeiungen, die Argumente für seine Warnungen. Aus der geschichtlichen Erfahrung leitet er seine Analyse der Gegenwart ebenso ab wie seine Schlussfolgerungen für die Zukunft."

Obwohl Franz Josef Strauß, aus dem reichen Fundus einer umfassenden Bildung schöpfend, kein einfacher Redner sein konnte, haben ihn die Menschen, auch die einfachen, verstanden. Strauß führt dies auf das Lebensgefühl seiner eigenen Herkunft zurück: „Gegenüber der Masse der einfachen Menschen befinde ich mich in einer besseren Lage als viele andere Politiker, weil ich selbst aus einfachen Verhältnissen komme. Ich brauche mich ihnen gegenüber nicht zu verstellen, denn ich habe nie aufgehört, so zu empfinden wie sie."

Der Kontakt zu den Zuhörern war dem Redner Strauß besonders wichtig. Ob er als Redner Tritt fasse, den richtigen Ton finde, sein Publikum packe, erkenne er, so Strauß, an den Gesten seiner Zuhörer, an den Blicken, am Fluidum in der Halle, an der Atmosphäre insgesamt. Umgekehrt: „Die Bereitschaft meines Publikums, mir zu folgen, meine Argumente zu prüfen, meine Schlussfolgerungen nachzuvollziehen und dann auch mir zuzustimmen, nimmt wiederum mich in die Pflicht höchster Konzentration und rationaler Argumentation. Deshalb erinnern meine Reden gelegentlich an regelrechte Vorlesungen über schwierigste Themen. Ich versuche, komplexe Probleme in eine Sprache zu übersetzen, die der Zuhörer versteht und in sich aufnimmt, so dass er das Gehörte auch weitergeben kann. Sicherlich gilt für einen Redner, dass er seine Zuhörer nicht überfordern darf, er soll sie aber auch nicht unterfordern und unterschätzen – das politische Wissen und Verständnis ist auch bei den sogenannten einfachen Leuten viel weiter verbreitet, als manche hochmütigen politisch-publizistischen Meinungsmacher glauben."

Um zu den Wurzeln zurückzugehen – die Freude von Franz Josef Strauß an der politischen Rede gründete natürlich auch in seiner starken

Beziehung zur römischen und griechischen Klassik, die bei ihm selbst auch noch Jahrzehnte nach Schul- und Universitätszeit lebendig geblieben war. Ciceros Reden gegen den Verschwörer Catilina wie, in der Darstellung des Thukydides, die große Rede des Perikles auf die gefallenen Athener waren ihm immer präsent. Und obwohl er sich selbst nicht als Freund des Pathos sah, wusste er dennoch, dass ein guter Redner ohne das große Wort, ohne den großen Bogen, also doch ohne Pathos nicht auskommt.

Ich erinnere mich an einen Parteitag der CSU in der zweiten Hälfte der sechziger Jahre. Gastredner war Walter Hallstein, damals Präsident der EG-Kommission. Er sprach nach Strauß und war von dessen rednerischem Auftritt zutiefst beeindruckt. Sein Wort, er habe soeben einen „Gaurisankar an Beredsamkeit" erlebt, ist mir unvergessen. Seit damals weiß ich auch, dass Gaurisankar der ursprüngliche Name des Mount Everest ist.

Die Faszination der Technik

Auch nach den Bundestagswahlen des Jahres 1953, als die CSU wesentlich gestärkt in das Parlament in Bonn einzog, war der große politische und rhetorische Auftritt von Franz Josef Strauß vom Februar 1952 nicht vergessen, vor allem nicht bei Bundeskanzler Konrad Adenauer. Obwohl er von Parteifreunden bereits darauf angesprochen worden war, kam es für Strauß überraschend, dass ihm Adenauer den Eintritt in das Bundeskabinett anbot. Sicherlich wusste der Bundeskanzler – mit dem Satz „Sie, meine Herrn Sozialdemokraten, können doch nicht gut von Dr. Adenauer verlangen, dass er mit diesen Verträgen sieben Jahre nach Kriegsende auch noch nachträglich den Krieg gewinnt!" hatte Strauß beispielsweise SPD-Attacken auf den Regierungschef abgewehrt –, was dieser CSU-Abgeordnete bisher für ihn geleistet hatte. Strauß selbst sah die Gründe dafür, dass man ihm als einen damals vergleichsweise jungen Politiker ein Ministeramt antrug, darin: „Zwei Überlegungen dürften Adenauer zu diesem Entschluss gebracht haben: a) draußen ist er mir zu gefährlich, in der Regierung habe ich ihn unter Kontrolle, und b) für diesen oder jenen Zweck werde ich ihn im Kabinett sicherlich ganz gut gebrauchen können. Das ‚damnum emergens', die Abwendung eines möglichen Schadens, kam bei ihm immer vor dem ‚lucrum cessans', dem Anstreben des Vorteils."

Freilich, welches Ministerium dann Strauß angeboten wurde – das war selbst für jemand, der Adenauer jede Überraschung zutraute, mehr als ungewöhnlich. Der Bundeskanzler wollte, dass Strauß Familienminister wird. Dieser sagte nein, mit aller Entschlossenheit, bedingungslos; lieber wollte er auf den Eintritt in das Kabinett verzichten. Strauß: „Ich lehne diese Aufgabe nicht ab, weil sie mir zu wenig ist. Sie mag schön oder nicht schön sein, auf jeden Fall kann ich als Junggeselle sie nicht übernehmen. Wenn er ein Ministerium für Luftfahrt errichten würde, wie es andere Länder schon haben, das wäre eine schöne Aufgabe. Über

Jugend und Sport ließe sich auch noch reden. Aber Familienminister? Ausgeschlossen!" Strauß hat sich stets daran erinnert, wie wütend Adenauer daraufhin wurde, ihm übertriebenen Ehrgeiz und Undank vorwarf. Doch Strauß blieb bei seiner ablehnenden Haltung. Da andererseits Adenauer offensichtlich Strauß in seinem Kabinett haben wollte, offerierte er ihm das Amt eines Bundesministers für besondere Aufgaben. Strauß nahm an.

Der 38-jährige Kabinettsneuling, der die Ministertätigkeit unter Adenauer gerne als seine Jahre in der „Konrads-Akademie" bezeichnete, definierte seine neue Aufgabe folgendermaßen: „Die Tätigkeit der Sonderminister besteht darin, Fehlzündungen zu vermeiden, eine möglichst reibungslose und gut koordinierte Politik der Parteien, die hinter der Regierung stehen, und des Bundeskabinetts sicherzustellen." Sich in solcher Feuerwehrfunktion zu bewähren und auszuzeichnen, hatte Strauß in der nächsten Zeit reichlich Gelegenheit. Den wichtigsten politischen Problemen jener Jahre und Monate entsprechend, waren dies in erster Linie Aufträge, die mit der Außenpolitik, mit der Sicherheitspolitik, mit der Verteidigungspolitik zu tun hatten. Natürlich fand der neue Bundesminister aus Bayern auch in den Medien Aufmerksamkeit. „Das Individuellste, was es neuerdings auf der langen Ministerbank gibt", notierte der Bonner Chronist und Kolumnist Walter Henkels. Und er prophezeite: „Wir werden noch oft von ihm hören. Er hat viel Mumm in den Knochen. Und im Kopf."

Strauß war für Adenauer pausenlos im Einsatz, die in eine tiefe Krise geratene Europäische Verteidigungsgemeinschaft zu retten. Alles deutsche Bemühen blieb umsonst, im August 1954 fand der EVG-Vertrag im französischen Parlament sein Ende. Der Bundeskanzler war von diesem Rückschlag zutiefst erschüttert. „Jene schrecklichen Tage haben sich meinem Gedächtnis tief eingegraben, aber Trauer und Resignation helfen nichts. Die Aufgaben: Aufnahme der Bundesrepublik in den Kreis der freien Völker, Schaffung Europas, mussten von Neuem in Angriff genommen werden." Franz Josef Strauß wurde beauftragt, das Misslingen der EVG der Öffentlichkeit zu erklären. Mehr denn je gehe es – und jetzt erst recht – für die Deutschen darum, aus einem Objekt der Politik zu einem gleichberechtigten Partner der anderen zu werden, erläutert er.

Kompetenz aus dem Stand: Der Atomminister

Am 5. Mai 1955 wurde die Souveränität der Bundesrepublik Deutschland erklärt, drei Tage später ernannte Konrad Adenauer neue Bundesminister. Das Außenministerium, bisher vom Kanzler in Personalunion mitgeführt, übernahm Heinrich von Brentano. Theodor Blank, seit 1950 „Beauftragter des Bundeskanzlers für die mit der Vermehrung der alliierten Truppen zusammenhängenden Fragen" und seit 1951 Sicherheitsbeauftragter der Bundesregierung, wurde zum Bundesminister der Verteidigung berufen. Dass sich Adenauer nicht für den in vielen Debatten erprobten Sonderminister, Wehrexperten und ehemaligen Vorsitzenden des Sicherheitsausschusses, Franz Josef Strauß, entschied, hing mit Zusagen zusammen, die er Blank schon vor Jahren gegeben hatte. Adenauer, offensichtlich auf Ausgleich bedacht, bot Strauß an, ihn mit einem erst aufzubauenden Ministerium für Atomfragen zu beauftragen. Strauß bat sich Bedenkzeit aus. Seine Freunde rieten davon ab, sich auf das Abenteuer eines Atomministeriums einzulassen. An schwierigen Aufgaben, an denen der Sonderminister Strauß seine Leistungsfähigkeit unter Beweis stellen konnte, fehlte es auch sonst nicht. So leistete er bei der langwierigen und für Konrad Adenauer alles andere als populären Lösung der Saarfrage wichtige Vermittlerdienste zwischen Bonn und Paris.

Dennoch, die Möglichkeit, mit dem Atomministerium eine völlig neue Aufgabe übernehmen zu können, schlug Strauß in ihren Bann. Die persönliche Herausforderung reizte ihn, er nahm sie an. Am 12. Oktober 1955 wurde der bisherige Sonderminister Franz Josef Strauß Bundesminister für Atomfragen. Strauß stürzte sich mit der von ihm gewohnten Gründlichkeit in die neue Aufgabe, war schon vor seiner Berufung in wochenlanger Lesearbeit in die neue Materie eingedrungen. Zugute kam ihm, dass er neben seiner klassischen Bildungsprägung stets auch von der Technik und ihren Möglichkeiten fasziniert war. So fand er den Gedanken, der den Bundeskanzler zur Schaffung dieses Ministeriums bewogen hatte, außerordentlich vernünftig: „Adenauer vertrat eine sehr moderne Auffassung. Nach seiner Meinung war es höchste Zeit, dass die Bundesrepublik den durch Kriegs- und Nachkriegszeit eingetretenen Rückstand auf diesem Gebiet aufholte. Das war weder durch den Wissenschaftsföderalismus von vielen Ländern noch auf technischindustriellem Gebiet durch den automatischen Ablauf der liberalen Wirtschaftspolitik zu erreichen, sondern nur mit Hilfe einer ganz konzentrierten staatlichen Förderung."

Von Strauß vor seiner Berufung dem Bundeskanzler vorgetragene Bedenken, er sei doch von Haus aus kein Mathematiker, kein Physiker, kein Techniker, ließ Adenauer nicht gelten. Er brauche für dieses Amt, so beschied er Strauß, keinen wissenschaftlichen Fachmann, sondern einen erfahrenen, vielseitigen und durchsetzungsfähigen Politiker mit organisatorischem Talent. Von der Sache her brauchte er Strauß nicht zu überzeugen. Der neue Atomminister: „Ich bin persönlich der Überzeugung, dass die Ausnutzung der Atomenergie für wirtschaftliche und wissenschaftliche Zwecke einen ähnlichen Einschnitt in die Menschheitsgeschichte wie die Erfindung des Feuers für die primitiven Menschen bedeutet. Dieser Standpunkt wird von vielen erfahrenen Wissenschaftlern geteilt. Wir müssen jetzt ganz bescheiden und schlicht die ersten Schritte unternehmen, die notwendig sind, dass wir überhaupt im Kreis der Atommächte – ich meine mit Atommächten nicht Militärmächte, sondern Mächte, die diese Kraft für friedliche Zwecke ausnutzen – in absehbarer Zeit einen gleichberechtigten Platz einnehmen."

Über Fragen der Technik, ihrer Folgen, ihrer Chancen und Risiken hat Strauß intensiv nachgedacht und ausführlich darüber gesprochen. Trotz aller Belastungen, Schwierigkeiten, die es auf diesem Felde gibt, habe die Technik die Entwicklung der Menschheit und ihrer Möglichkeiten entscheidend gefördert. Ohne sie gäbe es keine Humanisierung der Arbeitswelt, deren Hauptproblem im Ersatz menschlicher durch technische Energie und im Ersatz der Handarbeit durch automatisch gesteuerte Maschinen liege. Strauß erinnerte an jene „säkularen Propheten der Zukunft", die vor noch nicht langer Zeit geglaubt hätten, Wissenschaft und Technik an die Stelle der Religion setzen und Gott durch Ideologie gepaart mit Elektrizität ersetzen zu können. Der Konservative sei es, der über den richtigen Standpunkt zum richtigen Umgang mit der Technik verfüge.

Kurz nach Schaffung des Ministeriums wurde die Bildung einer Atomkommission beschlossen. Ihr gehörten führende Vertreter der Wirtschaft und der Wissenschaft an, darunter die Nobelpreisträger Otto Hahn und Werner Heisenberg, dieser wie Strauß Absolvent des Münchner Max-Gymnasiums. Bei der ersten Sitzung dieser Kommission erinnerte Strauß noch einmal an die Hypothek, die mit dem Thema Atom verbunden sei: „Es ist ohne Zweifel eine Tragik in der Geschichte der Menschheit, dass der Begriff Atom nicht als heilende und helfende Kraft, sondern zuerst als Faktor von unvorstellbarer Zerstörungswirkung zum Bewusstsein der Allgemeinheit gekommen ist. Die Namen Hiroshima und Nagasaki, die Atom- und Wasserstoffbombenversuche im Stillen Ozean und in Sibirien haben in der Menschheit eine moderne Dämonenfurcht wachgerufen und das Gespenst der Selbstvernichtung der Menschheit durch die von ihr entfesselten Kräfte an den Rand unseres Erwartungshorizonts gerückt."

Probleme bei der Bildung der Europäischen Atomgemeinschaft und der internationalen Zusammenarbeit in diesem Bereich nahmen den größten Teil der Arbeitszeit des neuen Atomministers in Anspruch. 1956 war er zweimal in den Vereinigten Staaten, einmal im Mai, dann schon wieder im Juni. Das Streben nach möglichst umfassender Information bestimmte dabei wesentlich den Termin- und Reiseplan von Strauß mit. In einer stundenlangen Unterredung mit dem Atomphysiker Edward Teller, einem der Konstrukteure der Atom- und der Wasserstoffbombe, gewann Strauß Eindrücke sozusagen aus erster Hand.

Bei der zweiten USA-Reise unterzeichnete Strauß einen Vertrag, der für die wissenschaftlich-technische Entwicklung Deutschlands im Allgemeinen und des Freistaates Bayern im Besonderen von ausschlaggebender Bedeutung werden sollte. Der deutsche Atomminister schloss eine Kaufvereinbarung für einen in Deutschland zu errichtenden atomaren Forschungsreaktor. Es handelte sich dabei um das berühmt gewordene „Atom-Ei" in Garching bei München. Damit wurde der Grundstein für die Forschungsarbeit in der längst zu weltweitem Ansehen aufgestiegenen Forschungsstadt Garching gelegt, dafür, dass Bayern zu einem Wissenschaftsstandort der besonderen Art geworden ist. Wobei nicht vergessen werden sollte, wie geschlossen damals die beiden großen Parteien des Landes, CSU und SPD, bei dieser Zukunftsentscheidung in bester Weise zusammenarbeiteten – gemeinsam feierten der von der CSU kommende Atomminister Strauß und der damals regierende

SPD-Ministerpräsident Wilhelm Hoegner, es war die kurze Zeit der Vierer-Koalition im Freistaat, Richtfest des Forschungsreaktors. Die heutige Gegnerschaft zur friedlichen Nutzung der Kernenergie, in die sich die SPD hineintreiben hat lassen und hineingesteigert hat, demonstriert hier den Verlust der Verantwortungsfähigkeit.

Die Fachwelt geriet ins Staunen

War es bei den Verhandlungen, die zur Errichtung des Forschungsreaktors in Garching führten, noch um einen Einkauf in den USA gegangen, so sollte die zweite deutsche Kernreaktorforschungsstätte in Karlsruhe von deutschen Firmen errichtet werden. Staat und Wirtschaft, die beide an der Finanzierung mittragen sollten, fanden nur mühsam zusammen. Strauß setzte in einem Vier-Augen-Gespräch mit dem Vertreter der Wirtschaft, Hermann Reusch, dem Vorstandsvorsitzenden der Gutehoffnungshütte, das Projekt durch und stellte die Mitwirkung der Industrie sicher.

So wurden in jenen Monaten entscheidende Grundlagen für die weitere Entwicklung der Bundesrepublik Deutschland auf dem wichtigen Feld der atomaren Technik gelegt, nicht weniger aber für den späteren Bau sicherer und bewährter Kernkraftwerke, ohne deren Stromlieferung der wirtschaftliche Aufbau der Bundesrepublik Deutschland und die Behauptung der ökonomischen Spitzenstellung nicht möglich gewesen wäre. Vor allem der rohstoffarme und energieferne Freistaat Bayern hätte seinen Aufstieg von einem armen Agrarland in die Spitzengruppe der deutschen und europäischen Industrieländer nie geschafft, wenn er nicht aus der Kernenergie preiswerten Strom in ausreichender Menge zur Verfügung gehabt hätte und notwendigerweise immer noch hat.

Franz Josef Strauß hat in seiner kurzen Zeit als deutscher Atomminister vor allem die wissenschaftliche Fachwelt immer wieder mit seinem Wissen zum Staunen gebracht. Professor Heinz Maier-Leibnitz, der für den Bau des Forschungsreaktors in Garching zuständig war, zog im Rückblick eine Bilanz, die Strauß mehr als nur zur Ehre gereicht: „Bis zu diesem Zeitpunkt wird man sicher sagen müssen, dass die wichtigen Ideen und Vorschläge schon früher entstanden und breit diskutiert worden waren, so dass Strauß sie aufnehmen konnte. Dabei halfen ihm schnelle Auffassungsgabe, ungewöhnliche Lernfähigkeit (er hat sich mit großem Erfolg von einem der Kernphysiker Unterricht geben lassen) und seine Eigenschaft, aus allem, was er aufnahm, sofort Folgerungen oder einfache Formulierungen zu machen. Gerade das Letztere war wichtig, denn das Formulierte konnte so in weiteren Diskussionen verbessert werden mit Hilfe des Sachverstandes seiner Beratung, so dass sehr rasch gute Entscheidungsgrundlagen vorlagen. Der neue Minister war ein phantastischer Zuhörer und gab seinen Gesprächspartnern das Gefühl, dass ihr Rat nie unbeachtet blieb." Das Fazit von Maier-Leibnitz: „Strauß war in den Augen aller Beteiligten ein sehr guter Atomminister. Er war, wenn man so sagen will, der Ludwig Erhard der Atomenergie."

Am 17. Oktober 1956 nahm Strauß als zuständiger deutscher Minister an der Einweihung des britischen Kernkraftwerks Calder Hall teil. Er war stolz, bei der Eröffnung dieses ersten großen Atomkraftwerks der Welt dabei sein zu können: „Ich halte diesen Tag für ein historisches Ereignis, weil die Menschheit damit eine neue Energiequelle im wirtschaftlichen Großmaßstab erschlossen hat. So haben sich der Eindruck des Festes und die Überlegung von der Bedeutung dieses Tages zu einem Gesamterlebnis verbunden, das, glaube ich, für alle Anwesenden denkwürdig in ihrem Leben bleiben wird."

Bei mancherlei politischen Gelegenheiten wird heute, nicht nur in Kreisen der CSU, die Frage gestellt, wie Franz Josef Strauß in dieser oder jener Sache entschieden hätte oder entscheiden würde. Ich selbst halte mich aus Kenntnis der Person hier mit Antworten eher zurück, weil Strauß keineswegs stets der schnelle und bedingungslose Entscheider war, als der er oberflächlich gesehen wurde, sondern lange zu überlegen und auch zu grübeln pflegte, bevor er seine Meinung artikulierte. In Sachen Kernkraft bin ich mir eines Urteils aber ziemlich sicher. Strauß hätte den ideologiebestimmten Beschluss von Rot-Grün, die sicheren und weltweit geschätzten deutschen Kernkraftwerke abzuschalten, sowohl aus wissenschaftlich-technischen wie wirtschaftlichen Gründen für blanken Aberwitz gehalten. Noch mehr wäre er mutmaßlich darüber entsetzt gewesen, dass sich die Union in einem Koalitionsvertrag mit der SPD auf die Bestätigung dieser verantwortungslosen Ausstiegspolitik eingelassen hat, obwohl nicht einmal in Umrissen zu erkennen ist, wie und woher der aus der Kernkraft für Deutschland gewonnene Strom in adäquater Menge und zu adäquaten Preisen und auch noch unter Gesichtspunkten des Klimaschutzes gewonnen werden soll.

Schon in den Jahren seiner Jugend war Strauß dem Reiz des Motors und des Motorsports erlegen, nachdem er sich zunächst sportliche Lorbeeren als Radfahrer erworben und sogar ein schweres, über 210 Kilometer führendes Straßenrennen „Quer durch das bayerische Hochland" als krasser Außenseiter, so die Zeitungen, in fünf Stunden und 56 Minuten gewonnen hatte. Im Kreis derer, für die Fahren und Rennen mit dem Motorrad größtes Freizeitvergnügen war, hatte der Name von Strauß in München schon vor dem Krieg und erst recht in den Jahren danach einen guten Klang. Schorsch Meier, ein berühmter und erfolgreicher Motorsportler, ist Strauß 1936/37 zum erstenmal begegnet, und als 1947 die ersten Rennen veranstaltet wurden, traf man sich wieder. Meier: „1951 wurden wir wieder international zugelassen, und von diesem Zeitpunkt an war unser Franz Josef Strauß überall dabei, ob am Nürburgring, in Hockenheim, auf der Solitude oder auf dem Salzburgring." Es sei immer wieder erstaunlich gewesen, so Schorsch Meier, sich bei einer Veranstaltung, auf der zum Beispiel ältere Autos und Motorräder ausgestellt wurden, mit Franz Josef Strauß zu unterhalten, er habe jede Marke und jede Einzelheit gekannt, sogar Fachleute mit seinem Detailwissen verblüfft.

Als Strauß in politische Verantwortung kam, entwickelte er ein Verhältnis zu Motoren und Automobilen, welches einschlägigen bayerischen Produzenten in existentiellen Krisen zum Überleben und bei der Entwicklung langfristiger Perspektiven zum Erfolg verhalf. In seiner Zeit als Verteidigungsminister sorgte er mit Aufträgen dafür, dass BMW in München Boden unter die Füße bekam. Eine besondere Entscheidung für ganz Bayern bewirkte er, als er die Familie Quandt als Hauptaktionär von BMW in unnachgiebigem und stundenlangem Drängen dazu bewegen konnte, die Glas-Werke in Dingolfing zu kaufen, bekannt und berühmt geworden durch das „Goggomobil". Dieser Schritt diente nicht nur dem Unternehmen. Es war auch ein entscheidender Schritt zur geradezu revolutionären und anhaltenden Verbesserung der Wirtschaftsstruktur in Niederbayern und über die Grenzen des Regierungsbezirks hinaus. Dabei setzte Strauß diese für Bayern so eminent wichtige Entscheidung durch, lange bevor er 1978 als Ministerpräsident konkrete Verantwortung für den Freistaat übernahm. Dies war überhaupt ein Kennzeichen von Strauß: Er handelte dort, wo er Handlungsbedarf sah, ungeachtet der Tatsache, ob er dafür ein zuständiges Staatsamt hatte oder nicht.

Die Luft- und Raumfahrt hatte längst sein waches Interesse gefunden, ehe es durch den Erwerb des Pilotenscheins für Strauß einen zusätzlichen persönlichen Interessensschub gab. Fliegen war für Strauß neben der Politik die zweite große Leidenschaft. Die gewissenhafte Vorbereitung auf einen Flug, das völlige Hintersichlassen der Belastung und Anspannung des politischen Alltags, die Konzentration auf das völlig Andere – immer wieder habe ich dies bei Strauß aus unmittelbarer Nähe erlebt und beobachtet. Ob es nach Rom oder Madrid, nach Tel Aviv oder Tirana, nach Leipzig oder, und dies am häufigsten, nach Bonn ging – ich hatte nie Bedenken, gut ans Ziel zu kommen. Besorgte Zeitgenossen, die sich bei mir nach der fliegerischen Qualität von Strauß erkundigen und mir Erzählungen über gefährliche Abenteuer entlocken wollten, pflegte ich mit der lapidaren Auskunft zu bescheiden, da ich wisse, dass er mindestens ebenso sehr an seinem wie ich an meinem Leben hänge, hätte ich zum Piloten Strauß unbegrenztes Vertrauen.

Ein Flug freilich ragt in meiner Erinnerung aus allen anderen Flügen mit Strauß heraus, was aber nicht am Piloten, sondern am Wetter und am Ziel lag. Vor den Weihnachtstagen des Jahres 1987 hatte Strauß, über Jahrzehnte das zentrale Feindbild der sowjetischen Propaganda in Deutschland, überraschend von Generalsekretär Michail Gorbatschow für die Tage nach Weihnachten eine Einladung nach Moskau bekommen. Neben Strauß gehörten Theo Waigel, Gerold Tandler, Edmund Stoiber, Strauß-Sohn Franz Georg, des Ministerpräsidenten Büroleiter Gerd Amtstätter und ich zu dieser Reisegruppe. Für Strauß war es Ehrensache, selbst in die Hauptstadt des sowjetischen Imperiums zu fliegen. Während des Fluges kam es stürmischen Wetters halber zu einigen Turbulenzen, über Funk erfuhren Strauß und sein Copilot, dass der Moskauer Flughafen wegen Schnee und Eis eigentlich geschlossen sei. Die Unterhaltung, die es daraufhin zwischen den beiden Piloten gab, erregte dann doch bei uns Passagieren erhebliche Aufmerksamkeit. Man könne, so hörten wir mit, nicht mehr zum nächsten anderen Flughafen, nämlich nach Minsk, zurück, weil dafür der Treibstoff nicht reiche. Also wurde weiter Kurs auf Moskau gehalten. Das sowjetische Empfangskomitee, das an diesem Abend wegen der Wetterverhältnisse nicht mehr mit der Ankunft des bayerischen Gastes und seiner Delegation rechnete, hatte sich schon auf den Rückweg in die Stadt gemacht. Als dann die Nachricht kam, dass Strauß trotz Eis und Schnee landen werde, hieß es „Kommando zurück".

Als ob dieser Flug für Franz Josef Strauß eine erfrischende Erholung gewesen wäre, begannen unmittelbar nach der Ankunft im Zentrum Moskaus die politischen Termine mit einem dreieinhalbstündigen Gespräch mit dem damaligen sowjetischen Außenminister Eduard Schewardnadse. Die belebende Wirkung des Fliegens auf Strauß zeigte sich nach mehrfachen und mehrtägigen Gesprächen mit Gorbatschow und anderen Mitgliedern der sowjetischen Führung auch beim Rückflug nach München am Silvestertag. Während die Begleiter mit einiger Erschöpfung froh waren, wieder in München und dann daheim zu sein, absolvierte Strauß erst eine umfangreiche Pressekonferenz, stand dann für das Fernsehen zur Aufnahme von zwei Neujahrsansprachen zur Verfügung, um am Abend mit Familie und Freunden in Wildbad Kreuth den Jahreswechsel zu feiern. Fliegen muss für den Piloten Strauß wirklich erholsam gewesen sein!

Mit eigener Schubkraft für den Airbus

Die Entwicklung einer leistungsfähigen und eigenständigen Luft- und Raumfahrt war für Strauß, damit Deutschland und auch Europa im globalen Wettbewerb bestehen könnten, unaufgebbare Notwendigkeit. Die Unterstützung des genialen Ingenieurs Ludwig Bölkow, jede nur denkbare Hilfe für MBB, die angemessene Teilhabe Deutschlands und Bayerns an diesen Techniken und Technologien der Zukunft – unermüdlich ackerte Strauß auf diesem schwierigen Feld. Ob als Verteidigungsminister oder später als Bundesfinanzminister, ob als CSU-Vorsitzender, als Führer der Opposition in Bonn oder als Bayerischer Ministerpräsident – in all seinen Funktionen und Ämtern hat Strauß seine kühnen Visionen in der Luft- und Raumfahrt mit unglaublicher Energie und strategischer Weitsicht verfolgt. Er entwickelte bei diesem Thema eine Schubkraft wie ein Triebwerk. Unter seiner Führung fielen all jene weichenstellenden Entscheidungen, die zur Durchsetzung des Projekts Airbus und zu seinem Erfolg führten. Es war seine Überzeugung, dass die Europäer das amerikanische Monopol beim Bau von zivilen Großflugzeugen brechen und sich über alle politischen, kulturellen und sprachlichen Grenzen hinweg so organisieren müssten, dass sie ein starkes Gegengewicht zur Konkurrenz jenseits des Atlantiks schaffen könnten. Noch so große Widerstände konnten ihn bei der Durchsetzung dieses unbeirrt als richtig erkannten Zieles nicht bremsen, Rückschläge nicht entmutigen, Spott und Häme ließen ihn unberührt. Er war sich seiner Sache zu sicher, ließ mit seinem Drängen und Fordern nach Unterstützung für diese große Sache bei der Bundesregierung, bei den Bundeskanzlern Helmut Schmidt und Helmut Kohl, nicht locker – und hatte bei beiden auch Erfolg. Auch beim Airbus demonstrierte er das, was er immer wieder als Grundorientierung für das angemessene Verhalten eines Staatsmannes bezeichnet hatte – nicht nach der Bequemlichkeit, sondern nach der Richtigkeit eines Weges zu fragen.

Weil ihm klar war, dass die deutsche Luft- und Raumfahrtindustrie nur unter privatwirtschaftlicher Führung würde wettbewerbsfähige Kostenstrukturen erreichen können, ergriff Strauß die Initiative zu Gesprächen mit der Konzernspitze von Daimler-Benz. Er war der erste Aufsichtsratsvorsitzende der Airbusgesellschaft, legte in zwanzigjährigem Kampf die Strukturen, die zu der heutigen Stellung von Airbus auf dem Weltmarkt der Flugzeugherstellung geführt haben. Eine weit verbreitete, selbstgenügsame Bequemlichkeit wollte auf diesem wichtigen wirtschaftlichen und technologischen Sektor europäische Zweitklassigkeit und amerikanisches Monopol auf Dauer hinnehmen, weil man sich doch in einer arbeitsteiligen Weltwirtschaft befinde und in den USA ja hervorragende Flugzeuge einkaufen könne. Fast zwei Jahrzehnte galt der Airbus als Fass ohne Boden, Strauß musste den Vorwurf der Gigantomanie, des Größenwahns aus- und sich entgegenhalten lassen, dass man es mit den USA, dem Land, das den Mond erobert habe und die Luft- und Raumfahrt souverän beherrsche, ohnehin nicht aufnehmen könne. Derlei Einwände vermochten Strauß nicht zu lähmen, zu groß war sein Wissen über politische, technische und wirtschaftliche Zusammenhänge, als dass er sich in seiner sicheren Erwartung des Erfolgs hätte irremachen lassen. Heute können die Fluggesellschaften der Welt zwischen zwei Anbietern wählen, Boeing und Airbus, und der Wettbewerb um den Kunden zwingt beide zu ständig neuen Entwicklungen und Verbesserungen, verhindert auch Preisdiktate eines Monopolherstellers. Wenn die Flugzeuge am Himmel technisch sicherer geworden sind, leiser und – weil weniger Treibstoff verbrauchend – auch umweltfreundlicher, so kommt dies daher, weil der Airbus fliegt.

Franz Josef Strauß hat sich beim Airbus nicht als der Illusionär gezeigt, als der er wegen seines Einsatzes für dieses Projekt von globalen Ausmaßen und Wirkungen kritisiert und geschmäht worden war. Er erwies sich als der große realistische Visionär.

Flugzeuge, die fliegen, müssen auch landen. Franz Josef Strauß hat rechtzeitig und viel früher als andere erkannt, dass Bayern, wenn es seine blühende wirtschaftliche Zukunft ausbauen und sichern will, einen anderen Flughafen als den in seiner Begrenztheit unzulänglich gewordenen von München-Riem brauchen würde. Wenn der Freistaat Bayern als eines der in Deutschland und Europa führenden Exportländer seinen Rang behaupten wolle, benötige es ein großes und funktionierendes Tor zur Welt. Strauß hat sich in dieser Überzeugung nicht schwankend machen lassen, hat jene politische Durchsetzungskraft unter Beweis gestellt, die heute bei anderen schwierigen politischen Entscheidungen nur allzu schmerzlich vermisst wird.

Inzwischen, zwanzig Jahre nach dem Tod von Franz Josef Strauß, hat sich der Großflughafen München zu einem entscheidenden Impulsgeber für die wirtschaftliche Leistungskraft Bayerns erwiesen, er ist eine Säule der ökonomischen Stabilität des Freistaates. Die Zahl der Fluggäste, die täglich starten und landen, steigt Jahr für Jahr in stattlichen Millionen-Größenordnungen, zu den Zehntausenden am und um den Flughafen Beschäftigten kommen ständig weitere hinzu. Der Arbeitsamtsbezirk Freising, in dem der Großflughafen liegt, weist seit Jahr und Tag mit die geringste Arbeitslosigkeit in ganz Deutschland auf.

Mit Fug und Recht trägt der Großflughafen München den Namen Franz Josef Strauß.

Der Aufbau der Bundeswehr

Der 17. Oktober 1956 ist Franz Josef Strauß besonders eindringlich im Gedächtnis geblieben. An diesem Tag, bei der Eröffnung des britischen Kernkraftwerkes Calder Hall, erhielt er die Nachricht, dass ihm Bundeskanzler Konrad Adenauer das Bundesministerium der Verteidigung übertragen habe.

Wie der Bundeskanzler darauf kam, Strauß, der sich als Abgeordneter wie als Sonder- und Atomminister nicht nur als interessiert, sondern als kenntnisreich in Fragen der Außen- und Sicherheitspolitik erwiesen hatte, an Stelle von Theodor Blank zum Verteidigungsminister zu berufen, hat Konrad Adenauer in seinen Erinnerungen beschrieben: „Im Bundestag und in den Ausschüssen des Bundestages wurden der Wiederbewaffnung die denkbar größten Schwierigkeiten gemacht. Für den armen Theodor Blank, den ich mit dem Aufbau der Bundeswehr betraut hatte, bedeutete es geradezu einen Leidensweg, wenn er in die Bundestagsausschüsse hineingehen musste … Blank verzehrte sich bei dem Bemühen um die Bewältigung der ihm gestellten Aufgabe. Im Oktober 1956 sah ich mich gezwungen, ihn mit anderen Aufgaben zu betrauen und an seiner Stelle den robusteren Franz Josef Strauß zu berufen. Ich hoffte, dass es Strauß gelingen würde, durch die Mauer des Widerstandes, die wir im Parlament und auch in der Öffentlichkeit zu überwinden hatten, durchzustoßen."

Die Gefährlichkeit des neuen Amtes von Strauß war also hinlänglich bekannt, auch seine deshalb warnenden Freunde in der CSU wussten, dass das Angebot des Verteidigungsministeriums in einer ausgesprochenen Notsituation der Bundesregierung ergangen war. Strauß: „Das Verteidigungsministerium war Ende 1956 ein politisch hochexplosives Instrument. Man musste schon beinahe Selbstmordbereitschaft haben, wenn man in dieser Lage einsteigen wollte." Dennoch sagte Strauß Ja zum Angebot des Kanzlers, allerdings nicht bedingungslos. Er müsse vorher die Vollmacht haben, die bisherige Bundeswehrplanung, weil schlichtweg unerfüllbar, ändern zu dürfen. Die Bundeswehr sollte, so die Vorgabe, im ersten Jahr 90.000, im zweiten Jahr 250.000 und im dritten Jahr 500.000 Mann umfassen. Adenauer sagte Strauß diese Freiheit der Entscheidung zu.

Dass die viel zu groß geratene Planung für den Aufbau der Bundeswehr geändert werden musste, lag schon deshalb auf der Hand, weil schon die Planzahlen des ersten Jahres nicht erreicht werden konnten. Bundeswehrgeneral a. D. Gerd Schmückle, für sein klares Urteil ebenso bekannt wie für seine unabhängige Meinung, hat die Situation beschrieben, in der Strauß im Oktober 1956 das Verteidigungsministerium übernahm: „Adenauer zog daraus die Schlussfolgerung: Er bestellte Strauß als neuen Verteidigungsminister. Da wehte gleich ein anderer Wind. Strauß befahl General Heusinger, auf Grund seines militärischen Sachverstandes und der in der Zwischenzeit gemachten Erfahrungen klipp und klar zu sagen, welche Aufstellungsziele er für erfüllbar halte. Dabei solle er sich nicht um die Erwartungen der Bündnispartner kümmern, den Ärger mit ihnen, falls er unvermeidlich werde, würde er als politisch verantwortlicher Minister auf sich nehmen." Sehr gute vertragliche Grundlagen für das Hineinführen der Bundeswehr in das NATO-Bündnis, feste Sicherheitsgarantien, unhaltbare deutsche Aufstellungsziele, ungute bürokratische Herrschaftsstrukturen – so sah Schmückle die Ausgangslage für den neuen Verteidigungsminister.

Der Druck von Strauß hat Erfolg, die Planung wird geändert. Das Kernstück der Planung ist die Aufstellung von 350.000 Soldaten in fünf Jahren. Die Verbündeten in der Nordatlantischen Allianz sind unzufrieden und aufgebracht. Strauß setzt sich vor dem NATO-Rat in Paris für diese notwendige Änderung ein, die Verteidigungspartner bekommen für sie von einem deutschen Politiker bisher nicht gewohnte Töne zu hören: „Sie sind es doch gewesen, die den Menschen bei uns erklärt haben, mit dem Soldatenspielen sei es nun für alle Zeiten vorbei, jetzt gehe es nur noch an die friedliche Werkbank und auf den Acker, aber nicht mehr in die Kaserne. Glauben Sie, dass ich mit dem, was der verlorene Krieg und Ihre unselige Umerziehung angerichtet haben, in wenigen Wochen fertig werden kann? Herr Blank hat sein Bestes gegeben und ist darüber gestürzt worden. Mir kann das auch passieren. Entweder Sie geben mir jetzt grünes Licht für die Einführung der Planung, oder Sie suchen sich den nächsten deutschen Verteidigungsminister. Aber ich sage Ihnen gleich, Sie werden nie einen finden, der 500.000 Mann in drei Jahren schafft. Nicht einmal 500.000 bewaffnete Briefträger kriegen Sie in dieser Zeit, geschweige denn eine modern ausgerüstete und ausgebildete, gut organisierte Armee." Trotz aller Widerstände und Einwände bleibt dem NATO-Rat nichts anderes übrig, als die Planungen und die Argumente des neuen Verteidigungsministerkollegen zu akzeptieren.

Neben den ausländischen Verbündeten hatte Strauß im heimischen Bonn auch noch den Bundeskanzler zu überzeugen, der wegen des kraftvollen Auftretens seines Verteidigungsministers in Paris eine Schädigung des deutschen Ansehens befürchtete. Das Gegenteil sei der Fall, so Straußens Gegenrede – nur die Aufrechterhaltung der Fiktion von der 500.000-Mann-Armee, die in Kürze zusammengebrochen wäre, hätte Deutschlands Position im Bündnis massiv geschadet. Die Zurückführung der Planung auf ein machbares Maß und die von Strauß gegen Bedenken aus dem eigenen Haus durchgesetzte Öffnung der Bundeswehr für Freiwillige aus dem Bundesgrenzschutz schufen, so General Schmückle, eine erste wirklichkeitsnahe Grundlage für den Ausbau der Bundeswehr: „Jetzt wurde im Verteidigungsministerium – teils erfreut, teils erbost – erkannt, dass die Zeit für Traumtänzereien zu Ende gehe und die Truppe dafür sorgen würde, dass künftig auf dem kargen Boden der Wirklichkeit geackert werden müsse."

Vom Sinn der Bundeswehr

Strauß ackerte mit der ihm eigenen Beharrlichkeit, Zähigkeit und Gründlichkeit. Vor allem kam es in jenen Aufbaujahren darauf an, immer wieder der Öffentlichkeit die Notwendigkeit und den Sinn der Bundeswehr deutlich zu machen. Es ging aber nicht weniger darum, in einem anhaltenden politischen Überzeugungskampf, besonders im Plenum des Deutschen Bundestages, die Angriffe der SPD-Opposition abzuwehren, die von ihrem Widerstand gegen einen deutschen Verteidigungsbeitrag nicht lassen wollte. Vor allem aber sah Verteidigungsminister Strauß seinen Auftrag darin, die Soldaten der Bundeswehr, die jungen Wehrpflichtigen zumal, für eine Gesinnung und Haltung zu gewinnen, die dem neuen deutschen demokratischen Staat angemessen und ebenbürtig waren. Dieses Kernstück seines Bemühens wurde in vielen Reden deutlich, so in einer Ansprache, die er im Frühjahr 1957 bei der feierlichen Gelöbnisablegung vor jungen Wehrpflichtigen in Mittenwald hielt: „Was Ihrem militärischen Leben im Gegensatz zu den leidvollen Erfahrungen vergangener Generationen das besondere Gepräge, aber auch den besonderen Auftrieb gibt, das ist die Tatsache, dass wir heute in der Erhaltung des Friedens, in der Bewahrung der Freiheit Schulter an Schulter mit unseren ehemaligen Kriegsgegnern, Seite an Seite mit den größten demokratischen Nationen der Welt und ihren Soldaten stehen, dass heute in unseren Übungen, in unseren Schulen, in unseren Städten, in Europa und außerhalb Europas deutsche, französische, englische, amerikanische, belgische, holländische, kanadische, italienische, türkische, norwegische, dänische Soldaten unter ziviler Kontrolle und unter der zivilen politischen Macht einem einzigen Zweck zu dienen haben: die Freiheit ihres Volkes zu erhalten und den Frieden der Welt zu bewahren."

Zur Einordnung der Bundeswehr in die deutsche Geschichte und ihr fürchterlichstes Kapitel setzte Strauß als Verteidigungsminister ein aufsehenerregendes Zeichen. Er sorgte für eine Neuauflage des 1935 erschienenen Buches „Kriegsbriefe gefallener deutscher Juden". Strauß erinnerte in seinem Geleitwort an deren Einsatz und Tapferkeit für das Vaterland im Ersten Weltkrieg: „Hunderttausend Männer jüdischen Glaubens und jüdischer Abstammung hatten die graue Uniform des Deutschen Reiches angezogen, mehr als jeder Dritte von ihnen wurde dekoriert, über 2.000 waren Offiziere, 1.200 Militärärzte und Beamte. Im Kampf und im guten Glauben an ihr Vaterland fielen 12.000 jüdische Soldaten. Der jüngste Kriegsfreiwillige des deutschen Heeres, Josef Zippes, war ebenso Jude gewesen wie Wilhelm Frankl, einer der ersten Pour le mérite-Träger der deutschen Fliegertruppen." Frankl fiel im Luftkampf, zwei Jahrzehnte später war sein Name aus der Liste der Ordensträger gestrichen. Strauß: „Er ist ausgelöscht, denn Juden durften nach der offiziellen Anschauung des Hitler-Reiches nicht tapfer gewesen, sie durften nicht einmal – so verrückt es klingt! – für Deutschland gefallen sein. Die Namen ihrer Gefallenen, so wollten es die Nationalsozialisten, mussten von den Ehrenmalen verschwinden. Himmler ließ seinen Terror auch auf die deutschen jüdischen Frontkämpfer los, jagte sie über die Grenzen, ließ sie in KZ, Judenlager, Ghettos und Gaskammern werfen, stellte sie kurzerhand an die Wand." Himmler habe, so Strauß, seiner Mannschaft damals verkündet, dass Humanität „Rückenmarkserweichung" sei. Doch habe es in Deutschland auch Ausnahmen gegeben, großartige Aktionen der Hilfsbereitschaft, der Nächstenliebe, der Humanität. Strauß: „In ihrem Sinne sucht heute die Bundeswehr ihren Weg. Die Kriegsbriefe gefallener deutscher jüdischer Soldaten sollen sie dabei begleiten als Warnung vor dem Bösen, dem Rassenhass, den modernen totalitären Herrschaftsformen, als Beispiel für Vaterlandsliebe, Leidensfähigkeit und Treue."

Strauß hat es immer als einen Glücksfall angesehen, dass ihm in der schwierigen Aufbauphase der Bundeswehr militärische Mitarbeiter zur Verfügung standen, deren Qualifikation der Größe der Aufgabe angemessen war: Das gilt für Generalinspekteur Adolf Heusinger ebenso wie für den ersten deutschen NATO-General Hans Speidel, das gilt für den Heeres-Inspekteur Hans Röttinger ebenso wie für General Josef Kammhuber, den Inspekteur der Luftwaffe, und für Admiral Friedrich Ruge, den Inspekteur der Marine. General Gerd Schmückle nimmt wegen seiner besonderen Nähe zu Strauß in dieser Reihe einen eigenen Platz ein.

Strauß kommt nicht nur einmal in die Situation, sich für seinen Bundeskanzler schlagen zu müssen. Als Adenauer einmal den Begriff „Politik der Stärke" benutzt, zieht er damit heftige Kritik der SPD auf sich. Anklagend wird dieses Wort gegen die Bundesregierung, gegen die Unionsparteien ins Feld geführt. Strauß klärt auf und wehrt ab: „Politik der Stärke heißt doch im Zeichen der Atombombe – das heißt, deutlicher gesagt, der Existenz der Wasserstoffbombe auf beiden Seiten, sowohl in den Händen der Machthaber des Kremls wie auch in den Händen der USA – niemals mehr, dass man durch einen militärischen Druck mit dem Risiko des Dritten Weltkriegs irgendwelche territorialen Veränderungen und dann notfalls auf dem Wege der Gewalt herbeiführen will. Politik der Stärke heißt, so stark zu sein, dass die eigene Entscheidungsfreiheit nicht durch Druck von feindlicher oder unfreundlicher Seite beeinflusst oder ins Gegenteil verkehrt werden kann."

Durch die Übernahme des Verteidigungsministeriums geriet Franz Josef Strauß nicht nur verstärkt unter das politische Feuer der parlamentarischen Opposition und der Medien, die seine Politik ablehnten und sich zunehmend kritisch mit seiner Person befassten. Mehr und mehr schoss sich auch die kommunistische Propaganda, von Moskau und Ost-Berlin mit den jeweiligen und immer neuen Stichworten versehen, auf den unbequemen und unbeugsamen Verteidigungsminister ein.

Besonders hoch schlugen die Wellen der innenpolitischen Diskussion im Frühjahr 1957. Es ging um das Thema Atomwaffen, es ging konkret um die Frage der Lagerung atomarer Sprengköpfe auf deutschem Boden. In seiner Antwort auf eine Große Anfrage der SPD gab Strauß am 10. Mai 1957 Antwort: „Die Bundesregierung versichert erneut ihre Bereitschaft, alles zu tun, was in ihren politischen Möglichkeiten liegt, um ein umfassendes Abrüstungsabkommen herbeiführen zu helfen. Die beste Voraussetzung für ein solches Abkommen ist allerdings die Beseitigung der Spannungsherde. Entspannung, Abrüstung, Sicherheit und Wiedervereinigung gehen Hand in Hand. Alle Bemühungen in dieser Hinsicht sind bis jetzt ausschließlich am Widerstand der Sowjetunion gescheitert." Eine eindeutige Klarstellung, die eigentlich zu einer Beruhigung des aufgeheizten innenpolitischen Klimas hätte führen müssen, dieses Ziel aber nicht erreicht hat, ließ Strauß dieser Vorbemerkung folgen: „Die Bundesregierung hat die Ausrüstung der Bundeswehr mit Atomwaffen bisher weder verlangt, noch ist sie ihr angeboten und aufgedrängt worden. Es ist ihr ausgesprochener Wunsch, dass durch den Abschluss eines Abrüstungsabkommens sich dieses Problem von selbst erledigt. Unser Land hat als einziger Staat der Welt auf die Herstellung von Massenvernichtungsmitteln verzichtet. Vivant sequentes!" (Die hier nachfolgen, sollen leben. W. Sch.) Allerdings, und auch dies stellt Strauß in aller Offenheit klar: „Bis zum Erfolg der Abrüstungsbemühungen kann die Bundesregierung im Interesse der Sicherheit der Bundesrepublik den Streitkräften der Vereinigten Staaten, dem Rückhalt der gemeinsamen Verteidigung, die Bereitstellung solcher Waffen nicht verweigern, die denen der Roten Armee im entsprechenden Bereich mindestens gleichwertig sind."

Im Zentrum aller Angriffe

Schon vor dieser Stellungnahme von Strauß vor dem Bundestag hatte im April dieses Jahres ein Memorandum großes Aufsehen in der Öffentlichkeit erregt, in dem 18 bekannte Atomphysiker von der Bundesregierung den freiwilligen Verzicht auf Atomwaffen jeder Art verlangten. Auch da war es Strauß zugefallen, die Antwort zu geben, und sie fiel gewohnt deutlich aus: „Der Aufruf der Atomwissenschaftler ist an die falsche Adresse gerichtet. Denn er richtet sich nicht an ihre wissenschaftlichen Kollegen, die im Osten und Westen die Waffen hergestellt haben und laufend weiterentwickeln. Er richtet sich an die Adresse der Bundesregierung, die auf die Herstellung von Atomwaffen feierlich verzichtet hat und an keinen einzigen Wissenschaftler mit der Aufforderung herangetreten ist, die Ausnutzung der Atomkraft für militärische Zwecke zu erforschen."

Die Erfahrungen jener Zeit, der hitzige politische Streit, die Anti-Atomtod-Bewegung, die Ostermarschierer – an all das fühlte sich Strauß im Rückblick auf seine Zeit als Verteidigungsminister 1983 erinnert, als es um die Bundestagsentscheidung für eine Nachrüstung der NATO ging. Sie war notwendig geworden, um einer von der Sowjetunion seit Jahren systematisch betriebenen atomaren Überrüstung zumindest annähernd Gleichwertiges entgegensetzen zu können. Und wieder war die Zeit der großen politischen Kampagnen, der Demonstrationen, der Mobilisierung der Straße gekommen.

Wie sehr die kommunistische Seite in den 50er-Jahren ihre Hände im Spiel hatte, ging aus einem bemerkenswerten Papier, nämlich aus einer „Argumentationsanweisung" des Zentralkomitees der SED hervor, aus dem Verteidigungsminister Strauß im Bundestag zitierte: „Das Thema ,Atomwaffen' darf nicht zum Erliegen kommen. Für die Agitation auf der deutschen Ebene ist der Akzent nicht auf ein allgemeines Verbot der Atomwaffen oder auf die Einstellung der Versuche, sondern in erster Linie auf die atomare Rüstung der Bundeswehr und die Produktion von Atomwaffen in Westdeutschland zu legen. Stellungnahmen, die sich auf die Forderung nach einem allgemeinen Verbot der Atomwaffen beschränken, sind fehl am Platze."

Trotz aller sichtbaren Erfolge, die beim Auf- und Ausbau der Bundeswehr erzielt werden konnten, brachte es schon das Amt mit sich, dass Strauß in besonderer Weise politische Gegnerschaft auf sich zog. Es war eine Zeit immer stärkerer Verstrickungen in Kämpfe, Auseinandersetzungen und Gegensätze, auch in den eigenen Reihen, dann mit der Opposition, mit den Gewerkschaften, mit einem großen Teil der Publizistik. Strauß: „Man konzentrierte sich gewissermaßen auf alles, was überhaupt nur an negativen Emotionen erweckt werden konnte."

Publizistischer Bannerträger dieses Kampfes gegen Franz Josef Strauß wurde Rudolf Augstein in seinem Magazin „Der Spiegel". Im Rahmen seiner fünfbändigen „Geschichte der Bundesrepublik Deutschland" spricht der Historiker Hans-Peter Schwarz in seinem Werk „Die Ära Adenauer" von einer „erbitterten Kampagne des ‚Spiegel' gegen Strauß", von einer „gnadenlosen Pressekampagne". Der Wissenschaftler schreibt: „Ein großer, außergewöhnlich massiver fünfzehnseitiger Artikel mit dem Titel ‚Der Endkampf' fasste nun alle Bedenken zusammen, die Augstein damals und später gegen Strauß vorzubringen hatte. Der Verteidigungsminister wurde als Gefährdung der Demokratie und als Friedensrisiko porträtiert. Schon jetzt konnte man lesen, Strauß versuchte, die Bundeswehr in den Besitz von Kernwaffen zu bringen, und sei zu einem atomaren Präventivschlag gegen die Sowjetunion bereit. Dass er in maßlosem Ehrgeiz die volle Macht im Staat anstrebte, stand für den ‚Spiegel' außer jedem Zweifel. Ebenso eindeutig war aber die Entschlossenheit Augsteins und der Redaktion, ihm den Weg ins Bundeskanzleramt zu verlegen, ‚das er', wie der mit persönlichen Verunglimpfungen gespickte Artikel schloss, ‚ohne Krieg und ohne Umsturz schwerlich wieder verlassen müsste'."

Strauß geriet zusätzlich dadurch in das Zielfeuer seiner Kritiker und Gegner, dass in ihm nicht wenige Beobachter einen möglichen Nachfolger Konrad Adenauers im Amt des Bundeskanzlers sahen. So schrieb seinerzeit der Publizist William S. Schlamm: „Dieser junge Mann ist wahrscheinlich das einzige politische Talent, das in Adenauers unfruchtbarem Regierungsgarten gewachsen ist."

Rudolf Augsteins „Spiegel" veröffentlichte in der Ausgabe vom 10. Oktober 1962 unter der Überschrift „Bedingt abwehrbereit" eine mit vielen Details ausgestattete Titelgeschichte über die NATO-Stabsrahmenübung „Fallex 62". Darin waren „äußerst wichtige Geheimnisse" über die militärische Sicherheit der Bundesrepublik Deutschland verraten worden, wie ein im Auftrag der Bundesanwaltschaft erstelltes Gutachten des Verteidigungsministeriums ergab. Der Bundesgerichtshof erließ auf Antrag der Bundesanwaltschaft gegen „Spiegel"-Verantwortliche, darunter Herausgeber Rudolf Augstein und Conrad Ahlers, stellvertretender Chefredakteur des Magazins und Autor des Artikels, wie auch gegen verschiedene Bundeswehrangehörige Haftbefehle „wegen des dringenden Verdachtes des Landesverrats". Bundeskanzler Adenauer sprach im Parlament von einem „Abgrund an Landesverrat".

Zwischen der Bundesanwaltschaft und Staatssekretär Volkmar Hopf wurde vereinbart, dass das Verteidigungsministerium die Strafverfolgungsbehörde im Wege der Amtshilfe bei der Feststellung der Informanten des „Spiegel" unterstützen sollte. Der Bundesgerichtshof ordnete die Durchsuchung der Geschäftsräume und Wohnungen der Beschuldigten an. Augstein wurde in Hamburg verhaftet, Ahlers war nicht aufzufinden. Das Bundesverteidigungsministerium erhielt eine Information, wonach Ahlers in Spanien sei und am nächsten Tag nach Marokko weiterfliegen wolle. Strauß telefonierte mit dem Militärattaché an der deutschen Botschaft in Madrid, Oberst Achim Oster, informierte ihn und teilte mit, dass der Haftbefehl unterwegs sei. Oster setzte sich mit Interpol in Verbindung. Ahlers wurde in Torremolinos in Haft genommen, erklärte sich schriftlich bereit, freiwillig nach Deutschland zurückzukehren. Der Haftbefehl traf erst in Spanien ein, als Ahlers schon von der spanischen Polizei festgenommen und auf dem Rückweg nach Deutschland war.

Hauptinformant des „Spiegel" war der im Verteidigungsministerium tätige Oberst Alfred Martin. Der Offizier, im Zweiten Weltkrieg schwer verwundet und beinamputiert, hatte sich als Brigadekommandeur beworben, war aber, ohne Wissen oder Mitwirkung von Strauß, von der Personalabteilung abgelehnt worden. Oberst Martin hatte dem Hamburger Magazin einen genauen Überblick über die Zahl, die nach Kilotonnen berechnete Sprengkraft und mögliche Zielorte der für deutsche Atomwaffenträger gelagerten amerikanischen Atomsprengkörper gegeben. Damit handelte es sich hier um militärische Geheimunterlagen von höchster Brisanz. Strauß: „Ich habe als Verteidigungsminister nie erfahren, wie viele Atomsprengkörper bereitliegen und welche Kilotonnenwerte sie haben. Darüber wusste nur eine kleine Gruppe von Offizieren Bescheid, sie bezogen die für die Verteidigungsplanung notwendigen Angaben unmittelbar von der NATO. Auch der Staatssekretär kannte die Zahlen nicht. Kilotonnenwerte und Zahl der Atomsprengkörper zu wissen, ist gleichbedeutend mit der genauen Kenntnis des Schlieffen-Plans vor dem Ersten Weltkrieg. Diese Daten gehören zu den intimsten Schlafzimmergeheimnissen des militärischen Wesens von heute. Sie lagen, von Martin hemmungslos an Ahlers ausgeplaudert und von diesem zu Papier gebracht, in Augsteins Panzerschrank.“

Die Kampagne des „Spiegel"

Die Bundesanwaltschaft erhob Anklage gegen Augstein, Ahlers und andere. Der zuständige Senat kam nach einer langen gerichtlichen Voruntersuchung zu dem Ergebnis, dass der subjektive Tatbestand des Landesverrats nicht nachgewiesen werden könne. Die Frage nach dem objektiven Tatbestand ließ er offen. Die Rechtmäßigkeit der gegen die Angeklagten ergriffenen Maßnahmen wurde vom Bundesgerichtshof und vom Bundesverfassungsgericht bestätigt.

Verteidigungsminister Strauß erstattete dem Bundestag, in engster Abstimmung mit Bundeskanzler Konrad Adenauer, Bericht über den zur „Spiegel-Affäre" gewordenen Vorgang. Er hatte sich mit dem Vorwurf der SPD auseinanderzusetzen, er habe das Parlament belogen. Es ging in erster Linie um die Frage, ob Strauß auf die Abfassung des Gutachtens eingewirkt habe, welches seine Rolle im Zusammenhang mit der Verhaftung von Conrad Ahlers gewesen sei und wie sich Strauß hinsichtlich des Haftbefehls gegen Ahlers verhalten habe.

Zwei Jahre später hat Franz Josef Strauß, von Günter Gaus für die Fernsehreihe „Zur Person" eindringlich zur „Spiegel-Affäre" befragt, erneut und im Abstand der Zeit festgestellt: „Ich habe mit der Einleitung des Verfahrens überhaupt nichts zu tun. Ich habe auch nie bestritten, dass ich Amtshilfe geleistet habe, aber damit meinen Staatssekretär beauftragt, und dass ich nur in dem einzigen Fall damals, als der Staatssekretär mich verständigte, eingegriffen habe. Aber das ganze Gerede von einem Racheakt gegen den ‚Spiegel' oder von einer illegalen Handlungsweise ist absolut unwahr." Auch zum Vorwurf, er habe das Parlament belogen, äußerte sich Strauß: „Lüge heißt, in Kenntnis der Wahrheit – also bewusst – die Unwahrheit sagen. Etwas Unrichtiges kann jeder sagen, der nach dem jeweiligen Stand seiner Erkenntnis das wiedergibt, was er weiß, aber später in Einzelheiten korrigieren muss. Ich habe auch im Parlament das gesagt, was mir in diesem Augenblick – bei der nur kurzen Frist, die wir hatten – an Angaben zuverlässig erschien, und habe das nicht gesagt, was noch in Prüfung war."

Aufregung und Streit um das Vorgehen der Justiz gegen den „Spiegel" legten sich trotz aller Versuche, dem Strom politisch und publizistischer Empörung Fakten über das tatsächliche Verhalten von Strauß entgegenzustellen, nicht – Augstein in Haft, die Republik war in Aufruhr. Neben der oppositionellen SPD ließ sich auch der damalige Koalitionspartner FDP die Gelegenheit der „Spiegel-Affäre" nicht entgehen, um auf diesem Feuer sein parteipolitisches Süppchen zu kochen. Erich Mende, zu dieser Zeit FDP-Vorsitzender, erklärte am 16. November 1962, dass die FDP nicht mehr mit Strauß in einer Regierung tätig sein könne, wenige Tage später traten die fünf FDP-Bundesminister zurück. Am 27. November stellten auch die Bundesminister der CDU und CSU ihre Ämter zur Verfügung, ein Schritt, durch den die Voraussetzungen für Verhandlungen über eine Fortsetzung der Zusammenarbeit von CDU/CSU und FDP möglich gemacht wurden. Am 30. November 1962 erklärte Bundesverteidigungsminister Franz Josef Strauß, dass er dem neuen Kabinett Adenauer nicht wieder angehören wolle.

Rudolf Augstein schrieb nach dem Ausscheiden von Strauß aus der Bundesregierung einen jubelnden Leitartikel, der für jeden, der sich seine Urteilskraft bewahrt hat, in besonderer Weise entlarvend war: „Wenn Ihr uns vorwerft, wir hätten durch die Schlüssellöcher geguckt, so antworten wir: besser durchs Schlüsselloch als überhaupt nichts gesehen. Wenn Ihr uns anklagt, wir hätten mit Skandalen Politik gemacht, so fragen wir Euch: In welchem anderen Blatt und von welcher anderen Person ist denn die Politik des Politikers Strauß politisch angegriffen worden?" Das bedeutet im Klartext doch wohl das klare und zynische Eingeständnis, dass, weil dem Politiker Strauß mit politischen Argumenten nicht beizukommen war, die Methode der Skandalmacherei eingesetzt werden musste.

Es muss eingeräumt werden, der „Spiegel" und die „Spiegel-Affäre" haben bei Teilen der Deutschen das Bild von Strauß zum Zerrbild werden lassen, während das Magazin aus Hamburg, zum „Sturmgeschütz der Demokratie" geadelt, anhaltend Gewinn und Reputation aus dieser Affäre, deren Realität in kaum einem Zusammenhang mit ihrer Darstellung steht, gezogen hat. Wie nachdrücklich und abträglich der Kampagnenjournalismus des „Spiegel" und anderer Blätter, die sich eilfertig und unkritisch dahinter einreihten, die Sicht auf Strauß vernebelt hat, ist einer bemerkenswerten Stelle in der 2007 erschienenen Augstein-Biographie von Peter Merseburger zu entnehmen: „Gut dreißig Jahre später wird Martin Walser seinem Freund Augstein vorhalten, der Spiegel habe ihm Angst vor Franz Josef Strauß als dem ‚schlechthin Bedrohenden' gemacht. Im Nachhinein bedauert er, dass er den Bajuwaren ‚falsch erlebt' habe und wertet dies als Beispiel für die eigene Verführbarkeit – durch die Kampagne des Spiegel." Werner Biermann, Autor von Fernsehbeiträgen über Strauß und Verfasser einer Strauß-Biographie, sieht im Umgang des „Spiegel" mit Franz Josef Strauß die „Verfertigung eines kollektiven Feindbildes mit den Mitteln der Publizistik".

Hans-Peter Schwarz vermerkt in seiner Geschichte der Bundesrepublik Deutschland zum Thema Strauß und „Spiegel" einen zusätzlichen wichtigen Gedanken: „Dass dem ‚Spiegel' möglicherweise von östlicher Seite Material zugespielt wurde, ohne dass sich Redaktion und Öffentlichkeit dessen bewusst waren, ist damals unberücksichtigt geblieben. Erst Anfang der 80er-Jahre hat ein hochgestellter Überläufer auf diese Möglichkeit hingewiesen. An und für sich lag es natürlich nahe, dass die östlichen Geheimdienste großes Interesse daran hatten, Strauß zu stürzen und damit auch seine Nuklearpolitik zu durchkreuzen."

Allgemeine Ansicht und weithin unbestritten ist, dass sich Franz Josef Strauß in der „Spiegel-Affäre" in äußerster Loyalität gegenüber Bundeskanzler Konrad Adenauer verhalten und für diesen den Kopf hingehalten hat. Strauß selbst hat in vielen Gesprächen, bei denen ich dabei war, diese Einschätzung generell bestätigt, ohne sich indessen auf Details einzulassen. „Strauß stand auf Seiten des Staates. Und vor Konrad Adenauer. In welchem Ausmaß er den Angriff auf sich zog, um den Bundeskanzler zu decken, darüber schwieg er auch nach seinem Rücktritt", urteilte der Publizist und CSU-Politiker Hans Klein.

Konrad Adenauer hatte zur Zeit der „Spiegel-Affäre" in Bonn schon lange nicht mehr die bei ihm früher gewohnte starke Stellung, auch nicht in den eigenen Reihen. Dies ist bei der Bewertung des damaligen Geschehens im Herbst 1962 mit einzubeziehen. „Ich habe die Angriffe, die konzentrisch gegen F. J. Strauß gerichtet werden, bedauert. Ich habe nichts gefunden, was diese konzentrischen Angriffe rechtfertigt. Herr Strauß ist ein kluger und einfallsreicher Politiker. Ich finde es nicht richtig, wenn man über ihn herfällt und beschimpft, ohne dass man die Vorwürfe mit sachlichem Material untermauert", schrieb Adenauer in seiner bekannt einfachen und klaren Sprache im Jahre 1965. Der erste Kanzler der Bundesrepublik Deutschland weiter: „In einer Demokratie muss üblich sein, politische Gegensätze mit sachlichen Argumenten auszutragen. Würden die politischen Gegner des Herrn Strauß dies tun und würden sie sich in sachlicher Form mit seiner politischen Konzeption auseinandersetzen, würde jeder das in Ordnung finden. Dass man ihn stattdessen persönlich mit Unterstellungen und Diffamierungen angreift, kann ich nur schärfstens verurteilen."

Am 31. Oktober 1956 hatte Franz Josef Strauß als Bundesminister für Verteidigung seinen ersten Tagesbefehl an die Bundeswehr gerichtet: „Wir haben gemeinsam die Aufgabe, den begonnenen Aufbau fortzusetzen und die Bundeswehr zu einer hochwertigen Truppe zu machen. Dafür ist nicht nur eine moderne Bewaffnung und Ausrüstung sowie ein hoher Stand der Ausbildung erforderlich, sondern dafür sind vor allem innere Hingabe, Schwung und Verantwortungsbewusstsein notwendig. Ich erwarte, dass jeder Soldat der Bundeswehr in diesem Geist seine Pflicht erfüllt und seinen Teil zum Gelingen des gemeinsamen Werkes beiträgt."

Nur das Ende eines Aktes

Als Strauß am 19. Dezember 1962 in Köln-Wahn mit einem Großen Zapfenstreich als Bundesverteidigungsminister verabschiedet wurde, konnte er auf Jahre zurückblicken, in denen er selbst diese Pflicht voll und ganz erfüllt und einen wesentlichen Teil zum Gelingen des gemeinsamen Werkes beigetragen hatte. General Gerd Schmückle sprach von der Leidenschaft des Vollblutpolitikers Strauß, der mit seiner Überzeugungskunst, mit seiner Beredsamkeit, aber auch mit harten Bandagen seine Arbeit getan habe. Schmückle zusammenfassend über Leistung und Qualität des Bundesverteidigungsministers Franz Josef Strauß: „Natürlich ist er klug genug, um zu wissen, dass man in einer langjährigen Ministerzeit in einem so schweren Amt nicht alles richtig machen kann. Aber er wird guten Gewissens mit den Worten Winston Churchills sagen können, dass er sicher nicht alles falsch gemacht hat, als er innerhalb von sechs Jahren aus wenigen Gewehrträgern eine hochmoderne Streitmacht von über 400.000 Mann schuf. Und zwar unter widrigsten Umständen. Das Ergebnis spricht für sich selbst."

Bundeskanzler Konrad Adenauer, der zum Abschied von Strauß nach Wahn gekommen war, wurde in seiner Rede in einer bei ihm eher unüblichen Weise sehr persönlich, sprach von dem großen Werk, das Strauß vollbracht habe und das ein Segen für das deutsche Volk sei. Adenauer ordnete die Leistungen beim Aufbau deutscher Verteidigungsfähigkeit in die Gesamtsituation der damaligen Zeit ein: „Sicher haben wir Wohnungen gebaut, sicher haben jetzt soundsoviele Leute ein Auto, sicher geht es allen besser. Aber in dieser unendlich schwankenden Welt ist das Einzige, was einem Land und einem Volke wirklich seine Existenz verbürgen kann, eine starke Wehrmacht, die von gutem Geiste erfüllt ist. Und das haben Sie, Herr Strauß, geschaffen, und dafür sind wir Ihnen von ganzem Herzen dankbar." Er wolle nicht, so Adenauer, eingehen auf die bitteren Stunden – und er ging damit doch darauf ein –, die Strauß in den letzten Wochen habe durchleben müssen: „Wer niemals bittere Stunden in seinem Leben hat durchleben müsse, das ist kein Mensch, der allen Dingen gerecht wird. Auch die bitteren Stunden, die man im Leben durchlebt, gehören zur Formung des Mannes. Darum denken Sie bitte daran, dass auch das, was Ihnen auferlegt ist an Bitterkeit, an bitteren Dingen, zu Ihrer Formung für unser Volk vielleicht so bestimmt war." Adenauer gibt seiner Überzeugung Ausdruck, dass Strauß auch in Zukunft im politischen Leben des deutschen Volkes eine große, eine entscheidende Rolle spielen wird: „Kraft seiner Begabung für politische Dinge, kraft seiner Energie. Das sind zwei Eigenschaften, die nötig sind für jeden Erfolg und die Strauß in besonderem Maße besitzt."

Mit Ablauf des Jahres 1962 übergab Franz Josef Strauß die Amtsgeschäfte des Bundesverteidigungsministers an seinen Nachfolger Kai-Uwe von Hassel. Dieser übernahm ein gutes Erbe, was er aus gegebenem Anlass 1965 in einem Telegramm an Strauß zum Ausdruck brachte: „Anlässlich des zehnjährigen Bestehens denken die Angehörigen der Bundeswehr daran, dass Sie sechs Jahre Ihre ganze Kraft in den Dienst der Bewahrung der Freiheit gestellt haben. In Ihrer Amtszeit ist die Bundeswehr in die Verteidigungsgemeinschaft des Atlantischen Bündnisses hineingewachsen."

Generalinspekteur Friedrich Foertsch – auch sein Vorgänger Adolf Heusinger war zur Freude von Strauß zur Verabschiedung gekommen – verband seinen Dank an den scheidenden Verteidigungsminister mit einem bemerkenswerten, zudem bayerischen Abschiedsgeschenk: „Es ist, da Sie der Inhaber der Befehls- und Kommandogewalt waren, ein soldatisches Zeichen, nämlich ein Degen. Darauf sind die Insignien Maximilian Joseph, I., des ersten Königs von Bayern, und getragen hat diesen König Max II., der Gründer des Maximilianeums – und da wir wissen, Herr Minister, dass Sie einst Stipendiat des Maximilianeums gewesen sind und da wir außerdem wissen, dass Sie ein Liebhaber von alten Waffen sind, hoffen wir Ihnen mit diesem Degen eine Freude zu machen." Strauß, bewegt von dieser „rührenden Geste", drehte die Stimmung des Abschieds, getragen vom Ernst des Augenblicks, mit seiner Fähigkeit zur Ironie ins Heitere: „Ich habe Ihr Wort nicht falsch verstanden, Herr General Foertsch, dass ich ein Liebhaber alter Waffen sei. Das gilt für meine Privatwohnung, wo es von diesem Degen über indische Messer, über Helme des Mittelalters bis zum modernen Jagdgewehr geht. Ich möchte aber ausdrücklich versichern, um Meinungsverschiedenheiten zwischen Ihnen und mir überhaupt nicht als Möglichkeit erscheinen zu lassen, dass die Sammlung alter Waffen natürlich nicht das Ziel unserer gemeinsamen Tätigkeit für die Bundeswehr war."

Was Strauß des Weiteren zum Abschied aus dem Amt des Bundesverteidigungsministers sagte, hatte mit Resignation nichts zu tun: „Ich werde auch in Zukunft, gleichgültig wo ich stehe, derselben politischen Sache dienen. Ich glaube, dass wir Zeiten entgegensehen, in denen es durchaus auch notwendig sein kann, von einem anderen Platz als von dem des Verteidigungsministers, vielleicht dann weniger angefochten, für dieselbe gute Sache einzutreten, der ich bisher gedient habe."

Wenn Rudolf Augstein und Freunde gehofft hatten, und manche Aufschreie der Freude erweckten diesen Eindruck, dass mit dem Ausscheiden aus dem Verteidigungsministerium das politische Thema Franz Josef Strauß abgeschlossen sei, so irrten sie. Nur ein Akt war zu Ende, das große politische Lebensspiel des Franz Josef Strauß ging weiter.

Marianne Strauß

Schon am Tag ihrer Hochzeit, am 4. Juni 1957, erfährt Marianne Strauß was es bedeutet, mit einem Politiker verheiratet zu sein, der nicht nur im ständigen Rampenlicht der öffentlichen Aufmerksamkeit, sondern auch unter der stetigen massiven Beanspruchung durch ein Amt steht, das in der damaligen Aufbauzeit der Bundeswehr so fordernd und beanspruchend war wie das keines anderen Ministers. Am Polterabend hatte Strauß, mit dem Auto unterwegs nach Rott am Inn, wo am anderen Tag in der wunderbaren Klosterkirche geheiratet werden sollte, Nachrichten gehört und dabei erfahren, dass in der Nähe von Kempten im Allgäu bei dem Versuch, die Hochwasser führende Iller zu überqueren, 15 Rekruten eines Luftlande-Jägerbataillons ertrunken waren. Der Verteidigungsminister blieb nur kurz in Rott, fuhr dann weiter nach Kempten, zur Unglücksstelle.

„Bis dahin hatte Strauß die Stufenleiter des Erfolgs mühelos erklommen, mit jugendlicher Unbekümmertheit, taktischem Geschick und politischer Robustheit. Doch jetzt – an der Spitze eines schnell wachsenden Mammutunternehmens – trafen ihn auch Vorgänge, die er nicht in der Hand haben konnte: Als erstes ein tragisches Unglück an der Iller. Ein übereifriger Oberjäger hatte versucht, seine Soldaten durch den reißenden Fluss zu führen – dabei ertranken 15 Mann. Die Aufregung war unbeschreiblich. Dem Verteidigungsminister wird vorgeworfen, er treibe die Aufrüstung zu rasch voran, vernachlässige die Ausbildung, sei jedenfalls schuld an dem Unglück. Dass er es gewesen war, der die Aufstellungsziele reduzierte, wurde verschwiegen oder ging – wenn es erwähnt wurde – in den antimilitärischen Emotionen unter. Strauß mag damals, als er im strömenden Regen im Morgengrauen auf der Illerbrücke den Rettungsarbeiten zuschaute, erstmals gespürt haben, welche Last er mit dem Aufbau der Bundeswehr auf sich genommen hatte", hat General Gerd Schmückle die dramatische Situation zusammengefasst und in ihrem Kern beschrieben.

Gerade noch rechtzeitig war Franz Josef Strauß in Rott am Inn zu seiner Hochzeit zurück. Joseph Kardinal Wendel nahm die Trauung vor, Konrad Adenauer war der prominenteste Gast.

Die Bekanntschaft mit der Familie seiner Frau reichte bei Franz Josef Strauß weiter zurück als mit ihr selbst. Dr. Max Zwicknagl, der spätere Schwiegervater, war einst ein wichtiger Mann in der Bayerischen Volkspartei und zählte zu den Gründungsmitgliedern der CSU. Strauß-Förderer Josef Müller gehörte zu den engen Freunden Zwicknagls, der auch eine zeitlang Mitglied des Bayerischen Landtags war. Darüber hinaus hatten Strauß und Zwicknagl gemeinsam dem Frankfurter Wirtschaftsrat angehört. Man traf sich nicht nur bei den Sitzungen, sondern bewohnte zeitweise sogar dasselbe Zimmer in Frankfurt – teilte sich zudem die ansehnlichen Brotzeiten, die Frau Ilse Zwicknagl ihrem Mann mitzugeben pflegte.

In dieser Zeit auch, im Juni 1948, nach ihrem Abitur, hatte Marianne Zwicknagl bei einem Besuch ihres Vaters in Frankfurt Franz Josef Strauß zum ersten Mal gesehen. Näher kennengelernt hatten sich die beiden am Rosenmontag des Jahres 1957 in der „Traumkulisse", dem Faschingsball der Münchner Kammerspiele. Marianne Strauß hatte die gleiche höhere Schule besucht wie ihr Mann, das Max-Gymnasium in München. Sie schloss das Studium der Volkswirtschaft 1955 mit dem Diplomexamen ab, befasste sich dazu besonders intensiv mit der französischen und der englischen Sprache. In Paris und London erwarb sie das jeweilige Dolmetscherdiplom. Schon vom Elternhaus her waren der jungen Frau des Bundesverteidigungsministers politische Abläufe, politische Zwänge und politische Auswirkungen auf das Familienleben nicht fremd. Von ihrem Vater Max Zwicknagl hatte Marianne Strauß auch gelernt, dass es in der Politik nie ohne sachliche oder auch persönliche Angriffe abzugehen pflegte, dass man Schwierigkeiten diese Art mit Gleichmut ertragen müsse, über ihnen nicht zum Menschenverächter werden dürfe. Dieses Rüstzeug bewährte sich, als die politischen Stürme um Strauß tobten.

Das Ehepaar Strauß nahm Wohnung in Rott am Inn, wo Marianne Strauß schon seit längerem Gelegenheit hatte, ihre beim Studium erworbenen theoretischen wirtschaftlichen Kenntnisse erfolgreich in die Praxis umzusetzen: Sie leitete, als Dr. Max Zwicknagl als Konsul der

Bundesrepublik Deutschland in Innsbruck tätig war, die der Familie gehörende Kaiser-Brauerei in Rott am Inn. Im März 1958 bezog das Ehepaar ein kleines, vom Bund gekauftes Haus auf dem Venusberg in Bonn. Ihren endgültigen Sitz fand die Familie Strauß im eigenen Haus im Münchner Stadtteil Sendling.

Am 24. Mai 1959 wird dem Ehepaar Strauß als erstes Kind der Sohn Max Josef geboren. Bundeskanzler Konrad Adenauer nahm seinen Glückwunsch an Marianne Strauß zum Anlass, von eigenen Erfahrungen als Ehemann und Vater zu berichten. Er habe, so schrieb er, von Bundespräsident Theodor Heuss von der Tapferkeit von Frau Strauß gehört, selbst noch zum Krankenhaus zu fahren. Adenauer: „Das erinnert mich in etwa an meine Frau, die kurz vor der Niederkunft – ich war damals in Köln Oberbürgermeister – ins Theater ging. Ich war in Berlin, alle anderen Kinder waren an der See, sie war alleine. Sie hat dort im Theater so herzlich gelacht, dass sie nur mit großer Mühe noch nach Hause gekommen ist. Die Geburt meines jüngsten Sohnes erfolgte noch in der gleichen Nacht. Als ich am anderen Morgen zurückkam, war er da. Sie war auch eine tapfere Frau."

Der zweite Sohn, Franz Georg, erblickt am 5. Mai 1961 das Licht der Welt, die Tochter Monika wird am 2. Juli 1962 geboren. Der Schriftsteller Eugen Roth, der Freund der Familie, gratulierte nach seiner Art und schrieb drei Tage später an Frau Strauß:

„Ein Mensch wünscht, liebe Marianne,
Dir und auch dem Ministermanne,
zu Eurem dritten Meisterstück
von ganzem Herzen recht viel Glück!
Er wär gekommen selber hin,
zu sehen Kind und Wöchnerin,
mit einem Strauß aus seinem Garten –
doch will er noch ein wenig warten,
weil Du – was brauchst Du ihn als Gast? –
den ‚größten Strauß‘ ja selber hast.
Doch später sich zu überzeugen
Von Eurem Glück, kommt Onkel Eugen."

Marianne Strauß hat immer Wert darauf gelegt, dass es in ihrem Haus das Phänomen der auch in manchen Politikerfamilien nicht unbekannten „Wohlstandsvernachlässigung" nicht gegeben hat. „Wir waren immer für unsere Kinder da. Sie haben nie eine Mutter gehabt, die ihre Kinder ohne Frühstück in die Schule schickte, weil sie eine Verabredung mit dem Golflehrer hatte." Dass Franz Josef Strauß ein sehr großzügiger und liebevoller Vater war, der nicht etwa am Wochenende als strenger Verkünder von Prinzipien heimkam, hat Marianne Strauß immer wieder erzählt. Sätze wie „sei still, ich bin älter und weiß es daher besser" seien ihm nie über die Lippen gekommen. Selbstverständlich war das Haus Strauß ein durch und durch politisches Haus. Dass es dabei ohne Zwang einen politischen Gleichklang zwischen Eltern und Kindern gab, hat Franz Josef und Marianne Strauß immer gefreut. Es zahlte sich aus, dass sich auch der große Politiker trotz all seiner außergewöhnlichen Beanspruchung immer Zeit für die Kinder genommen hat. Der Zusammenhalt der Familie hat darin seine Wurzeln.

Familie heißt Austausch, heißt Gespräch, heißt gegenseitiges Sich-Stützen. Marianne Strauß über ihren Mann: „Wenn der Tagesstress einmal besonders dicht auf ihn niederprasselt, kann er in der Familie doch am besten davon abschalten. Dann hört er sich die verschiedenen Probleme der Kinder an oder auch die häuslichen Dinge, die zwischen ihm und mir abgesprochen werden müssen. Da konzentriert er sich dann voll darauf. Dabei vergisst er seinen Stress am leichtesten. Ich merke es immer wieder, dass ihm das richtig gut tut." Marianne Strauß wusste am besten, wie weit das veröffentlichte Bild ihres Mannes und seine Wirklichkeit auseinander klafften. Ein Beispiel: „Mein Mann hat Temperament und eine spontane Ausstrahlung. Aber er ist der am wenigsten spontane Mensch, den ich kenne. Er macht sich Entscheidungen nicht einfach, wägt ab, überprüft sorgfältig, bevor er eine Entscheidung fällt. Dennoch ist er entscheidungsfreudig und steht dann auch hundertprozentig hinter den getroffenen Entscheidungen."

Mehr als die Frau an seiner Seite

Marianne Strauß war alles andere als nur die Frau von Franz Josef Strauß, sie war eine Persönlichkeit eigenen Ranges und eigenen Gewichts. Dass Franz Josef Strauß die langen Jahre höchster politischer und persönlicher Belastung und Anspannung kraftvoll durchstehen, auch bei ihm vorhandene Phasen der Ermüdung, gelegentlich sicher auch der Resignation überwinden und sich entschlossen aufs Neue an seine Arbeit machen konnte, hat damit zu tun, dass er in seiner starken Frau den Rückhalt hatte, den er brauchte. Marianne Strauß hatte auch politischen Einfluss auf ihren Mann. Wenn der CSU-Vorsitzende und Bayerische Ministerpräsident die Familie und die Politik für die Familie als die soziale Frage Nummer eins erkannte und die gebotenen politischen Schlüsse aus dieser Einsicht zog, so spiegelten sich darin die Erfahrungen aus dem Engagement wider, das Marianne Strauß in einem beispielhaften sozialen Einsatz erbrachte.

Im Juni 1984 war der Bayerische Ministerpräsident Franz Josef Strauß, auch in seiner Eigenschaft als Präsident des Bundesrates, auf Staatsbesuch in Jugoslawien. Ich begleitete ihn auf dieser Reise, auch sein Sohn Franz Georg war dabei. Die Delegation war mit einem Flugzeug der Luftwaffe unterwegs. Wie im damaligen, noch kommunistischen Jugoslawien üblich, blieb es während eines Staatsbesuchs nicht nur bei Gesprächen mit der Zentralregierung in Belgrad. Gesondert mussten dort auch Termine mit der Regierung der Republik Serbien wahrgenommen werden. Nächste Station der Reise war die kroatische Hauptstadt Zagreb, wo übernachtet wurde. Am Vormittag des 23. Juni gab es eine Sitzung mit der kroatischen Regierung. Es ging um die politische Zusammenarbeit mit Deutschland, im Besonderen auch um die Möglichkeiten verbesserter wirtschaftlicher Kooperation mit Bayern. Das Gespräch war konstruktiv, die Stimmung gelöst. Zum Abschied gab es für den Gast eine Kristallvase aus einer kroatischen Glashütte. Strauß wies in seinem Dank auf die Vorliebe seiner Frau für Blumen hin, weshalb das Geschenk nicht im Fundus der Staatskanzlei verschwinden, sondern im Hause Strauß seiner eigentlichen Verwendung zugeführt würde.

Nach dem herzlichen Abschied in Zagreb Aufbruch, diesmal im Auto, zur nächsten und letzten Station dieser Reise, nach Ljubliana, der Hauptstadt der Republik Slowenien. Franz Josef Strauß mit jugoslawischen Gastgebern im ersten Wagen der Kolonne, Sohn Franz Georg und ich im Wagen dahinter. Etwa auf halbem Weg zwischen Zagreb und Ljubliana hält die Kolonne an, warum ist nicht ersichtlich. Nach Minuten der Ratlosigkeit – es war die Zeit, ehe es Mobiltelefone gab – kommt die Nachricht, dass Franz Josef Strauß an ein Telefon kommen solle. Franz Georg und ich begleiten ihn. Auf einer kleinen Anhöhe neben der Straße eine einfache Gastwirtschaft, auf dem halbhohen Tresen – ich sehe es noch heute vor mir – ein orangefarbenes Telefon. Franz Josef Strauß nimmt den Hörer. Am anderen Ende der Leitung das Lagezentrum des Bayerischen Staatsministeriums des Innern in München. Die unfassbare Nachricht: Marianne Strauß, die Frau des Bayerischen Ministerpräsidenten, ist in der Nacht bei einem Verkehrsunfall ums Leben gekommen. Franz Josef Strauß verliert sich im Schock der ungeheuerlichen Nachricht in verzweifelte Wiederholung: „Was ist mit der Marianne? Tot?" Mehr als ein Dutzend Mal stellte er diese Frage. Der Sohn stützt den Vater, ich stütze beide.

Der Staatsbesuch wird abgebrochen, die Heimreise angetreten. In Ljubliana sind die Ampeln auf grün geschaltet, die Stadt wird ohne Halt durchquert, der Flugplatz ist das nächste Ziel. Dort ist das slowenische Kabinett angetreten. Was zuvor herzlicher Willkommensgruß werden sollte, wird kondolierender Abschied. Die nächsten Stunden sitze ich mit Franz Josef Strauß und seinem Sohn im Flugzeug. Worte im wortlosen Schmerz zu finden, Worte des Trostes gar, ist nur im tastenden Versuch möglich. Ich rede davon, dass die Größe und Stärke der Familie Strauß, bewährt in Höhen und Tiefen, jetzt vor ihrer schwersten Herausforderung stünden. Die Maschine landet auf dem Militärflughafen Neubiberg in München. Es regnet in Strömen. Tochter Monika und der ältere Bruder Max holen Vater und Bruder ab.

Trauer, Dank, Erinnerung

In einem Leitartikel für den Bayernkurier versuche ich, die Größe des Verlustes zu beschreiben, den Franz Josef Strauß, den die Kinder, den aber auch ganz Bayern mit dem Tod von Marianne Strauß erlitten haben. Ich schreibe von Trauer, Dank und Erinnerung:

„Die tiefe Betroffenheit, die der Tod von Marianne Strauß ausgelöst hat, kennt keine Grenzen. Die Erschütterung über das Geschehen des 22. Juni 1984 ist nicht auf Bayern beschränkt, auch nicht auf die Bundesrepublik Deutschland. Die Anteilnahme am Tod der Frau des Bayerischen Ministerpräsidenten und CSU-Vorsitzenden Franz Josef Strauß ist weltweit und allgemein. Politische Trennungslinien verschwinden angesichts dieses Schicksalsschlages, sonst übliche Barrieren ebnen sich ein. Die Menschen treffen sich in der Hochachtung, Wertschätzung und Zuneigung für Marianne Strauß, deren Bedeutung als Mittelpunkt ihrer Familie, deren menschlicher Rang und deren unermüdlicher und beispielgebender sozialer Einsatz ihr im Herzen ihrer Mitbürger ein unzerstörbares Denkmal setzen werden. Die Menschen treffen sich auch in ihrer Anteilnahme und Mittrauer für Franz Josef Strauß und für die Kinder Monika, Max und Franz Georg sowie für die ganze Familie."

Die Christlich-Soziale Union trauert in besonderer Weise um die Frau ihres Parteivorsitzenden. Strauß hat es immer wieder gesagt, dass das, was er in den Jahrzehnten seines politischen Lebens im Dienst für das Ganze zu leisten vermochte, nur möglich war, weil er diese seine außergewöhnliche Frau an seiner Seite hatte. Was Franz Josef Strauß an Höhen erreicht und an Tiefen durchgestanden hat, hatte seinen Kraftquell und seinen ruhenden Pol gleichermaßen in Marianne Strauß", schrieb ich weiter.

Und im Bayernkurier hieß es noch: „Marianne Strauß war nicht nur, auch wenn sie dies in vorbildlicher Weise war, die Frau an der Seite von Franz Josef Strauß. Sie war in ihrer markanten und unverwechselbaren Weise eine Persönlichkeit eigener Art. Ausgestattet mit einem klaren Blick für politische Zusammenhänge, mit einem Gespür für kommende Entwicklungen, mit dem Wissen um die Nöte und Sorgen der Menschen, hat Marianne Strauß gelebt und gehandelt.

Dieses Dasein für den Mitmenschen gewann eine neue Dimension, als Franz Josef Strauß 1978 Bayerischer Ministerpräsident wurde. Die breit gefächerte soziale Arbeit, die Marianne Strauß entfaltete, sprengte den Rahmen, wie er vielfach auch von anderen Politikerfrauen in verdienstvoller Weise ausgefüllt wird. Es hätte dem Talent und dem Temperament der Frau des Ministerpräsidenten widersprochen, hätte sie sich mit vorgegebenen Situationen abgefunden. Marianne Strauß deckte bestehende Schwächen in der Sozialgesetzgebung ab, gab Anstöße, entfaltete unermüdlich immer neue Initiativen. ‚Auch soziale Gesetze sind oft zu eng gefasst, kleben an Paragraphen – und so werde ich immer mehr zur Fürsprecherin einer größeren organisatorischen Flexibilität. Mehr Spielraum ist wichtig – für die Betroffenen wie für die Helfenden' – dies war ihr Standpunkt. Sie schuf diesen Spielraum, und sie nützte diesen Spielraum. Ob Mitarbeit in der Landesstiftung ‚Mutter und Kind', ob Pfennigparade oder Caritas, ob Hilfe für Spastiker oder Multiple-Sklerose-Kranke – wo immer Marianne Strauß half, und die Beispiele stehen nur stellvertretend, tat sie es mit ganzer Kraft und mit ganzem Herzen. Immer sah sie dabei den einzelnen Menschen. Mit einer Hartnäckigkeit, die eingefahrenen Apparaten durchaus unbequem werden konnte, sorgte sie für Hilfe im Einzelfall, ob es Stunden oder Tage dauerte und ohne Rücksicht auf die eigenen Kräfte."

Die Flut der Anteilnahme, die Franz Josef Strauß zum Tod seiner Frau erreichte, war überwältigend und kaum überschaubar. Ob Staatsoberhäupter oder einfache Menschen, sie alle nahmen Anteil an seinem Schicksal und Unglück. Die Münchner Frauenkirche war beim Requiem, das Friedrich Kardinal Wetter zelebrierte, mehr als bis auf den letzten Platz gefüllt, die Menschen standen dichtgedrängt auch vor den Kirchentüren. Der Kardinal kam in seiner Predigt auf das Wesentliche im Leben von Marianne Strauß zu sprechen, indem er aufzeigte, wie zu einem menschlich reicherfüllten Leben zu gelangen ist: „Nicht durch Nehmen, sondern durch Geben, nicht indem wir Ansprüche stellen, sondern indem wir für die da sind, die uns brauchen." Dieser Gottesdienst der menschlichen Trauer und der christlichen Hoffnung zugleich endete mit der ersten Strophe der Bayernhymne – dass diese in ihrem eigentlichen Kern ein Gebet ist, war selten deutlicher zu spüren als in diesem Augenblick.

Marianne Strauß sollte nicht nur in Worten des Gedenkens und in der Erinnerung jener, die sie kannten, weiterleben, sondern durch die Tat. Das soziale Wirken von Frau Strauß fortzuführen, war das Ziel. Die Entscheidung für eine Stiftung, die ihren Namen tragen sollte, fiel im Kreis der Familie, in Gesprächen, die Franz Josef Strauß mit seinen Kindern Monika, Max und Franz Georg führte. „In dankbarer Würdigung des von unserer Mutter geleisteten Werkes der christlichen Nächstenliebe", beginnt die Urkunde, mit der die Kinder bereits am 4. August 1984 die Marianne Strauß Stiftung errichteten. Die Stiftung setzte dort an, wo Marianne Strauß aufgehört hatte – die Schwierigkeiten und Lücken in einer angeblich allumfassenden sozialen Sicherung zu sehen und denen zu helfen, die davon betroffen sind. Die Marianne Strauß Stiftung, an deren Spitze seit ihrer Gründung Franz Georg Strauß steht, hat in den bald 25 Jahren ihres Bestehens Tausenden von Menschen geholfen – ohne Verwaltungsaufwand und mit größtem ehrenamtlichem Einsatz.

Bei der Initiative zur Gründung der Stiftung dabei gewesen zu sein und seither ihrem Stiftungsrat anzugehören, war und ist mir Freude und Ehre.

Die Eltern:
Franz Josef und Walburga Strauß, geborene Schießl

Junges Selbstbewusstsein:
Franz Josef Strauß mit dem Vater

Am Tag
der Erstkommunion

Zwischen Abitur und Studium:
Franz Josef Strauß Mitte der dreißiger Jahre

1939 in Landsberg am Lech:
Franz Josef Strauß wird Soldat.

Der Start in die Politik:
Franz Josef Strauß
als junger Landrat des
Landkreises Schongau

. Juni 1957:
Franz Josef Strauß heiratete in der Klosterkirche von
Rott am Inn die 27-jährige Diplomvolkswirtin
Marianne Zwicknagl. Prominentester Hochzeitsgast
war Bundeskanzler Konrad Adenauer.

Im Jahre 1961:
Marianne und Franz Josef Strauß

unten: Marianne Strauß mit den Kindern Franz Georg,
Monika und Max Josef (von links)

Baumeister eines freiheitlichen und demokratischen deutschen Staates:
Konrad Adenauer und Franz Josef Strauß

Abschied mit dem Großen Zapfenstreich am 19. Dezember 1962 in Köln-Wahn:
Bundeskanzler Konrad Adenauer dankte seinem Verteidigungsminister für den Aufbau der Bundeswehr.

Verteidigungsminister
Franz Josef Strauß
am heimischen Schreib-
tisch in Rott am Inn

Verbündete seit dem
gemeinsamen
und siegreichen Kampf
für die Soziale
Marktwirtschaft im
Frankfurter
Wirtschaftsrat im
Jahre 1948:
Ludwig Erhard und
Franz Josef Strauß

Herbert Kolfhaus,
Bayernkurier,
München 24.4.1965

Es kann der Frömmste nicht in Frieden leben ... (Schiller, Wilhelm Tell IV, 3)

Große Gestalten
der CSU-Geschichte:
Franz Josef Strauß
mit Hanns Seidel
und Fritz Schäffer

Dank und Glückwunsch
zum 75. Geburtstag am
2. April 1973:
Franz Josef Strauß mit
dem CSU-Gründer
und persönlichen Freund
Josef Müller

Weggefährten durch
Jahrzehnte:
Henry A. Kissinger und
Franz Josef Strauß, in de
Mitte der ehemalige
New Yorker Gouverneur
David Rockefeller

Der Bundeskanzler
und sein Finanzminister
in der Zeit der
Großen Koalition von
1966 bis 1969:
Kurt Georg Kiesinger
und Franz Josef Strauß

Als „Plisch und Plum"
Markenzeichen erfolg-
reicher Zusammenarbeit
in der Großen Koalition:
Wirtschaftsminister
Karl Schiller (SPD)
und Finanzminister
Franz Josef Strauß (CSU)

Unter der Oberfläche
harter Wahlkämpfe:
Zwischen
Helmut Schmidt und
Franz Josef Strauß
gab es stets einen
beachtlichen Bestand an
gemeinsamen politischen
Grundüberzeugungen
und an gegenseitiger
Wertschätzung
und Freundschaft.

21

Ringen um die besten Wege deutscher Politik und um die richtige Strategie der Union:
Nähe und Ferne bestimmten das Verhältnis von Franz Josef Strauß zu Helmut Kohl gleichermaßen.

„Helmut, mir genga nur zum Schütz'n-Stammtisch."

22

Nach einer Periode des Streites Jahre enger politischer Zusammenarbeit und menschlicher Verbundenheit:
Franz Josef Strauß und Karl Theodor Reichsherr von und zu Guttenberg

Bayernkurier

OSKAR

Bayern-Kurier

Jagd-schein

Der Franz mit seinem Pusterohr

Oskar, Berliner Morgenpost, 27.8.1964

Wurzelgeflecht I:
Nach dem Tod
von Franz Josef Strauß
am 3. Oktober 1988
wurde Theo Waigel vom
Parteitag im November
in der wohl tiefsten Zäsur
in der Geschichte der
Partei zum Vorsitzenden
der Christlich-Sozialen
Union gewählt.

Dr. Edmund Stoiber

Wurzelgeflecht II:
Franz Josef Strauß mit
Edmund Stoiber,
der, in seinen Jahren als
Generalsekretär dem
Parteivorsitzenden und
als Leiter der
Bayerischen Staatskanzlei
dem Ministerpräsidenten
besonders verbunden,
im Januar 1999 an die
Spitze der CSU gewählt
wurde

Wurzelgeflecht III:
Erwin Huber war der
letzte von Franz Josef
Strauß berufene
Generalsekretär
der Partei. Im September
2007 wurde er zum CSU
Vorsitzenden gewählt,
ein Amt, das Strauß
siebenundzwanzigeinhalb
Jahre geführt hatte.

Franz Josef und Marianne Strauß vor der Sphinx in Gizeh:
offene bayerische Freude vor altägyptischer Rätselhaftigkeit

Geschätzter Gesprächspartner auch der arabischen Welt:
Im Mai 1977 traf Franz Josef Strauß, begleitet von seiner Frau Marianne, mit dem
ägyptischen Staatspräsidenten Anwar el-Sadat in Alexandria zusammen.

1977 führte Franz Josef Strauß bei einer Reise nach China seine ersten langen Gespräche mit dem chinesischen Führer und Reformer Deng Xiao-ping. Drei weitere Begegnungen sollten in den nächsten Jahren folgen.

In Peking unterwegs zum nächsten Gesprächstermin: Franz Josef Strauß mit (von rechts) Otto Wiesheu, Gerold Tandler und Wilfried Scharnagl

Chinareise 1985:
Franz Josef Strauß während einer stundenlangen Zugfahrt von Peking nach Quingdao

Transatlantische
Stabilität:
Franz Josef Strauß bei
einem seiner zahlreichen
Gespräche mit US-
Präsident Ronald Reagan

In Moskau Ende
Dezember 1987:
politisch konstruktive
und menschlich herzliche
Gespräche zwischen
Michail Gorbatschow
und Franz Josef Strauß

Die „Schwarzen" auf
dem Roten Platz:
Franz Josef Strauß
mit Gerold Tandler,
Theo Waigel
und Edmund Stoiber

Das Damaskuserlebnis des Saulus.

Herbst 1978:
Vereidigung auf das Amt des Bayerischen Ministerpräsidenten durch Landtagspräsident Franz Heubl

Wahlen und Wahlkämpfe:
Vier Jahrzehnte lang hat sich Franz Josef Strauß der politischen Entscheidung der Menschen gestellt.
Er hat dabei für die CSU Erfolge erzielt, zu deren Ausmaß und Dauer es in keinem anderen Land
und bei keiner anderen Partei Vergleichbares gibt.

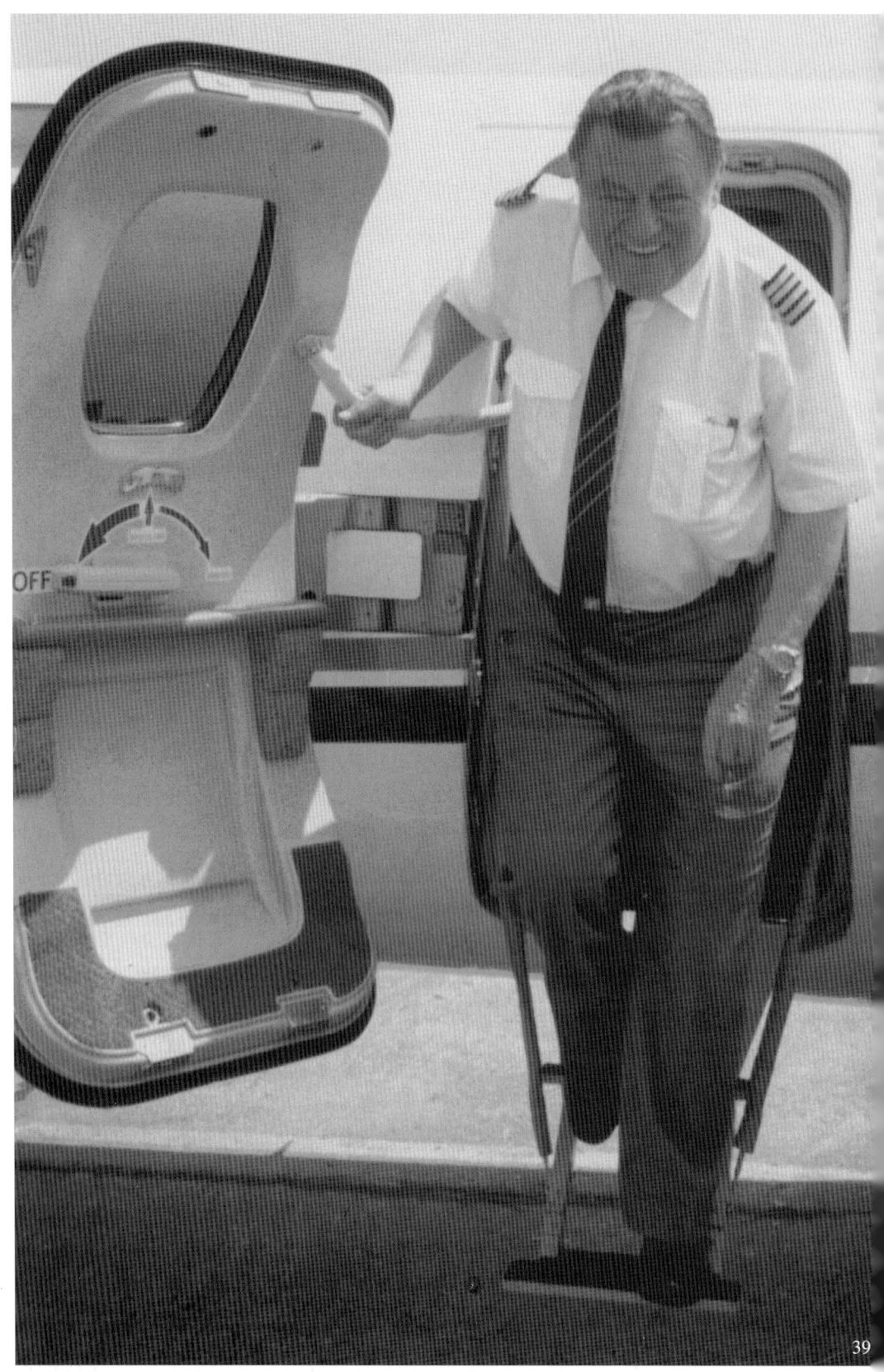

Wo technisches Interesse und persönliche Neigung zum erfüllenden Ausgleich kamen:
Strauß als Pilot

BAYERISCHER STAATSMINISTER
FÜR UNTERRICHT UND KULTUS

München, den 26. Oktober 1982

Nr. I A 9 - 5/121 747
MA 998, 1377

Bayer. Staatskanzlei
- Minister ... amt -
Eing. 2 6. OKT. 1982

Ich lese nur, was nicht geht. Jetzt möchte ich wissen, was geht

TOP A 11

An den

Bayerischen Ministerpräsidenten

Herrn Dr.h.c. Franz Josef Strauß

Prinzregentenstr. 7

8000 München 22

40

Originalton eines Ungeduldigen, der nicht nur Bedenken, sondern Lösungen erwartet:
„Ich lese nur, was nicht geht. Jetzt möchte ich wissen, was geht.“

Kurbestimmung bayerischer Politik:
Ministerpräsident Franz Josef Strauß
im Bayerischen Landtag
bei seiner ersten Regierungserklärung

Empörte Anmerkung des
Ministerpräsidenten Strauß:
Bürokratische Verschleppung zu Lasten
der Menschen war ihm unerträglich.

Arbeitsplatz Bayerische Staatskanzlei an der Prinzregentenstraße:
der Ministerpräsident an seinem Schreibtisch

Die beiden Ämter, die Franz Josef Strauß im letzten Jahrzehnt seines Lebens gemeinsam geführt hat, sind seit
September 2007 wieder geteilt:
Günther Beckstein ist Bayerischer Ministerpräsident, Erwin Huber Vorsitzender der Christlich-Sozialen Union.

45

Nach dem Unfalltod seiner Frau Marianne im
Juni 1984 erwies sich Monika Hohlmeier
an der Seite des Vaters und Ministerpräsidenten
als großartige Persönlichkeit, die Zuneigung
und Respekt der Menschen auf sich zog.

Gute Stimmung bei einem bayerischen Gespräch:
Strauß mit dem ehemaligen Landtagspräsidenten Rudolf Hanauer, Joseph Kardinal Ratzinger,
Prinz Franz von Bayern und Altministerpräsident Alfons Goppel

Besuch in der Glaubenskongregation bei Joseph Kardinal Ratzinger:
Das Klima einer herzlichen Freundschaft, das sich zwischen Ministerpräsident Strauß
und dem damaligen Erzbischof von München und Freising entwickelt hat, ist spürbar.

48

Im Sommer 1985 Privataudienz bei Papst Johannes Paul II.:
Franz Josef Strauß mit Tochter Monika, Hans Graf Huyn und Wilfried Scharnagl

49

Freundschaft durch Jahrzehnte:
Mitte der fünfziger Jahre trafen sich Franz Josef Strauß und Shimon Peres zum ersten Mal.

50

Kursbestimmung außerhalb der Politik:
Strauß beim Festlegen der Route bei einer der sommerlichen Alpenfahrten, assistiert
von (vorne) Karl Dersch, Peter Gauweiler, Valentin Argirov und Wilfried Scharnagl

Auf unwegsamen Gebirgswegen:
Franz Josef Strauß mit Karl Dersch, Peter Gauweiler und Wilfried Scharnagl

52

Mann aus dem Volk, Mann für das Volk:
Franz Josef Strauß an seinem 70. Geburtstag
auf dem Odeonsplatz in München

53

Vor Theatinerkirche und Feldherrnhalle:
Franz Josef Strauß mit dem
Krumbacher Landtagsabgeordneten Karl Kling,
der in seiner Eigenschaft als Präsident des
Allgäu-Schwäbischen Musikbundes
3.600 Musikanten aus ganz Bayern zu einem
Ständchen aus Anlass des 70. Geburtstages des
Ministerpräsidenten versammelte

54

Wie ihn seine Bayern geliebt und in der Erinnerung behalten haben:
Franz Josef Strauß als Ministerpräsident, der den Menschen stets nahe und seiner bayerischen
Heimat ein Regierungschef unverwechselbarer Art war

Die CSU als Lebensaufgabe

Gründungsmitglied, Mitglied des geschäftsführenden Landesvorstandes seit 1946, Generalsekretär von 1948 bis 1952, stellvertretender Vorsitzender von 1952 bis 1961, Parteichef von 1961 bis zu seinem Tod am 3. Oktober 1988 – begreiflich und verständlich, dass Franz Josef Strauß und die CSU zu einer untrennbaren Einheit geworden sind, zu einem Doppelbegriff bayerischer, deutscher und europäischer Politik.

Als Franz Josef Strauß, damals 46-jähriger Bundesminister für Verteidigung, am 18. März 1961 mit 546 von 576 gültigen Stimmen zum Parteivorsitzenden der CSU gewählt wurde, sprach er nicht nur von der Ehre und Freude, die dieses Vertrauen seiner Partei für ihn bedeute, sondern auch von der damit verbundenen Bedrückung: „Denn Vertrauen, in diesem Umfange ausgesprochen, stellt auch eine Erwartung dar, die an die Leistung der kommenden Führung gestellt wird." Der neue Parteivorsitzende hätte es in dieser Stunde für überheblich gehalten, allein mit der Zusage aufzuwarten, dass er dieses Vertrauen selbstverständlich erfüllen werde. Strauß verspricht nur eines: „Dass ich das, was in meinen Kräften liegt, was ich nach Wissen und Gewissen tun kann, um dieses Vertrauen zu erfüllen und zu rechtfertigen, zu tun entschlossen und gewillt bin."

Kein anderer Parteivorsitzender der deutschen Nachkriegsgeschichte trug so lange die oberste Führungsverantwortung seiner Partei. Dabei war das Amt des ersten Mannes der CSU für Strauß nicht politische Pflichtübung, es ist ihm auch in den langen Jahren, in denen er es geführt und ausgefüllt hat, nie zu selbstverständlicher Gewohnheit oder eingefahrener Routine geworden. Strauß hat das Amt des CSU-Vorsitzenden geprägt, dieses Amt wiederum hat ihn geformt. Die Zusammengehörigkeit von Strauß und CSU-Vorsitz, für die Beobachter des politischen Zeitgeschehens ein verlässliches Marken- und für die Wähler und Anhänger ein erprobtes Gütezeichen, war für den Vorsitzenden der Christlich-Sozialen Union die politische Lebensaufgabe schlechthin.

Eine Partei darf kein in sich abgeschlossenes und keiner weiteren Entwicklung mehr fähiges Gebilde sein, eine Partei lebt, darin dem Menschen ähnlich, ein Leben in wachsenden Ringen. In seiner ersten Rede als Parteivorsitzender hat Strauß auf diese Ausgangslage verwiesen. Er hat vom Tag seiner Wahl an in siebenundzwanzigeinhalb Jahren diesem Leben und Werden der CSU in politischer Grundsatztreue, in einem persönlichen Einsatz, der übliches Maß sprengte, in menschlicher und politischer Integrationsfähigkeit und mit entschlossener und glaubwürdiger Führungskraft Profil und Erfolg gegeben. Unter Franz Josef Strauß hat sich die CSU zu einer modernen Volkspartei entwickelt, deren Erfolge sowohl in ihrer Politik und in ihrem Programm wie in ihrer Volksnähe und der damit verbundenen tiefen und breiten Verankerung im Vertrauen der Menschen in Bayern gegründet sind.

Dass die in der CSU nicht unerheblichen Spannungen der Gründerjahre, verbunden oftmals auch mit bitteren persönlichen Auseinandersetzungen, nachhaltig und tragfähig überwunden werden konnten, dass die CSU von Flügelbildungen und Flügelkämpfen frei blieb und frei ist, hängt ursächlich mit der Art und Weise zusammen, in der Strauß seit 1961 die Partei führte. Dabei dürfen seine Leistungen und Wirkungen, in denen er Generalsekretär und stellvertretender Parteivorsitzender war, nicht außer Acht gelassen werden. Dass die CSU mit ihrem Profil glaubwürdiger Geschlossenheit und mit den wesentlich auch daraus resultierenden hervorragenden und von keiner anderen Partei in keinem anderen Land auch nur annähernd erreichten Wahlergebnissen so völlig aus dem Rahmen des in der Bundesrepublik Deutschland Gewohnten fällt, liegt auch daran, dass Strauß der Bewältigung konkreter politischer Aufgaben, dem Kampf zur Durchsetzung einmal als richtig erkannter Ziele und der furchtlosen Auseinandersetzung mit dem politischen Gegner stets Vorrang vor fruchtloser Dauerbeschäftigung mit der eigenen Partei eingeräumt hat.

Strauß hat immer wieder betont, dass eine Partei nicht Selbstzweck sein dürfe, sondern nur Mittel zum Zweck. Es waren auch die Erfahrungen seiner Generation, die ihm hier den Blick geschärft und klare Sicht verschafft haben. Dazu ist auf ein Wort zurückzugreifen, das er unmittelbar nach seiner Erstwahl als Parteivorsitzender gesprochen hat: „Für uns ist der Mensch nicht ein Objekt der Politik, für uns musste – nach dem, was wir erlebt haben – der Mensch wieder zum Sinn und zum Mittelpunkt der Politik gemacht werden."

Der CSU-Vorsitzende Strauß hat zu keinem Augenblick sein Amt an der Spitze der Partei als Aufgabe freundlicher Repräsentation und Moderation gesehen. Er war der Motor, der die Dinge weitertrieb, der gemütliches Ausruhen auf einmal errungenem Lorbeer geradezu hasste. So war es nur logisch, dass er kein bequemer Parteivorsitzender sein konnte. Weil er als Ergebnis seiner Fähigkeit zu kühler und schneller Analyse Chancen und Gefahren, aber auch Möglichkeiten und Wege oftmals früher sah als andere, fiel ihm die Aufgabe des Warners, des Mahners, des Antreibers und des Erneuerers zu.

Strauß verstand Politik nicht als kurzfristiges Taktieren nach tagespolitischen Gegebenheiten, sondern als Auftrag, in historischen Dimensionen zu denken und zu handeln. Dass er dadurch manchen Zeitgenossen, auch in der eigenen Partei, lästig werden konnte, war unvermeidlich. Stets hat er sich an die ihm zur persönlichen Richtschnur gewordene Maxime gehalten, das zu tun, worauf es ankommt, und nicht danach zu fragen, wie es ankommt und was ankommt. Aus dieser Haltung heraus war er gegen die Verlockungen des Zeitgeistes gefeit. Knapp und präzise, wie es seine bekannte Art ist, brachte Friedrich Zimmermann, über viele Jahre einer der Stellvertreter des CSU-Vorsitzenden, sein Urteil über Strauß auf den Punkt: „Es gibt Politiker, die sind, was sie sind, durch ihr Amt. Fällt das Amt weg, so gerät auch der ehemalige Amtsinhaber in Vergessenheit. Bei Franz Josef Strauß ist das anders."

Richard Stücklen, von 1949 an für bald 30 Jahre Bundestagskollege und deshalb genauer Kenner von Strauß, sah in der politischen Unbestechlichkeit eine der großen Charaktereigenschaften des CSU-Vorsitzenden: „Was er als richtig erkannt hat, strebt er konsequent in die Tat umzusetzen. Opportunistische Anpassung ist ihm fremd. Er hat sich nie zum bloßen Laufburschen der Tagespolitik gemacht. Recht zu haben war ihm stets wichtiger als Recht zu bekommen. Gerade er hat auf diese Weise aber wie kein zweiter die Bitternis erfahren müssen, die in der Diskrepanz zwischen Recht haben und Recht bekommen liegt und die, wenn man nicht eine Kraftnatur wie er hat, so unendlich entmutigend ist."

„Die Christlich-Soziale Union sieht die Grundlage ihrer politischen Arbeit in einem Menschenbild, das von christlichen Wertvorstellungen geprägt ist. Die CSU weiß sich der Geschichte und dem geistigen, kulturellen Erbe unseres ganzen Volkes verpflichtet. Aus den Erfahrungen der Vergangenheit stellt sie sich den Aufgaben der Gegenwart. Sie erarbeitet Lösungen für die Fragen der Zukunft." Mit diesen Sätzen aus der Einleitung zu ihrem Grundsatzprogramm, das sich die CSU unter der Leitung von Theo Waigel 1976 gegeben hat und dessen Inhalt im Grundsatzprogramm von 1993 unter Edmund Stoiber und im aktuellen Grundsatzprogramm von 2007 unter Alois Glück aufs Neue bestätigt wurde, hat die CSU eine grundsätzliche und für sie unverrückbare Position bezogen. Strauß hat diesen Kernpunkt im Wesen und Denken der CSU stets hervorgehoben: „Wir hatten einen besonderen Ausgangspunkt. Dieser war die Erkenntnis, dass Politik nach neuen Maßstäben geformt werden muss, dass eine politische Organisation aus den Erfahrungen und bitteren Leiden der Vergangenheit heraus sich zusammenfinden muss, um eine Wiederholung dieser Vergangenheit unmöglich zu machen. Damit meine ich etwas ganz Besonderes, was immer wieder versucht wird, von außen aufzusprengen oder aufzuweichen: die für uns zum Grundsatz gewordene unauflösliche Zusammenarbeit katholischer und evangelischer Christen im politischen Bereich." Ausdrücklich legte Strauß in diesem Zusammenhang Wert auf eine Klarstellung: „Ich möchte, um jedes Missverständnis zu vermeiden, sagen, dass wir niemandem das Recht bestreiten, sich Christ zu nennen, der einer anderen parteipolitischen Überzeugung anhängt." Dass es nicht schon in der Weimarer Republik zu einer beide große christliche Konfessionen umfassenden politischen Kraft gekommen ist, hat Strauß stets tief bedauert: „Wären die Christen beider Konfessionen in den Sturmzeiten unsers Vaterlandes im politischen Bereich treu zusammengestanden, das deutsche und das Schicksal Europas wäre anders verlaufen, als es verlaufen ist."

Grundsätzliches und Pragmatisches

Neben dem Grundsätzlichen hat sich Strauß auch mit leidenschaftlicher Akribie um das Pragmatische gekümmert, also auch um die besten Voraussetzungen für die Alltagsarbeit einer Partei. Aus seiner Zeit als Generalsekretär wusste er, wie wichtig funktionierende Strukturen auch für Wahlerfolge sind. Mit seinen Generalsekretären, von Friedrich Zimmermann bis Erwin Huber, machte er die CSU zu einem politischen Dienstleistungsunternehmen, das für die Mitglieder der Partei ebenso zu Verfügung steht, wie es nach außen zum Erscheinungsbild und damit zum Erfolg der Partei beiträgt.

Strauß wusste sich in seinem Amt als Parteivorsitzender der CSU in der geschichtlichen, in der politischen, in der persönlichen Kontinuität seiner Vorgänger. In Josef Müller, dem ersten Vorsitzenden, der bis 1949 an der Spitze der Partei stand, schätzte Strauß den Mann, der bei der Gründung und Prägung der CSU die Weichen in die richtige Richtung gestellt hat. Die Überwindung eines engen konfessionellen Denkens, der Müller Bahn gebrochen hat, war für Strauß der entscheidende Schlüssel, der CSU das Tor zum Erfolg aufzusperren.

Hans Ehard führte die CSU von 1949 bis 1955. „Tatkraft, Würde und die in einer Demokratie unabdingbare Fähigkeit, Konflikte überlegen zu lösen, zeichneten Hans Ehards politisches Wirken in allen seinen Ämtern aus", urteilte Strauß voller Respekt und zog in diese Bewertung ausdrücklich die Jahre Ehards als Ministerpräsident des Freistaates mit ein. Ehards Wort, es könne keiner ein guter Bayer sein, der nicht auch ein guter Deutscher sei, war die Leitlinie dieses Grandseigneurs bayerischer Politik. Strauß: „Danach hat er gelebt und gearbeitet und sich um Bayern verdient gemacht."

1955 war Hanns Seidel zum Vorsitzenden der CSU gewählt worden. Strauß, zu ungeduldig, zu ehrgeizig und offensichtlich seine Möglichkeiten überschätzend, war als Gegenkandidat angetreten, verlor die Wahl. Das Ergebnis war aber mehr als ehrenhaft: 380 Delegierte stimmten für Seidel, 329 für Strauß. Bei dieser Führungsentscheidung war es im Kern darum gegangen, ob ein „Bonner Bayer" oder ein „Münchner Bayer" in der Nachfolge Hans Ehards die Partei führen sollte. Strauß sprach in seinem Glückwunsch an den Sieger davon, dass die Partei eine Kraftprobe nobel bestanden und ihren politischen Stil, im Unterschied zu manchen bösen Kämpfen der Anfangsjahre, erfreulich weiterentwickelt habe. Strauß bot an, weiterhin als stellvertretender Parteivorsitzender zu arbeiten, was von Hanns Seidel gerne akzeptiert wurde.

Auch Seidel hatte sich unmittelbar nach dem Krieg der überall in Bayern entstehenden Idee der Gründung einer neuen überkonfessionellen Partei verschrieben. Er war Gründungsmitglied der CSU in Unterfranken. Strauß sah in seinem unmittelbaren Amtsvorgänger einen jener Männer, die sich in besonderem Maße erfolgreich bemüht hatten, der Arbeit der CSU und der bayerischen Politik geistige Fundamente zu geben. Strauß über Seidel, dessen Leistungen als bayerischer Wirtschaftsminister und Bayerischer Ministerpräsident zu den Glanzpunkten bayerischer Nachkriegspolitik gehören: „Er half die Grundlagen des bayerischen Staates fügen. Er war einer der führenden Köpfe und tragenden Persönlichkeiten der Christlich-Sozialen Union. Er wurde einer der Schöpfer des neuen Bayern."

Hanns Seidel hat sich vielfach und vielfältig mit den prinzipiellen Fundamenten christlich-sozialer Politik befasst, schrieb Aufsätze und Bücher zu Fragen jenseits der aktuellen Politik des Tages. Die Überkonfessionalität der CSU, das konstruktive Zusammenwirken von Katholiken und Protestanten – ein Thema, über das in der Partei, weil es seine Brisanz verloren hat, weil es funktionierende Selbstverständlichkeit geworden ist, heute kaum noch jemand spricht –, war für Hanns Seidel eine zentrale Sorge. Strauß hat in der Partei dieses Miteinander der christlichen Konfessionen weniger durch vieles Reden, denn durch selbstverständliches Handeln praktiziert. Werner Dollinger, protestantischer Franke und lange Jahre einer der Stellvertreter, hat hier die Integrationskraft von Strauß zu würdigen gewusst: „Wenn heute zwischen Nord- und Südbayern keine Konflikte mehr bestehen, dann haben wir das im Wesentlichen auch Franz Josef Strauß zu verdanken – was ja kein Wunder ist, denn wir wissen ja, dass er auch fränkisches Blut in seinen Adern hat."

Unter Strauß ist die CSU in vielfacher Weise zur großen und, angesichts einer seit Jahrzehnten anhaltenden Schwäche der SPD, einzigen Volkspartei in Bayern geworden. Sie ist Volkspartei, weil sie in allen Regionen Bayerns gleichermaßen verwurzelt und wirksam ist, sie ist Volkspartei, weil in ihr alle Gruppen und Schichten der Bevölkerung ihre selbstverständliche und oft auch seit Jahren und Jahrzehnten angestammte politische Heimat haben, sie ist Volkspartei, weil sie im Vertrauen der Menschen in Bayern eine so tiefe Verankerung wie keine andere politische Gruppierung hat. Das ist so, weil die CSU – und auch hier hat sich die von Strauß gestaltete und durchgesetzte Ausrichtung der Partei niedergeschlagen – programmatisch den Wählerinnen und Wählern ein breites grundsätzliches Angebot machen kann: Die CSU ist die Partei, die ihr Handeln an den verpflichtenden Leitlinien christlicher Verantwortung ausrichtet, sie ist die Partei der sozialen Orientierung im Grundsätzlichen wie in der Politik des Alltages. Sie ist aber auch eine liberale Partei, weil die persönliche Freiheit des einzelnen Menschen für sie ein hohes Gut ist, sie ist eine bayerische Partei, weil sie im Freistaat seit mehr als einem halben Jahrhundert Regierungsverantwortung trägt, sie in der Verantwortung und Vertretung der Interessen Bayerns in der deutschen und europäischen Politik konkurrenzlos ist. Darüber hinaus ist die CSU in Wahrnehmung ihres bundesweiten Anspruches auch die Partei deutscher Verantwortung, sie ist seit Beginn der Geschichte der Bundesrepublik Deutschland als eine der großen politischen Kräfte der Nation tätig und anerkannt. In der kämpferischen Wahrnehmung deutscher Rechte und Interessen lässt sie sich von niemandem übertreffen.

Friedrich Zimmermann sieht in der Spannweite der CSU nicht nur das Wesensmerkmal einer Volkspartei, sondern in der überzeugenden Zusammenfügung von Profil, Kompaktheit, Geschlossenheit und Aktionskraft auch die Merkmale einer Elitepartei. Zimmermann hat sich immer wieder des März-Parteitages von 1961 erinnert, als Strauß zum ersten Mal an die Spitze der CSU gewählt worden war. Als es zwanzig Jahre später darum ging, dieses bemerkenswerten Datums in der Geschichte der CSU zu gedenken, hat Zimmermann den Parteivorsitzenden Strauß daraufhin angesprochen: „Deine große Rede 1961 im Regina-Palast-Hotel in München vor fast 2.000 Leuten wird mir in ewiger Erinnerung bleiben, wo Du zweieinhalb Stunden auch über die Probleme der friedlichen und militärischen Nutzung der Kernenergie gesprochen hast und wo ich als damaliger Generalsekretär neben Hanns Seidel saß, der mich am Arm ergriff und zu mir sagte: ‚Fritz, er ist ein Genie.' Wer den damaligen Ministerpräsidenten und Parteivorsitzenden Hanns Seidel kannte, seine distanzierte, zurückhaltende Art, bar jeglichen spontanen Ausdrucks, der wird ermessen können, was eine solche Bekundung wert war, die Verschiedenheit der Temperamente zwischen Hanns Seidel und Franz Josef Strauß eingeschlossen."

Strauß hat seine Partei geliebt

Vierzehn Mal haben die Delegierten der CSU Franz Josef Strauß zum Vorsitzenden der Partei gewählt, zum ersten Mal im März 1961, zum letzten Mal, im Jahr vor seinem Tod, im November 1987. Er selbst bestätigte damit für seine Person, was er als Mahnung stets auch an seine Partei gerichtet hatte – selbstverständliches und anhaltendes Vertrauen gibt es in der Politik nicht, es muss stets durch neue Leistung und neue Bewährung gewonnen werden. Strauß stand nie in der Versuchung, das, was in der und mit der CSU erreicht werden konnte, für sich allein in Anspruch nehmen zu wollen: „Die Erfolge, die wir in dieser Zeit in gemeinsamer Anstrengung und in gemeinsamer Leistung erzielt haben, beweisen, dass ich dieses Vertrauen nie als Einbahnstraße gesehen habe. Das Vertrauen unserer Mitglieder, Wähler und Anhänger war mir nie Selbstverständlichkeit, sondern stets Auftrag, mit allen Kräften und nach bestem Wissen und Gewissen meine Pflicht zu tun."

Oft habe ich mit Franz Josef Strauß darüber gesprochen, welches seiner vielen politischen Ämter denn das bedeutendste für ihn sei. Das Nachdenken auf diese Frage dauerte nie lange. Die wichtigste Aufgabe, auch die mit der größten Verantwortung und mit dem weitesten Entfaltungsraum, war ihm immer die Führung der CSU.

Franz Josef Strauß hat seine Partei – ich glaube, dass man es so sagen kann – geliebt. Sie war der bestimmende Inhalt seines Lebens, wohl auch und gerade deshalb, weil sie ihm keineswegs nur immer Freude bereitet hat, was allerdings auch umgekehrt gilt. Er hat sich um seine Partei gekümmert und gesorgt, was für das Ganze ebenso gilt wie für das einzelne Mitglied. Strauß hörte auf seine Partei, stellte sich aber auch gegen sie, wenn es ihm seine Einsicht, sein Wissen und Gewissen geboten. Er wusste, dass die politischen Herausforderungen für eine Partei kein Ende haben, wenn sie auf Dauer Erfolg haben will. Wahlsiege – und hier hat Strauß die CSU in Höhen geführt, die vor seiner Zeit noch als unerreichbar erscheinen mussten – waren für ihn nicht eine Sekunde lang Anlass zu zufriedenem Ausruhen. Schon am Abend einer Wahl, so seine Parole, galt es, den Helm für die nächste Schlacht fester zu schnallen.

Wichtig war ihm zu jeder Zeit, den Erfolg der CSU auf allen politischen Feldern im Auge zu haben. Kommunalpolitik, Landespolitik, Bundespolitik und Europapolitik – 1979 hatte sich mit der ersten Direktwahl des Europäischen Parlaments das Trio der Wahlherausforderungen zu einem Quartett erweitert – waren ihm in ihrer Bedeutung für Substanz, Qualität und Stabilität der CSU gleich wichtig. Die CSU als politische Gesinnungs- und Kampfgemeinschaft sollte sich nach seinem Ideal mit langem Atem an den großen Linien ihrer Grundsätze und der politischen Notwendigkeiten orientieren. Im letzten Jahr seines Lebens beklagte er mit Blick auf seine Partei zunehmende Aufgeregtheiten und die Neigung, über kleinlichem Ärger oder ärgerlichen Kleinigkeiten das große Ganze aus den Augen zu verlieren. Irritationen aus persönlichem Verdruss oder enttäuschtem Ehrgeiz dürften nicht den Blick auf die entscheidenden Fragen und Grundpositionen der CSU versperren. Auch die Einsicht, dass nicht mehr politische Ämter vergeben werden könnten, als vorhanden seien, falle denen, die nicht zum Zuge kämen, immer schwerer.

Der sorgfältigen Auswahl der richtigen Kandidaten für die Wahlen auf allen Ebenen maß Strauß für die Dauerhaftigkeit des Erfolges der CSU herausragende Bedeutung zu. Bei dieser Forderung hatte er auch im Besonderen Kommunalwahlen im Auge: „Die Orts- und Kreisvorsitzenden, engagierte Idealisten, sind unerlässlich für die Stabilität und Leistungsfähigkeit unserer Partei, ihr Einsatz ist nicht hoch genug zu bewerten. Aber nicht jeder tüchtige Orts- oder Kreisvorsitzende ist automatisch der beste Kandidat für ein öffentliches Amt, über dessen Vergabe die Bürger mit ihrem Stimmzettel entscheiden. Das bayerische Kommunalwahlrecht begünstigt die Persönlichkeitswahl. Die CSU muss deshalb gerade auf dieser Ebene höchste Maßstäbe bei der Auswahl der richtigen Bewerber anlegen."

Vor zwei Jahrzehnten, im Jahr seines Todes, hat Franz Josef Strauß diese mahnenden Überlegungen ausgesprochen. Im März des Jahres 2008 wurden sie in ihrer Gültigkeit nachdrücklich bestätigt, gewannen lebendige Aktualität, als die CSU bei den bayerischen Kommunalwahlen ein Ergebnis hinnehmen musste, das zwar mancherlei erfreuliches Licht, aber auch außerordentlich unerfreuliche Schatten aufwies.

Nikolaus Lobkowicz, politischer Philosoph und einst Präsident der Universitäten München und Eichstätt, hat einmal analysiert, nach welchen Grundsätzen Parteien ihre Vorsitzenden wählen. Mit Blick auf die CSU und Strauß hat er festgestellt: „Konservative wählen ihre Führungspersönlichkeiten nicht deshalb, weil sie erwarten, dass sie irgendein abstraktes Programm durchsetzen wollen, sondern weil sie eben Persönlichkeiten sind. Deshalb sind echte konservative Politiker auch kantiger, eckiger als der übliche politische Aal. Konservative haben den Mut, Persönlichkeiten zu wählen, von denen sie erwarten, dass sie nach ihrem Gewissen handeln werden."

Franz Josef Strauß hat diesem Bild, das ein Vorbild ist, siebenundzwanzigeinhalb Jahre entsprochen.

Das Wurzelgeflecht

In der Öffentlichkeit war lautstark, in den eigenen CSU-Reihen gelegentlich hinter den Kulissen diskutiert und die Frage gestellt worden, wie es mit der politischen „Nachwuchspflege" von Franz Josef Strauß bestellt sei. Wo und wer seien mögliche Nachfolger im Parteivorsitz? Sei es nicht so, wurde geklagt, dass unter der gewaltigen Eiche, im Schatten des mächtigen Strauß kein Platz und kein Klima seien, in dem eine kommende Führungsgeneration der Partei heranwachsen könnte. Strauß, so die Kritik, entziehe sich hier seiner Verantwortung, denke nur an sich und nicht an die Zeit nach ihm.

Strauß nahm derlei Stimmen in der Regel gelassen, konnte aber, wenn er auf das Thema angesprochen wurde, durchaus auch ärgerlich reagieren. Zum einen sah er, der sich in der Fülle physischer, intellektueller und politischer Kraft fühlte, keinerlei Anlass, sich mit der Frage seiner Nachfolger dringlich zu beschäftigen. Zum anderen aber verwies er in diesem Zusammenhang auf ein personelles Wurzelgeflecht, das hinter ihm heranwachse und auf das die CSU eines Tages werde zurückgreifen können.

Das Amt des CSU-Generalsekretärs, das er selbst in den Aufbaujahren der Partei unter schwierigsten Bedingungen materieller und organisatorischer Art geführt hatte, hielt Strauß für die „Hohe Schule" eines Politikers. Wer sich in dieser Aufgabe bewährt hatte, der trug den Marschallstab im Tornister. Wobei die besondere Nähe und das absolute Vertrauen, die zwischen einem Parteivorsitzenden und einem Generalsekretär herrschen müssen, zu Zeiten von Strauß und auch danach in der CSU die Praxis ergeben haben, dass die Auswahl eines Generalsekretärs – inzwischen in Gestalt von Christine Haderthauer erfreulicherweise auch einer Generalsekretärin – weithin die alleinige Entscheidung des Vorsitzenden ist und sein muss.

Franz Josef Strauß sah sich immer wieder dem Vorwurf mangelnder Menschenkenntnis ausgesetzt. Mochte diese Kritik in dem einen oder anderen Fall auch zutreffen und von Strauß als berechtigt zugestanden werden, bei der Wahl seiner Generalsekretäre hat Strauß stets einen guten Griff getan – übrigens ungeachtet der Tatsache, ob er sich für ein Mitglied der CSU-Landesgruppe oder der CSU-Landtagsfraktion entschied. Alles in allem: Die CSU-Politiker, die unter Strauß Generalsekretäre der Partei waren, haben ihren Weg gemacht und damit das menschliche und politische Qualitätsgespür von Strauß bestätigt.

Friedrich, genannt Fritz, Zimmermann, seit 1953 Bundestagsabgeordneter und Vertreter des niederbayerischen Wahlkreises Landshut im Parlament, legte als Generalsekretär von 1955 an wesentliche Grundlagen zum Ausbau der Parteiorganisation, blieb in diesem Amt auch, als Strauß 1961 Parteivorsitzender wurde. In Bonn gehörte Zimmermann stets zur Spitzenformation der CSU, ob als wortstarker und scharf analysierender Vorsitzender der Landesgruppe oder als erfolgreicher Innenminister im Kabinett von Bundeskanzler Helmut Kohl.

Als Nachfolger Zimmermanns holte sich Strauß den bedachtsamen und nachdenklichen schwäbischen Landtagsabgeordneten Anton Jaumann. Manche Gegensätze in der jeweiligen Natur und Art hinderten den Parteivorsitzenden und seinen Generalsekretär nicht an zielführender Zusammenarbeit zum Wohle der CSU. Dass Strauß mit Jaumann eine gute Wahl getroffen hatte, bewies dieser mit seinem weiteren politischen Weg, der ihn von der Dauer und Qualität seiner Amtsführung zu einem der großen bayerischen Wirtschaftsminister werden ließ. Übrigens, ein junger Jurist und zudem ein schwäbischer Landsmann von Jaumann, Theo Waigel, war im bayerischen Wirtschaftsministerium persönlicher Referent des Ministers.

Auf den Schwaben Jaumann folgte der Oberbayer Max Streibl aus Oberammergau. Auch er brachte in die Landesleitung der CSU die Talente mit, die man braucht, um höchste politische Ämter zu erreichen. Streibl, auf Parteiebene viele Jahre Vorsitzender des wichtigen oberbayerischen Bezirksverbandes, wurde der erste Umweltminister des Freistaates Bayern und damit auch der erste Chef eines solchen Ressorts in Deutschland und Europa überhaupt. Als bayerischer Finanzminister stand Streibl stets in der ersten Reihe seiner Kollegen aus den deutschen Ländern, als Stellvertreter des Ministerpräsidenten trug er nach dem Tod von Franz Josef Strauß besondere Verantwortung, aus der heraus ihn seine Partei und deren Landtagsfraktion in das Amt des Regierungschefs beriefen.

Gerold Tandler, auf dessen Rat Strauß wachsam zu hören pflegte, folgte Streibl als Generalsekretär der CSU. Tandler gab der CSU den einsatzstarken und auf schlagkräftige Wahlkämpfe ausgerichteten organisatorischen Schliff, den die Volkspartei CSU als einzige glaubwürdige Vertretung ganz Bayerns brauchte, um den Menschen überzeugend gegenübertreten zu können. Als Finanz- und Wirtschaftsminister, aber auch als Vorsitzender der Landtagsfraktion lieferte er dieselbe präzise und von ihm in allen Ämtern gewohnte Qualitätsarbeit ab, mit der er sich nach seinem Ausscheiden aus der Politik auch als Vorstandsmitglied eines der großen deutschen Dax-Unternehmen, der Linde AG, Respekt und Ansehen erwarb.

Nach Gerold Tandler zog Edmund Stoiber als Generalsekretär in das von der Lazarettstraße in die Nymphenburger Straße verlagerte CSU-Hauptquartier. Mit Leidenschaft und unermüdlichem Einsatz perfektionierte Stoiber die Grundlagen der Parteiarbeit, stellte sich jedem Gefecht, ob politischer oder publizistischer Art, für seine Partei, organisierte 1980 den Bundestagswahlkampf, der deshalb für die CSU von besonderer und einmaliger Art war, weil Franz Josef Strauß der Kanzlerkandidat der Union war. Als Staatsminister Leiter der Bayerischen Staatskanzlei unter Ministerpräsident Strauß wurde Stoiber nach dem Tod von Strauß Innenminister und, nach dem Rücktritt von Max Streibl, 1993 Regierungschef des Freistaates. Im Januar 1999 wurde Stoiber nach der Entscheidung von Theo Waigel, sich von der Führung der Partei zurückzuziehen, zum Vorsitzenden der CSU gewählt, ein Amt, das er bis zum September 2007 mit großer Leidenschaft und mit nicht weniger großen Wahlerfolgen führte. Dass Edmund Stoiber 2002 als Kanzlerkandidat der Union den Sieg knapp verfehlte, war einem Doppelfall „höherer Gewalt" geschuldet – Amtsinhaber Gerhard Schröder konnte aus seiner Selbstdarstellung anlässlich des Elbe-Hochwassers und aus seiner antiamerikanischen Agitation in Sachen Irak-Krieg unverdienten Wahlnutzen ziehen.

Das Amt des Generalsekretärs als „Hohe Schule"

Bei der Wahl eines Nachfolgers für Generalsekretär Stoiber war das Auge von Franz Josef Strauß auf den oberbayerischen Landtagsabgeordneten Otto Wiesheu, im Maximilianeum Vertreter des Stimmkreises Freising, gefallen. Strauß war auf Wiesheu aufmerksam geworden, weil dieser schon in seinen Jahren in der Führung der Jungen Union als profilierter und durchsetzungsstarker Kopf aus dem Rahmen des Üblichen gefallen war. Nach seiner Zeit als Generalsekretär setzte Wiesheu seinen Weg als Hauptgeschäftsführer der Hanns-Seidel-Stiftung fort. In das Kabinett gewechselt, gewann er als langjähriger bayerischer Wirtschaftsminister in Bayern wie bundesweit durch Klarheit und Kompetenz unangefochtenes Ansehen. Als Vorstandsmitglied der Deutschen Bahn AG agiert Wiesheu heute, so das Urteil derer, die ihn aus der Nähe sehen und erleben, „als ob er nie etwas anderes gemacht hätte".

Der letzte von Strauß berufene Generalsekretär war Erwin Huber, Landtagsabgeordneter des Stimmkreises Dingolfing. Er führte dieses Amt mit Umsicht und in aufmerksamer Verbundenheit mit der Basis der Partei. Das Vertrauen, das er bei Strauß gefunden und das er durch Leistung unter Beweis gestellt hatte, fand er nach dessen Tod auch beim neuen Parteivorsitzenden Theo Waigel. 1994 wurde Huber unter Ministerpräsident Stoiber als Staatsminister Leiter der Bayerischen Staatskanzlei, wechselte dann ins Finanzministerium, um 2003 erneut die Leitung der Staatskanzlei, gleichzeitig verbunden mit dem Staatsministerium für Bundesangelegenheiten, zu übernehmen. 2005 wurde Huber Wirtschaftsminister, um 2007, Bayerischer Ministerpräsident war nach dem Rücktritt Edmund Stoibers inzwischen Günther Beckstein, in das ihm vertraute Finanzministerium zurückzukehren. In der CSU in besonderer Weise verwurzelt und mit einem breiten politischen Erfahrungsschatz ausgestattet, wurde Erwin Huber auf dem Münchner

Parteitag im September 2007 als Nachfolger von Edmund Stoiber zum Vorsitzenden der Christlich-Sozialen Union gewählt.

Der Weg seiner Generalsekretäre bestätigte die Richtigkeit einer von Franz Josef Strauß in seinen „Erinnerungen" getroffenen Feststellung: „Eines der besonders politischen Ämter unserer Partei, das sich als Nachwuchsschule besonderer Art bewährt hat, ist das des Generalsekretärs." Obwohl seine politischen Gegner immer das Gegenteil behaupteten, so Strauß, habe er immer darauf geachtet, hervorragende politische Nachwuchskräfte heranzuziehen. Klartext: „Ich bin keineswegs ein mürrischer, ehrgeiziger, alter Patron, der eifersüchtig darüber wacht, dass keiner in die Führungsspitze der Partei vordringt." Deshalb war Strauß immer auf Talentsuche, und dies keineswegs nur in der Reihe seiner Generalsekretäre. So fiel dem Parteivorsitzenden frühzeitig der umtriebige, einfallsreiche und unkonventionelle Peter Gauweiler auf, der sich schon in jungen Jahren als Wahlkämpfer in München ausgezeichnet hatte. Profiliert und bekannt geworden als Kreisverwaltungsreferent der Landeshauptstadt München, holte ihn Ministerpräsident Strauß 1986 als Innenstaatssekretär in sein Kabinett. Die Entscheidung dafür fiel bei einer Geburtstagseinladung bei uns zu Hause, bei der es zu einem langen Gespräch von Strauß mit Gauweiler gekommen war.

Anfang der siebziger Jahre ging es darum, einen wachen und klugen Kopf zu finden, von dem Strauß glaubte, ihm die herausfordernde Aufgabe des Vorsitzenden der Grundsatzkommission anvertrauen zu können. Die Wahl des Parteichefs fiel auf Theo Waigel, den Vorsitzenden der Jungen Union Bayern, der sich dieser Aufgabe, von Strauß durchaus als Talent- und Bewährungsprobe gesehen, mit Bravour unterzog. Vorsitzender der CSU-Landesgruppe geworden, entwickelte sich zwischen Waigel, der nun zur engsten Führungsspitze der Partei gehörte, und Strauß ein starkes Vertrauensverhältnis.

Im Jahr seines Todes stellte Franz Josef Strauß Überlegungen dahingehend an, wer, wenn man zu diesem Zeitpunkt einen Parteivorsitzenden wählen müsste, Vorsitzender der Christlich-Sozialen Union werden könnte. Er nannte drei mögliche Köpfe – Max Streibl, Gerold Tandler, Theo Waigel.

Im Oktober 1988 starb Franz Josef Strauß. Der Parteitag im November dieses Jahres wählte Theo Waigel, von Strauß stets nur Theodor genannt, zum Nachfolger und neuen Vorsitzenden der CSU.

Das Wurzelgeflecht von Strauß hatte gehalten.

„Plisch und Plum" – ein Doppel der besonderen Art

Der Satz ist berühmt geworden: „Von den verschiedenen Kandidaten, die 1966 zur Wahl als Bundesfinanzminister standen, kam Franz Josef Strauß den Qualitäten eines Herkules am nächsten." Gesprochen hat dieses Wort Kurt Georg Kiesinger, der am 1. Dezember 1966 mit 340 gegen 109 Stimmen bei 23 Enthaltungen und einer ungültigen Stimme zum Bundeskanzler der Bundesrepublik Deutschland gewählt worden war. Dieses Datum markiert den Geburtstag der ersten Großen Koalition, gebildet aus CDU, CSU und SPD.

Dass Franz Josef Strauß in dieses Kabinett einzog, stieß auf allgemeine Überraschung – zunächst weil der als Verteidigungsminister bekannt gewordene CSU-Vorsitzende plötzlich als Finanzminister die Regierungsbühne betrat. Allerdings, jene, die Strauß kannten und seine Entwicklung beobachteten, hatten seit geraumer Zeit festgestellt, in welch sachkundiger Weise sich der einstige Volkswirtschaftsstudent in die Themenfelder Wirtschaft und Finanzen eingearbeitet, sich qualifiziert und profiliert hatte. Dabei war Strauß mit der ihm eigenen hartnäckigen und genauen Art an das neue politische Aufgabenfeld herangegangen.

Selbstverständlich stellte der Wiedereintritt in die Bundesregierung für Strauß auch eine große persönliche Genugtuung dar, sah er sich doch in der „Spiegel-Affäre" nicht als Täter, sondern als Opfer, das im Rahmen der Regierungsraison und auch im Interesse von Bundeskanzler Adenauer gebracht werden musste. Deshalb waren Enttäuschung und Empörung seiner politischen und mehr noch seiner publizistischen Gegner über die Wiederauferstehung eines politisch für tot Geglaubten groß.

Dabei wurden die Hoffnungen und Erwartungen dieser Gegner nicht erst durch die Berufung von Strauß zum Bundesfinanzminister schmerzlich enttäuscht. Der zum Jahresende 1962 angestimmte Jubel, dass nun ja wohl die Karriere des Franz Josef Strauß endgültig an ihrem Schluss angelangt sei, hatte sich schon damals als reichlich verfrüht erwiesen. Die bayerischen Wähler hatten nicht so mitgespielt, wie es von den Strauß-Gegnern erwartet und erwünscht, erhofft und betrieben worden war. Die Landtagswahl von 1962 wurde in Bayern nach allgemeiner Beurteilung geradezu zu einer Abstimmung über die Person und Politik von Franz Josef Strauß, der seit März 1961 zudem auch noch Vorsitzender der Christlich-Sozialen Union war. Diese Abstimmung ging für Strauß mehr als nur gut aus.

„In dieser für Strauß ziemlich ausweglosen Situation erbrachte die Landtagswahl vom 25. November einen erstaunlichen Solidarisierungseffekt der bayerischen Wähler mit dem von preußischen Intellektuellen angegriffenen Landsmann. Trotz der bundesweit für die CDU negativen Trends gelang es der CSU, knapp zwei Prozent mehr Wählerstimmen zu erringen als bei den vorhergehenden Wahlen", schreibt Hans-Peter Schwarz in seiner Geschichte der Ära Adenauer. Die CSU erhöhte ihren Stimmenanteil von 45,6 auf 47,5 Prozent, die Zahl ihrer Abgeordneten nahm von 101 auf 108 zu – zum ersten Mal errang die CSU im Bayerischen Landtag die absolute Mehrheit der Sitze. Das Ergebnis war umso überraschender und wog umso schwerer, als vor dem Wahltag unter dem Eindruck der „Spiegel-Affäre" die Überzeugung vorherrschend war, dass die ständigen Angriffe auf Strauß mit geradezu unabweisbarer Sicherheit zu empfindlichen Verlusten der CSU führen müssten. Beobachter des politischen Geschehens in Bayern hatten gar einen Erdrutsch zu Gunsten von SPD und FDP vorausgesagt. Strauß erzählte in diesem Zusammenhang gerne die Anekdote von einem der SPD angehörenden Beamten in Bonn, der in der sicheren Erwartung eines SPD-Wahlsieges sich schon auf das in Aussicht gestellte Amt eines bayerischen Bevollmächtigten beim Bund gefreut und über die Möblierung seines neuen Büros Gedanken gemacht habe.

Nach seinem Abschied vom Ressort des Bundesverteidigungsministers war Strauß auf seinem Platz als Abgeordneter des Deutschen Bundestags zurückgekehrt – allerdings auf einen besonderen, den er zu Beginn seiner Bonner Laufbahn schon einmal innegehabt hatte: Er übernahm Anfang 1963 den Vorsitz der CSU-Landesgruppe. Ein Jahr später, am 9. Januar 1964, hatte Strauß einen von ihm ungewohnten Auftritt im Parlament. Er ergriff das Wort zum Bundeshaushalt – und alle, die mit einem außen- und sicherheitspolitischen Beitrag gerechnet hatten, wurden enttäuscht. Strauß brillierte mit einer wirtschafts- und finanzpolitischen Rede, die auf große Beachtung stieß. Strauß habe, so notierte die „Süddeutsche Zeitung", ein „von allen Fraktionen mit Aufmerksamkeit aufgenommenes volkswirtschaftliches Kolleg" gehalten. „Die Welt" meinte, der neue Strauß hätte „seine Kollegen verblüfft; wie aus der Maschinenpistole schoss er mit den Früchten seiner volkswirtschaftlichen Studien den Finanzexperten der Sozialdemokraten, Alex Möller, zu Boden". Dieser Auftritt von Strauß ist als „Put-Put-Rede" in die Annalen des Bundestages eingegangen.

Strauß hatte sich in diesem Debattenbeitrag in umfänglicher Weise wirtschafts- und finanztechnischer Ausdrücke, auch in englischer Sprache bedient. Von SPD-Seite brachte dies dem Redner den Zwischenruf „Wollen Sie nicht mal deutsch sprechen?" ein. Die Replik von Strauß: „Ich rede so gut deutsch wie Ihr Kollege Alex Möller. Ich bitte um Entschuldigung, ich muss seine Terminologie übernehmen, um auf seiner Etage zu bleiben." Das hörte sich dann – es ging um die Berechenbarkeit der Kosten des deutschen Verteidigungsbeitrages – so an: „Aber was Sie als Output bezeichnen, ist uns vorgeschrieben: eine bestimmte Zahl von Einheiten des Heeres, der Luftwaffe und der Marine. Deshalb können wir nur bei den Beratungen im NATO-Rat ansetzen, um die Größe des Output zu bestimmen. Hier hat die Bundesregierung eine bestimmte Größe zugesagt. Deshalb geht es hier nicht vom Input zum Output, sondern hier geht es zurück vom Output zum Input." Strauß sagte in dieser Rede, die aufhorchen ließ, weil sie den CSU-Politiker von einer so völlig neuen Seite zeigte, Wesentliches über Sinn und Zweck einer vernünftigen staatlichen Finanzpolitik: „Haushalt ist nicht nur Lenkung von Einnahme- und Ausgabeströmen auf Grund der Einnahmeerwartungen und der Ausgabeschätzungen, sondern Haushalt ist Abbild und Spiegelbild einer Politik."

Der Etat, zu dem Strauß an diesem Tag sprach, war der erste Bundeshaushalt der neuen Regierung unter Bundeskanzler Ludwig Erhard. Am 15. Oktober des Jahres 1963 war Konrad Adenauer zurückgetreten, am Tag danach Erhard zu seinem Nachfolger gewählt worden. Auch deshalb erinnerte Strauß in dieser Rede noch einmal an die Bedeutung der von den Unionsparteien erkämpften Sozialen Marktwirtschaft, an die wichtige Rolle von Ludwig Erhard: „Wir hätten nicht den gegenwärtigen wirtschaftlichen und sozialen Stand erreicht, wenn wir nicht diese mit dem Namen Erhard verbundene Politik durchgesetzt, diese Auseinandersetzung bestanden und dieser Gesamtpolitik zum Erfolg verholfen hätten."

Strauß hat bei vielen Anlässen stets seine Einschätzung unterstrichen, dass es für politische Entwicklungen nie oder höchst selten monokausale Erklärungen gebe, Begründungen aus einer einzigen einfachen Ursache heraus also. Dies gilt auch für die alles in allem glücklose Zeit der Regierung Erhard. Auf der einen Seite stieg die Popularitätskurve des Bundeskanzlers zu dieser Zeit in Traumhöhen – auch im Vergleich zu Adenauer, der niemals derartige Quoten erreichen konnte –, auf der anderen Seite mehrten sich die krisenhaften Erscheinungen in der Bundesregierung. Die Unzufriedenheit mit der Regierung Erhard in den eigenen Reihen stieg nach den Landtagswahlen in Nordrhein-Westfalen von 1966, die für die CDU negativ ausgegangen waren, weiter an. Rainer Barzel und Strauß waren zweimal bei Erhard, bedrängten ihn, entschlossener zu regieren, Fehlentwicklungen in der Regierungspolitik abzustellen. Strauß besuchte im August dieses Jahres zu einer langen Unterredung Erhard in dessen Haus am Tegernsee. Konkrete Ergebnisse gab es nicht: „Erhard hatte nicht begriffen, dass er handeln musste, und zwar im Sinne einer dauernden Konsolidierung der Finanzen und einer Änderung gewisser Elemente unserer Wirtschaftspolitik. Er hatte auch nicht begriffen, dass er gegenüber unseren englischen und amerikanischen Freunden erheblich kritischer werden musste, dass er sich andererseits den Franzosen gegenüber aufgeschlossener hätte zeigen sollen." Schon im Februar dieses Jahres hatte Strauß Bundeskanzler Erhard in einem ausführlichen und vertraulichen Brief davor gewarnt, „dass eine ausschließlich auf Washington und London abgestützte deutsche Außenpolitik nicht den deutschen Interessen entspricht, sondern Ausdruck einer optimistisch idealistischen Grundhaltung ist, die im rauhen Wind der Gegenwart und der zu erwartenden Zukunft nicht aufrecht erhalten werden kann". Der CSU-Vorsitzende beschwört Erhard, auf Frankreich zuzugehen und „sich um beinahe jeden Preis mit de Gaulle zu einigen".

Neben den außenpolitischen häufen sich die innenpolitischen Probleme. Bei den Auseinandersetzungen über den Ausgleich des Haushalts 1967, der nur durch drastische Sparmaßnahmen und Steuererhöhungen erreicht werden kann, zerbricht die Kleine Koalition endgültig. Obwohl am 26. Oktober 1966 das Bundeskabinett in einer zehnstündigen Sitzung noch Einvernehmen darüber erzielt, dass als letzter Ausweg auch Steuererhöhungen in Betracht gezogen werden müssen, kommt es am nächsten Tag zum Bruch. Die vier FDP-Bundesminister treten zurück. Die FDP-Fraktion entscheidet sich dafür, aus der Koalition auszutreten. Ihre Begründung lautet: Sie sei zu der Überzeugung gekommen, „dass unter den gegenwärtigen politischen Umständen eine der langfristigen Stabilität dienende Haushaltsentscheidung nicht erwartet werden kann". Die FDP wird in diesen Tagen – nicht zum ersten und nicht zum letzten Mal in ihrer Geschichte – von dem geplagt, was Beobachter als „Umfall-Neurose" diagnostizieren.

Es kommt zu Verhandlungen mit der SPD, aber auch wieder zu Gesprächen mit der FDP. Strauß nimmt daran nicht teil, wegen des gespannten Verhältnisses zur FDP, deren lauteste politische Kampfparole ja seit 1962 „Nie wieder Strauß!" lautet. In die Verhandlungen geht für die CSU ihr stellvertretender Vorsitzender Werner Dollinger, ein erklärter Anhänger der Kleinen Koalition. Strauß: „Nach der zweiten oder dritten Verhandlung kam er zurück und musste zugeben, es geht mit der FDP nichts mehr, es bleibt nur noch die Große Koalition."

Eine völlig neue Allianz

Mit der parteipolitisch völlig neuen Allianz aus Union und SPD zeichnet sich als ihr Bundeskanzler Kurt Georg Kiesinger ab. Der CSU-Vorstand spricht sich in München für den baden-württembergischen Ministerpräsidenten als Regierungschef aus, am 11. November 1966 benennt die CDU/CSU-Bundestagsfraktion Kiesinger als Kandidaten für die Nachfolge Erhards. Zwei Wochen später scheitern die letzten Verhandlungen zwischen CDU und CSU auf der einen sowie der FDP auf der anderen Seite endgültig und offiziell: Eine Einigung über Steuererhöhungen konnte nicht erzielt werden. Am 27. November bilden CDU/CSU und SPD die neue Bundesregierung. Bundeskanzler wird Kurt Georg Kiesinger, Vizekanzler und Außenminister Willy Brandt.

Die Bekanntschaft zwischen Kiesinger und Strauß reicht in die politischen und parlamentarischen Anfänge der Bundesrepublik Deutschland zurück. Strauß: „Meine erste Begegnung mit Kiesinger fällt in die Zeit nach der ersten Bundestagswahl. Wir trafen uns eines Abends auf dem Bahnsteig in Bonn. Dabei haben wir uns miteinander bekannt gemacht, bald schlossen wir auch politische und persönliche Freundschaft. Nicht nur, dass wir beide Abgeordnete waren, wir hatten auch noch mehr gemeinsam: Er war Landesgeschäftsführer der CDU im damaligen Bundesland Württemberg-Hohenzollern, ich war Generalsekretär der bayerischen CSU. Sehr bald stellten wir fest, dass wir in allen wesentlichen Fragen der deutschen Innen- und Außenpolitik weitestgehend übereinstimmten."

Die Berufung von Franz Josef Strauß zum Finanzminister – ein Kabinett, in dem auch Herbert Wehner saß, der in den Jahren davor die Union und ihre Politik wie kein anderer Oppositionspolitiker bekämpft hatte! – stieß im politischen Bonn und in der Öffentlichkeit auf weite Zustimmung. All jene, die Strauß politisch totgesagt hatten, wurden nachdrücklich widerlegt. Die Tageszeitung „Die Welt" schrieb über den Amtsantritt des neuen Bundesministers der Finanzen: „Dies alles geschah an einem Tag: Franz Josef Strauß schwor den Ministereid; die Presse berichtete, Conrad Ahlers sei als stellvertretender Regierungssprecher ausersehen; als Ergebnis einer Meinungsumfrage wurde bekannt, dass sie Strauß (30 Prozent der Befragten) mit weitem Vorsprung vor Barzel (13 Prozent) und Brandt (7 Prozent) als den Mann ausweist, der in der Bevölkerung als der ‚in Zukunft maßgebende Politiker in Deutschland' angesehen wird. Drei einfache Tagesneuigkeiten – doch welch ein Zusammenhang! Die Erinnerung an die ‚Spiegel-Affäre' stellt ihn her. Diese drei Nachrichten sind eine Art Bilanz. Einzeln und gemeinsam weisen sie aus: die ‚Spiegel-Affäre' ist zwar nicht ausgelöscht, aber politisch überwunden. Strauß hatte sie ebenso überwunden wie Ahlers, der, einst Hauptfigur der Affäre, darüber das politische Augenmaß nicht verloren hat. Auch die Bürger haben sie überwunden, wie die Beurteilung der politischen Führungsqualitäten von Franz Josef Strauß zeigt."

Die Regierung Erhard war an der Finanz-, Haushalts- und Steuerpolitik zerbrochen. Zwangsläufig bedeutete dies, dass auf diesem politischen Feld an die Große Koalition große Erwartungen gerichtet wurden. Auch an den Bundesfinanzminister. Die Parallelen zu jenen Tagen, in denen Strauß einst das Bundesverteidigungsministerium übernommen hatte, drängten sich auf – er war überall dort gefragt, galt dort als beste personelle Lösung, wo eine riesige politische Herausforderung zu bestehen war. Der Auftrag, vor dem die neue Regierung stand, war doppelter Natur – es ging um eine langfristige Konsolidierung der Bundesfinanzen sowie um eine Wiederbelebung der Wirtschaft unter Einsatz öffentlicher Mittel. Als günstig und hilfreich, ja als Glücksfall erwies es sich, dass von der SPD Volkswirtschaftsprofessor Karl Schiller als Wirtschaftsminister in die Regierung der Großen Koalition entsandt worden war. Zwischen dem CSU-Vorsitzenden Strauß und dem Sozialdemokraten Schiller, einem marktwirtschaftlich orientierten Genossen – der wegen dieser markanten Ausrichtung später mit seiner Partei die größten Schwierigkeiten bekam, die bis zu seinem Rücktritt als Bundesminister und bis zur Rückgabe seines Parteibuches führten –, kam es zu einer fruchtbaren, von gegenseitigem Respekt und Vertrauen getragenen Zusammenarbeit. Strauß und Schiller wurden als Begriffspaar geradezu das Qualitätsmerkmal der neuen Regierung. Freundlich-ironisch als „Plisch und Plum" bezeichnet, erkannten die Menschen im Lande sehr rasch, dass in der Wirtschafts- und Finanzpolitik ein neuer, hoffnungsvoller Wind wehte.

Worum es für den neuen Bundesfinanzminister ging, vor welchen Zwängen er stand, Gegensätzliches auf einen Nenner zu bringen, machte er bei seinem Amtsantritt klar: „Konsolidierung heißt: Einnahmen erhöhen, Ausgaben kürzen, Gleichgewicht herstellen. Wiederbelebung heißt: Steuern eher senken als erhöhen, Ausgaben eher vermehren als verkürzen, in gewaltigem Umfang Kredite aufnehmen. Ein Verzicht auf die Konsolidierung war unmöglich, ein Verzicht auf die Wiederbelebung der Wirtschaft lebensgefährlich." In der von ihm durchgesetzten Finanzreform sah Strauß den verpflichtenden Weg, „nicht alles, was wir verdienen, für den Konsum unseres Tages auszugeben, sondern den notwendigen Teil abzuzweigen, damit die Generation von morgen in der Welt von morgen unter den Bedingungen von morgen und mit den Möglichkeiten von morgen ebenfalls ihre gesicherte Existenz hat".

Die von Strauß durchgeführte Finanzreform brachte eine Neuordnung der Finanzbeziehungen zwischen Bund, Ländern und Gemeinden, insbesondere eine verfassungsmäßige Absicherung der Aufgabenzuständigkeiten und eine bessere Verteilung der Steuerquellen. Durch eine Reform des Haushaltsrechts schuf er die Grundlage für eine den modernen Anforderungen entsprechende Haushalts- und Kassenwirtschaft der öffentlichen Hand. Mit der Einführung der Mehrwertsteuer sorgte er für eine wettbewerbsneutrale Umsatzsteuer. Den politischen Sinn der von ihm durchgesetzten Finanzreform beschrieb Strauß so: „Diese Reform bedeutet letztlich nichts anderes als eine Modernisierung unseres Staatswesens, das dem technischen Fortschritt von morgen aufgeschlossen sein muss. Deshalb müssen wir den Blick auf das 21. Jahrhundert richten, auf die Erfordernisse einer industriellen Massengesellschaft in dieser Zeit, und wir müssen erreichen, dass der Staatsapparat instand gesetzt wird, die dazu notwendigen Funktionen zu erfüllen."

Geheimwaffe und Trägerrakete

In der Öffentlichkeit fand der Bundesfinanzminister große Aufmerksamkeit, Zustimmung und Anerkennung. Auch in den Medien wurden Person und Politik von Strauß zunehmend positiv bewertet – wobei in vielen Fällen die Untertöne eines großen Staunens nicht zu überhören waren. „Die Geheimwaffe Franz Josef Strauß entpuppte sich als Trägerrakete, deren Sprengsatz offenbar irgendwann und irgendwie abhanden gekommen ist", wunderte sich beispielsweise die „Stuttgarter Zeitung". Die „Rheinische Post" kommentierte: „Die allgemeine Lage bringt es mit sich, dass die Öffentlichkeit Hoffnung und Vertrauen in seine Vitalität, Ellbogenkraft, Rücksichtslosigkeit setzt – Eigenschaften, die vor einigen Jahren noch die große Angst vor Franz Josef Strauß ausgelöst haben." Auch das Ausland registrierte den großen Beitrag des CSU-Vorsitzenden zu Arbeit und Erfolg der Großen Koalition. François Seydoux Fornier de Clausonne, von 1958 bis 1962 und dann noch einmal von 1965 bis 1970 französischer Botschafter in Bonn, notierte: „Finanzminister Franz Josef Strauß erhöhte die Leistungsstärke der Mannschaft durch politisches Gewicht und persönliche Dynamik."

Strauß führte sein Amt mit Blick auf das Ganze, vor allem aber auch mit Blick auf die Zukunft. So zeigte er sich bei aller Sparsamkeit der Haushaltsführung bei den Mitteln für Wissenschaft und Forschung großzügig, weil für ihn der „Rohstoff Geist" der einzige in Deutschland in großem Ausmaß vorhandene Rohstoff war. Er lenkte, indem er von den Kosten für die Reinhaltung der Gewässer und der Luft sprach, die Aufmerksamkeit auf Probleme, die erst Jahrzehnte später in der „offiziellen" Umweltpolitik die Diskussion bestimmten.

Die funktionierende und deswegen bestaunte Zusammenarbeit von CSU-Finanzminister Strauß und SPD-Wirtschaftsminister Schiller war nur ein Teilausschnitt aus der Wirklichkeit der Großen Koalition. Die SPD, von Gründung der Bundesrepublik Deutschland an in geradezu bedingungsloser Opposition zur Politik der Union und zu allen von ihr durchgesetzten Weichenstellungen, war erst 1959 von Herbert Wehner unter das Joch des „Godesberger Programms" und damit zum Abschneiden alter sozialistischer Zöpfe gezwungen worden. Dennoch konnten sich viele Sozialdemokraten nur schwer an den Gedanken und an die Realität einer Regierungsallianz mit CDU und CSU gewöhnen. Hinzu kam, dass ein großes gemeinsames Vorhaben, das sich die Koalition vorgenommen hatte, eine Änderung des Wahlrechts in Richtung Mehrheitswahl, an der SPD im Allgemeinen und an Herbert Wehner im Besonderen scheiterte. Paul Lücke, Wohnungsbauminister von der CDU, und Karl Theodor Freiherr von und zu Guttenberg, CSU-Kanzleramts-Staatssekretär, waren von Wehners Wortbruch besonders betroffen.

Auch auf dem außenpolitischen Feld gab es in der Endzeit der Großen Koalition zunehmend Irritationen. Die SPD suchte neue Gesprächspartner, was zur Überraschung der Union auch die italienischen Kommunisten einschloss.

Strauß und die CSU wiederum mussten auf ihr eigenes politisches Profil achten, auch für die eigenen Mitglieder und Wähler brachte ein Bündnis mit der früher heftig bekämpften SPD viele Fragen mit sich. Da der Parteivorsitzende am Kabinettstisch saß, erwies es sich als günstig, dass er als Herausgeber im Bayernkurier, der Wochenzeitung der CSU, in München und damit weitab von Bonn ein Instrument hatte, das sich zur Profilwahrung der Partei bestens eignete. So gehörte es zum oft praktizierten Ritual in den Kabinettssitzungen der Großen Koalition, dass sich Außenminister Willy Brandt beim Kollegen Strauß darüber beklagte, was denn der Bayernkurier wieder gegen ihn und seine Partei, die SPD, geschrieben habe. Strauß, in finanzministerielle Akten vertieft, pflegte abwehrend darauf hinzuweisen, dass man auch den Kardinal nicht für alles verantwortlich machen könne, was seine Kapläne trieben. Weil ich damals einer dieser jungen Kapläne war, wusste ich sehr wohl, was der Kardinal wusste!

Am Ende seiner Amtszeit hinterließ Finanzminister Franz Josef Strauß geordnete Staatsfinanzen, sogar einen Reservefonds von sieben Milliarden DM in Form der bei der Bundesbank gebildeten Konjunkturausgleichsrücklage. Die Qualität in der Politik des Finanzministers zeigte sich zudem in einem Verhalten, das in klarem Gegensatz zu sonst durchaus üblichen politischen Praktiken steht. Obwohl 1969 ein Wahljahr war und obwohl Wahlzeiten im Allgemeinen Regierungen dazu verlocken, sich die Stimmung und die Stimme der Wähler durch Wahlgeschenke zu besorgen, schlug Strauß den entgegengesetzt anderen Weg ein. Er zahlte vom Bund gemachte Schulden zurück. So nimmt es nicht wunder, dass er nach dem Ende der Großen Koalition im Herbst 1969 seinem sozialdemokratischen Nachfolger Alex Möller eine wohlgeordnete und wohlgefüllte Kasse übergeben konnte. Das finanzpolitische Erbe von Franz Josef Strauß konnte leichten Herzens angenommen werden.

Mit dem Ausscheiden aus dem Amt des Finanzministers nahm das engagierte finanzpolitische Interesse von Strauß nicht ab. Er brachte auf diesem schwierigen Feld seine Kompetenz auch aus der Opposition heraus nach Möglichkeit ein und half seinen Nachfolgern, wo er konnte. Ein Telegramm, das Helmut Schmidt, zu dieser Zeit Bundesminister der Finanzen, am 8. Februar 1973 an den „sehr geehrten Herrn Kollegen Strauß" richtete, sei als Beispiel genannt: „Für die eindrucksvolle Hilfe, die Sie der Bundesregierung in der aktuellen schwierigen Währungssituation gegeben haben, sage ich Ihnen meinen herzlichen Dank."

Durchsetzen gegen die eigene Partei

Die Christlich-Soziale Union war, und dies von ihrer Gründung an, nie eine Harmonie-Veranstaltung. Diskussion kann, wenn um den richtigen Weg gestritten wird, sich nicht auf sanften Dialog beschränken. Wo es Not tut, müssen auch die Fetzen fliegen. In der CSU flogen diese Fetzen. Das war so, ehe Strauß Parteivorsitzender wurde, das blieb so, als er 1961 an die Spitze der Partei gewählt wurde – und auch seit seinem Tod am 3. Oktober 1988 gibt es in der CSU kein Streit-Defizit. Allerdings, die Partei hat immer gewusst, wenn es Zeit war, den Streit zu beenden, eine gemeinsame Meinung zu finden und zu jener legendären Geschlossenheit zurückzufinden, um die andere Parteien die CSU immer wieder beneideten.

Auch wenn Strauß keiner Auseinandersetzung mit Parteifreunden aus dem Weg ging und wenn ihm manche Konfrontation durchaus Spaß machte, zu hartnäckigem und anhaltendem Ringen kam es nur dann, wenn Strauß nach seinem besten Wissen und Gewissen davon überzeugt war, dass die Sache, die er verfocht, die richtige war. Wenn es um solche Kernentscheidungen ging, verschwanden für ihn auch die Grenzen zwischen Landes- und Bundespolitik, seine Verantwortung als Parteivorsitzender trug es ihm auf, auch von Bonn aus, ob mit oder ohne Ministeramt, in gewichtige landespolitische Entscheidungen einzugreifen. Das ging zwangsläufig nicht ohne Härten, ohne Streit, ohne Verletzungen ab. Zwei Themenbereiche haben hier Strauß anhaltend beschäftigt, in vielen Gesprächen kam er noch lange Zeit nach den Ereignissen darauf zu sprechen. Bei diesen landespolitischen Entscheidungen stellte sich Strauß mit allen ihm zur Verfügung stehenden Kräften des Arguments und der Überzeugung gegen schon getroffene Entschlüsse, in Kabinett und auch Landtagsfraktion, weil er sie in ihren Auswirkungen als für Bayern wie für die CSU gleichermaßen verfehlt und verhängnisvoll ansah. Beim ersten Punkt ging es um die Ordnung und Ausrichtung des Volksschulwesens in der bayerischen Verfassung, beim zweiten um die Dimensionierung der Gebietsreform, der Reform der Gemeinden und Landkreise, zu Beginn der siebziger Jahre.

Der Streit um die Volksschule hatte in seinen Wurzeln für die CSU ein dramatisches und zum Verlust der Regierungsgewalt in Bayern führendes Vorspiel. 1954 war es, obwohl die CSU die stärkste Fraktion im Landtag stellte, zur Bildung der „Viererkoalition" aus SPD, FDP, Bayernpartei und BHE (Bund der Heimatvertriebenen und Entrechteten) unter Ministerpräsident Wilhelm Hoegner von der SPD gekommen. Vier politische Kräfte, die sonst in den meisten Fragen völlig verschiedener Meinung und heftige Gegner waren, fanden sich in einem antikirchlichen Affekt zusammen und standen gegen die von der CSU nach wie vor verfochtene konfessionelle Lehrerbildung in Bayern. „Ein konfessionelles Randthema hatte vier Parteien, die voller extremer Gegensätze waren, zusammengeführt. Es gab viele Gründe für die drei Parteien, nicht mit der SPD zu gehen, und es gab nur einen einzigen Grund, dies wohl zu tun, die konfessionelle Lehrerbildung. Es gab für die drei kleinen Parteien umgekehrt viele Gründe, mit der CSU zu gehen, und nur dieser eine stand dem entgegen", analysierte Franz Josef Strauß diese für die CSU schwierige Situation. Hineingeraten war die Partei in diese Schwierigkeit in Fortsetzung eines in der Gründerzeit noch starken und dann durchaus immer wieder aufflackernden Denkens in konfessioneller Enge. Um zu deren Überwindung zu kommen, entwickelte Strauß zum Thema Lehrerbildung zusammen mit anderen, damals auch schon mit Wilhelm Ebert, dem einflussreichen Vorsitzenden des Bayerischen Lehrer- und Lehrerinnenverbandes, eine Lösung, die dann auch von den Kirchen, der evangelischen und, schweren Herzens, auch der katholischen, akzeptiert wurde. Der Kompromissvorschlag, den Strauß durchsetzte, sah vor, dass nur bestimmte Fächer der Lehrerbildung konfessionell geregelt werden sollten, wofür konfessionsgebundene Lehrstühle, sogenannte Konkordatslehrstühle, eingeführt werden sollten. Eine komplizierte Frage der bayerischen Politik war angemessen beantwortet, gleichzeitig aber war das Ende der Viererkoalition und damit das Ende der Oppositionszeit der CSU eingeleitet.

Diesem Geplänkel zum Grundsatzthema der Überwindung der Konfessionalisierung in Bayern folgte Ende der sechziger Jahre die Hauptschlacht. Strauß war zu dieser Zeit Finanzminister der Großen Koalition, damit in Bonn rundum zeitlich und arbeitsmäßig gefordert und weitab vom eigentlichen landespolitischen Geschehen in München. Dieses Mal ging es nicht um die Bildung der Lehrer, sondern um die Erziehung der Kinder. Es ging um die Zukunft der in der Bayerischen Verfassung festgeschriebenen Konfessionsschule, die in dieser Form nicht länger Bestand haben konnte. Im politischen Bayern bestand Übereinstimmung dahingehend, dass es in Zukunft nicht mehr möglich sein würde, in jedem Dorf eine achtklassige oder später gar neunklassige Konfessionsschule zu sichern. Nach einem Vorschlag aus dem Kultusministerium hatte die CSU-Landtagsfraktion einen Gesetzentwurf beschlossen, nach dem die in der Verfassung verankerte Konfessionsschule zwar beseitigt, an deren Stelle aber Konfessionsklassen vorgesehen waren.

Wieder, wie schon in der Frage der Lehrerbildung, zeichnete sich eine gefährliche und aussichtslose Alleinstellung der CSU ab, gegen die sich eine breite Front des Widerstandes über die Oppositionsparteien SPD und FDP hinaus bildete. Zwei Vorschläge zur Änderung des Artikels 135 standen sich gegenüber, die Fronten waren verhärtet, der CSU drohte eine Niederlage. In ihrem Vorschlag fand sich die Formulierung: „Die öffentlichen Volksschulen (Grund- und Hauptschulen) sind christliche Schulen. In den Klassen mit Schülern verschiedener Bekenntnisse wird nach den gemeinsamen Grundsätzen der christlichen Bekenntnisse unterrichtet und erzogen; in solchen mit Schülern eines Bekenntnisses richtet sich die Erziehung nach den Grundsätzen dieses Bekenntnisses. Wo die Schulgliederung es gestattet, sind Klassen für Schüler eines Bekenntnisses einzurichten, wenn deren Erziehungsberechtigte zustimmen."

Strauß war der festen Überzeugung, dass die CSU mit ihrem Konzept der Einrichtung von Konfessionsklassen keine Chance haben würde, in einem Volksentscheid die Mehrheit zu gewinnen. Der CSU-Vorsitzende im parteipolitischen Spektrum eher als einer bekannt, der Gräben aufreißt und nicht überwindet, zeigte sich in dieser Situation von einer überraschenden Seite. Er führte scheinbar Unvereinbares zusammen und ersparte Bayern einen verhängnisvollen Schulkampf. Strauß sprach zunächst mehrfach mit dem ihm persönlich sympathischen bayerischen SPD-Vorsitzenden Volkmar Gabert. Im Anschluss kam es zur Einberufung eines Drei-Parteien-Gremiums aus CSU, SPD und FDP. Die CSU wurde darin von ihrem Vorsitzenden Strauß, von Ministerpräsident Alfons Goppel, von Ludwig Huber, der zu dieser Zeit Kultusminister und gleichzeitig CSU-Fraktionsvorsitzender war, und Generalsekretär Max Streibl vertreten. Die SPD repräsentierten Volkmar Gabert, Wilhelm Hoegner und Hans-Jochen Vogel, die FDP war durch ihren Landesvorsitzenden Dietrich Bahner und ihren Schulexperten Georg Letz vertreten. In mehrfachen Beratungen in der Landesleitung der CSU in der Münchner Lazarettstraße wurde ein gemeinsamer Vorschlag für eine Verfassungsänderung erarbeitet: „Die öffentlichen Volksschulen sind christliche Gemeinschaftsschulen. Öffentliche Bekenntnis- und Weltanschauungsschulen sind auf Antrag der Erziehungsberechtigten zu errichten, wenn ein geregelter Schulbetrieb möglich ist."

Der Parteivorstand der CSU beschäftigte sich in mehreren Sitzungen mit dieser Vereinbarung. Dabei kam es zu heftigen Diskussionen. Die Gegner dieses Kompromisses verfochten die Ansicht, dass die katholische Kirche dieser Regelung nicht zustimmen werde, weshalb die CSU ihn nicht vertreten dürfe. Strauß wandte sich mit aller Entschiedenheit gegen diese Position: „Wir sind Christen, wir sind mündige Laien, wir wollen das Beste, wir wollen Schulfrieden, wir wollen die Erhaltung der christlichen Substanz an unseren Schulen – aber die Zeit ist weitergegangen." Strauß setzte sich durch. Nach umfassenden Verhandlungen mit beiden Kirchen wurde von diesen der Entwurf der drei Parteien akzeptiert, am 7. Juli 1968 mit überwältigender Mehrheit von den Bürgerinnen und Bürgern Bayerns angenommen. Nachdem es während der langwierigen Entscheidungsprozesse vor allem mit der katholischen Kirche erhebliche Probleme gegeben hatte, konnte Franz Josef Strauß bei der Unterzeichnung der von CSU, SPD und FDP getroffenen Vereinbarung dann doch ein erstaunlich positives Echo hören. Julius Kardinal Döpfner, der Erzbischof von München und Freising, zum CSU-Vorsitzenden: „Ich war dagegen, aber was Sie da zusammengebracht haben, das ist schon sehr beachtlich. Dafür möchte ich Ihnen den Dank der Kirche ausdrücken." Mit dem für Bayern geretteten Schulfrieden kehrte auch der Friede in der CSU wieder ein. Jetzt herrschten in der Partei

Erleichterung und Zufriedenheit darüber, dass Strauß eingegriffen, sich durchgesetzt und der Partei damit einen Kampf erspart hatte, der nach allgemeiner und übereinstimmender Einschätzung mit einer Niederlage für die CSU geendet hätte, deren Folgen für ihre Position und Stärke unabsehbare Auswirkungen hätte haben können.

War die Schule das eine, war die Gebietsreform das andere Feld, auf dem sich Strauß einer mehrheitlich vorherrschenden Meinung einschließlich der bereits getroffenen Beschlüsse in seiner Partei als Einzelkämpfer entgegenstellte. Vom allgemeinen und bundesweiten Reformeifer, der im Zuge der Kanzlerschaft Willy Brandts Anfang der siebziger Jahre wie ein Sturmwind über die Bundesrepublik Deutschland hinwegzog, war auch Bayern und seine Politik erfasst worden. „Das Wort Reform war zu einer Art pseudo-theologischer Beschwörungsformel geworden, zu einem rituellen Symbol, ganz im Sinne der neuen Vorstellungen von Emanzipation und Selbstverwirklichung. Ich habe meiner Partei unzählige Male gesagt, dass man zwar eine natürliche Weiterentwicklung betreiben und den Anforderungen der modernen Zeit durch eine vorwärts gerichtete Politik Rechnung tragen müsse, dass man sich aber von der krankhaften Reformsucht der SPD nicht anstecken lassen dürfe," blickte Strauß auf diese Zeit zurück.

Für eine Gebietsreform ohne Gigantomanie

In Bayern ging es um die Einteilung und Größe der Gemeinden und Landkreise, um die Überwindung alter Verwaltungsstrukturen, um ihre Anpassung an die Forderungen und Erwartungen einer modernen Zeit. Im Grundsätzlichen gab es hier in der CSU keinerlei Meinungsunterschiede. Auch Strauß vertrat den Standpunkt, dass man kleine Landkreise und kleine Gemeinden zusammenführen, dabei aber wachsam und vorsichtig die geschichtlich gewachsenen Strukturen Bayerns beachten müsse. Von Bonn aus musste Strauß bei der Ausgestaltung der Gebietsreform Entwicklungen zur Kenntnis nehmen, die ihn alarmierten. Zum einen betraf dies einzelne Verschiebungen von Landkreis- und Bezirksgrenzen, die dem Historiker Strauß zutiefst ungeschichtlich vorkommen mussten, zum anderen ging es um die Mindestgrenze für die Größe bei den neu zu bildenden Gemeinden. Strauß war mit diesem Thema auch deshalb nachdrücklich befasst, weil sich vor allem Landtagsabgeordnete, Kommunalpolitiker, aber auch Kabinettsmitglieder hilfesuchend bei ihm in Bonn meldeten. Er sollte helfen, in München getroffene Entscheidungen abzumildern, zurückzuschrauben oder ganz zu verhindern.

Bei der Landkreisreform hat es sich Strauß stets zur Ehre angerechnet, dass er Fehlgriffe, die er für besonders krass hielt, verhindern konnte. So verhinderte er Planungen, die Stadt Nördlingen mit dem Ries, eine ausgeprägt schwäbische Landschaft, nach Mittelfranken zu verschieben. Geradezu entsetzt war er von der Vorstellung, den Hesselberg, den „heiligen Berg" der Protestanten in Bayern, Schwaben einzuverleiben. Manches, was er nicht verhindern konnte, hat Strauß, auch wenn die Zeit inzwischen Wunden geheilt hat, nie verstanden. Einen unhistorischen Sinn sah er in der Verlagerung des Landkreises Aichach, in dem die Stammburg der Wittelsbacher liegt, in den Regierungsbezirk Schwaben. Für einen Fehler hielt er es auch, dass die Stadt Neuburg an der Donau, eineinhalb Jahrhunderte sogar namengebend für den Regierungsbezirk „Schwaben und Neuburg", oberbayerisch wurde. Auch die Sinnhaftigkeit der Einverleibung der alten fränkischen Bischofsstadt Eichstätt nach Oberbayern blieb ihm fragwürdig.

Besonders hartnäckig, bis hin zur Trübung des persönlichen Verhältnisses zum damaligen bayerischen Innenminister Bruno Merk, kämpfte Strauß gegen jede Gigantomanie bei der Festlegung der Größenordnungen der Gemeinden. Zunächst war man im Innenministerium von der für Strauß aberwitzigen Vorstellung ausgegangen, dass eine Gemeinde nicht weniger als 10.000 Einwohner haben dürfe – beim Niedersausen eines derartigen administrativen Fallbeils wäre das in Jahrhunderten gewachsene Gesicht Bayerns zerstört worden. Beim Kampf gegen eine solche aus dem Ruder laufende Reform bekam Strauß – teilweise offen, teilweise aber auch nur hinter vorgehaltener Hand – Unterstützung von Parteifreunden, die in anderen Gremien zunächst für diesen Irrweg gestimmt hatten.

Ich erinnere mich an viele Vorstandssitzungen der CSU, bei denen Strauß mit Innenminister Merk über den richtigen Weg und über das richtige Maß der Reform gerungen hat, die den Gedanken an den biblischen Kampf Jakobs mit dem Engel aufkommen ließen. In mühsamen Debatten kam es Schritt für Schritt zu einer massiven Verringerung der zunächst vorgesehenen Mindestzahl von 10.000 Einwohnern je Gemeinde. Man hielt bei 7.500, dann bei 5.000. Schließlich wurde durch fast einstimmigen Beschluss des Parteivorstandes die Zahl von 2.500 als Richtwert angenommen. Strauß war Zeit seines Lebens stolz darauf, mit seiner Hartnäckigkeit in dieser Frage erheblich dazu beigetragen zu haben, den Charakter Bayerns auch für die Zukunft vielfältig und unverwechselbar zu erhalten, und hat dies „nicht als geringste Leistung meines Einsatzes für meine bayerische Heimat" gesehen. Schon die Gemeindegebietsreform in dem von Strauß durchgesetzten verträglichen und menschlichen Rahmen hat dazu geführt, dass auf kommunaler Ebene viele tausend ehrenamtlicher politischer Mandate vernichtet wurden. Die Festlegung einer Einwohner-Untergrenze von 10.000 je Gemeinde hätte zu einem katastrophalen Kahlschlag geführt, die Stabilität der politischen und soziologischen Strukturen Bayerns wäre bis in die Fundamente erschüttert worden, das demokratische Leben in Bayern, das auf der kommunalen Ebene seinen Urgrund hat, hätte eine anhaltende Lähmung erfahren. Hätte sich Franz Josef Strauß der zunächst vorherrschenden Mehrheitsmeinung seiner Partei gebeugt, wäre Bayern auf diese schiefe Ebene geraten.

Strauß im Widerspruch zu seiner Partei – dieser Gegensatz gilt auch für die wohl größte nationale Leistung, die von der CSU von Bayern aus für das ganze Deutschland erbracht worden ist.

Im Rahmen der neuen Ost- und Deutschlandpolitik der SPD/FDP-Koalition unter Bundeskanzler Willy Brandt war am 21. Dezember 1972 der Vertrag über die Grundlagen der Beziehungen zwischen der Bundesrepublik Deutschland und der Deutschen Demokratischen Republik unterzeichnet worden. Die Frage, ob mit dieser Vereinbarung und der darin enthaltenen – oder hinein interpretierbaren – Anerkennung der Zweistaatlichkeit Deutschlands oder einer eigenen DDR-Staatsbürgerschaft gegen das Grundgesetz der Bundesrepublik Deutschlands verstoßen würde, war umstritten. Strauß wollte Klarheit. Diese sollte durch eine Klage vor dem Bundesverfassungsgericht geschaffen werden. Strauß wusste, wie sehr er sich mit einem solchen Vorhaben zum Feind des Zeitgeistes machen und in das Räderwerk der Verteufelung geraten würde. Das juristische Hinterfragen des Grundlagenvertrages galt als Anschlag auf Entspannung, Sicherheit und Frieden. Der CSU-Vorsitzende ließ sich dadurch nicht beirren, er zitierte selbstbewusst vier berühmte Zeilen von Theodor Storm: „Der eine fragt, was kommt danach?/der andere fragt nur: Ist es recht?/und also unterscheidet sich/der Freie von dem Knecht."

Verfassungsklage für die deutsche Einheit

Ehe es zur Klage zum Grundlagenvertrag kam, deren Einreichung von Strauß mit unnachgiebiger Härte verfolgt wurde, waren gewaltige Hindernisse zu überwinden. Die CDU/CSU-Bundestagsfraktion lehnte, obwohl sie die Legitimation zu einem solchen Schritt in Karlsruhe gehabt hätte, den Gang vor das höchste deutsche Gericht ab. Dabei hatte Karl Carstens, damals Fraktionsvorsitzender und später Bundespräsident, öffentlich bekundet, „dass ich selbst starke verfassungsrechtliche Bedenken gegen den Grundvertrag habe". Auch kein von der CDU regiertes Land wagte diesen Schritt. Die CSU-Landesgruppe sprach sich zweimal mit überwältigender Mehrheit für eine Klage durch den Freistaat Bayern aus. Auch der Parteivorstand der CSU votierte mit großer Mehrheit für ein solches Vorgehen, Mitglieder der Staatsregierung, die dem obersten Führungsgremium der CSU angehörten, stimmten ebenfalls dafür. Selbstverständlich gab es auch starke Bedenken gegen die Klage, auch in der CSU. In den eigenen Reihen musste Strauß das Argument hören, dass die CSU alleine, wenn die Schwesterpartei CDU abseits stehe, sich mit einem solchen Antrag in Karlsruhe zu viel zumute.

Am 11. Mai 1973 billigte der Deutsche Bundestag mit 268 gegen 217 Stimmen den von der SPD/FDP-Bundesregierung vorgelegten Grundlagenvertrag. Am 22. Mai beschloss die Bayerische Staatsregierung, diesen Vertrag der Bundesrepublik Deutschland und der DDR vom Bundesverfassungsgericht auf seine Vereinbarkeit überprüfen zu lassen. Ehe es zu diesem bayerischen Entschluss kam, hatte Strauß noch eine gewaltige

Hürde zu nehmen. In einer Probeabstimmung hatte das Kabinett von Ministerpräsident Alfons Goppel eine Klage Bayerns abgelehnt, nur die Minister Max Streibl und Fritz Pirkl hatten sich dafür ausgesprochen.

Das Geschehen, das sich dieser Kabinettsentscheidung anschloss, hat Strauß stets als einen der dramatischsten politischen Vorgänge seines Lebens gesehen. Mit dem Hinweis, dass durch die Probeabstimmung des Kabinetts die Sache entschieden sei und eine Klage in Karlsruhe nun doch nicht stattfinde, fand sich Strauß – und jeder, der ihn kannte, wusste, dass dies so sein würde – keinesfalls ab. Es kam zu einer erneuten Kabinettssitzung, diesmal in Anwesenheit des Parteivorsitzenden, die zu einer erbitterten dreistündigen Redeschlacht geriet. Franz Josef Strauß gewann eine große und klare Mehrheit, und er gewann damit einen Kampf, dessen Ausgang zu einer der großen geschichtlichen Leistungen der Christlich-Sozialen Union und des Freistaates Bayern wurde. Nach der Entscheidung der Regierung Goppel sprachen sich auch die CSU-Landtagsfraktion und der Parteiausschuss der CSU, der „Kleine Parteitag", für den Gang nach Karlsruhe aus.

Dieser Schritt erforderte Mut. Wie selten davor mussten sich Strauß und seine Partei gegen den Zeitgeist stellen, der Gegenwind der öffentlichen und veröffentlichten Meinung geriet zum Sturm, die Bundesregierung tat alles, die Anrufung des Bundesverfassungsgerichts in dieser Angelegenheit als Anschlag auf die Entspannungspolitik schlechthin darzustellen. Strauß hielt dieser Stimmung entgegen: „Alle politischen Kräfte in Deutschland und nicht zuletzt die Bundesregierung sollten der CSU als Anstoßgeberin und der Bayerischen Staatsregierung als Beschlussorgan und Antragstellerin für diesen Beitrag zur Wahrheit und Klarheit, zur Redlichkeit und Ehrlichkeit, zur Deutung eines Weges dankbar sein."

Am 31. Juli 1973 fällte das Bundesverfassungsgericht seine Entscheidung, die seither Markstein und Orientierungspunkt deutscher Politik für alle Bundesregierungen sein musste und war. Der von der Regierung Brandt betriebenen Politik der Anerkennung der Zweiteilung Deutschlands wurde ein Ende gesetzt, durch Auslegung und Klarstellung des Vertragswerkes der Vorrang des Grundgesetzes vor dem Grundlagenvertrag bestätigt. Nicht der Buchstabe, sondern der Geist und die Absicht, in der und mit dem dieser Vertrag niedergeschrieben worden war, wurden zu Fall gebracht. Strauß: „Wieder einmal hat der deutsche Süden Entscheidendes geleistet. Dass der Bundesregierung in den Arm gefallen werden konnte, ist eine Tat, deren Folgen in ihrem positiven Ausmaß gar nicht abzuschätzen sind. Schade, dass diese Tat nur die Stunde Bayerns war, nicht aber auch der gesamten Opposition und aller von der CDU regierten Länder. Hier ist eine geschichtliche Stunde im Kampf gegen eine in Ansätzen und Folgen verhängnisvolle Politik versäumt worden. Leider war es das formaljuristische, zivilrechtliche Denken, die Angst vor dem Verlieren, die sich durchsetzte. Aber Bayern musste so handeln. Es musste auch den Einsatz des Bundesverfassungsgerichts gegen eine gefährliche Politik erzwingen, um weiteren Schaden von unserem Volk abzuwenden."

Allein die Leitsätze, von den Karlsruher Richtern ihrem Spruch vorangestellt, bewiesen die Berechtigung und Richtigkeit der Klage Bayerns. Aus dem Wiedervereinigungsgebot des Grundgesetzes folge, so die Richter: „Kein Verfassungsorgan der Bundesrepublik Deutschland darf die Wiederherstellung der staatlichen Einheit als politisches Ziel aufgeben, alle Verfassungsorgane sind verpflichtet, in ihrer Politik auf die Erreichung dieses Zieles hinzuwirken – das schließt die Forderung ein, den Wiedervereinigungsanspruch im Inneren wach zu halten und nach außen beharrlich zu vertreten – und alles zu unterlassen, was die Wiedervereinigung vereiteln würde."

Mit der Vieldeutigkeit des Grundlagenvertrages war es zu Ende, er galt nur im Zusammenhang mit der klarstellenden und die Absichten der Bundesregierung einengenden Interpretation durch das Verfassungsgericht. Wesentlich waren auch die Aufrechterhaltung und Bestätigung einer gemeinsamen deutschen und damit die Ablehnung einer eigenen Staatsbürgerschaft der DDR. Die Demarkationslinie zwischen der Bundesrepublik Deutschland und der DDR ist keine normale Staatsgrenze, sie hat vielmehr keine andere rechtliche Qualität als die Ländergrenzen innerhalb der Bundesrepublik Deutschland. Ein Deutscher hat, wann immer er in den Schutzbereich der staatlichen Ordnung der Bundesrepublik Deutschlands gelangt, einen Anspruch auf den vollen Schutz der Gerichte der Bundesrepublik und aller Garantien der Grundrechte des

Grundgesetzes. Bemerkenswert eine weitere Aussage des Urteils: „Schließlich muss klar sein, dass mit dem Vertrag die gegenwärtige Praxis an der Grenze der Bundesrepublik Deutschland und der Deutschen Demokratischen Republik, also Mauer, Stacheldraht, Todesstreifen und Schießbefehl, schlechthin unvereinbar ist."

Bayerns Ministerpräsident Alfons Goppel konnte mit der mutigen Tat seiner Regierung und mit dem erreichten Urteilsspruch gleichermaßen zufrieden sein: „Die Bayerische Staatsregierung sieht in dem Urteil einen Erfolg ihrer Bemühungen um die Einheit Deutschlands. Das Urteil interpretiert bindend, wie und in welchen Grenzen der Grundvertrag in Übereinstimmung mit dem Grundgesetz – auch für die DDR – anzuwenden ist und welche Anforderungen an ihn und ähnliche Verträge zu stellen sind." Die Bundesrepublik bleibt für das ganze Deutschland verantwortlich, die DDR ist rechtlich für die Bundesrepublik nicht Ausland, die Wiederherstellung der staatlichen Einheit bleibt Aufgabe aller Verfassungsorgane, die Menschen in der DDR sind und bleiben Deutsche im Sinne des Grundgesetzes mit allen sich daraus ergebenden Rechten – nach dieser Aufzählung des Erreichten zog Goppel mit gutem Grund eine zufriedene Bilanz dieses bayerischen Alleingangs: „Der Ausgang des Verfahrens rechtfertigt die Anrufung des Bundesverfassungsgerichts. Das Urteil zeigt auch, dass jene Unrecht hatten, die mit dem Antrag der Bayerischen Staatsregierung einen außenpolitischen Schaden befürchteten. Davon abgesehen ging es hier um die Inanspruchnahme eines vorgegebenen Rechtswegs."

Die Isolation, in der sich Bayern, die CSU und Strauß vor und während ihres Gangs nach Karlsruhe innerhalb der Union befunden hatten, verlor sich nach der Entscheidung der Verfassungsrichter von einem Tag auf den anderen. Die Berufung auf das Grundlagenvertragsurteil wurde für CDU und CSU geradezu zum deutschlandpolitischen Kontrastprogramm gegenüber einem vieldeutigen und riskanten SPD/FDP-Kurs, zu einer „Magna Charta" der Deutschlandpolitik. Für die CDU/CSU-Bundestagsfraktion, die sich bei der Klage Bayerns skeptisch und passiv verhalten hatte, stellte ihr damaliger Vorsitzender Alfred Dregger 1985 fest, dass die Freunde von der CSU mit dem Gang nach Karlsruhe eine historische Leistung für Deutschland erbracht und dass diese Klage ein geschichtliches Verdienst von Franz Josef Strauß sei. Strauß nahm solches Lob nicht ohne Ironie zur Kenntnis: „Solches hörte und höre ich öfter. 1973 hatte man mich ausgelacht, verspottet, allein gelassen."

Obwohl aus einem Alleingang von Strauß geboren, wurde die Klage zum Grundlagenvertrag, vor allem auch wegen ihres beeindruckenden inhaltlichen Erfolges, voll und ganz in das Bewusstsein der CSU übernommen, wurde ein wichtiges Stück der deutschen, der nationalen Identität der Partei. Bayern und die CSU waren stolz darauf, in einem entscheidenden Punkt gesamtdeutsche Verantwortung wahrgenommen, sich selbstbewusst vor anderen Ländern und Parteien an die Spitze eines juristischen Klärungsprozesses gesetzt und damit politisch das Tor zur deutschen Einheit offen gehalten zu haben.

Der Milliardenkredit an die DDR

Bei einem anderen politischen Alleingang von Strauß gelang es nicht, eingetretene Verwerfungen voll und ganz zu überwinden, Verwundungen heilen zu lassen; zumindest Narben im Verhältnis des Vorsitzenden zu seiner Partei blieben. Dabei handelte es sich um den Milliardenkredit an die DDR im Jahre 1983.

Ausgangspunkt dieses Geschehens, das damals ungeheueres Aufsehen erregte, war der Grenzübergang Drewitz zwischen der Bundesrepublik Deutschland und der DDR. Dort war am 10. April 1983 der Bundesbürger Rudolf Burkert, von Beruf Kraftwagenfahrer, bei einem Verhör durch DDR-Grenzorgane zu Tode gekommen. Offizielle Version der DDR-Behörden: Herzversagen. Die Obduktion sprach eine andere Sprache: Kopf- und Halsverletzungen und Blutergüsse wiesen eindeutig auf Gewalteinwirkung hin. Die Witwe des Toten, Siegrid Burkert, schrieb verzweifelt an Strauß: „Ich lege Ihnen ein Foto meines toten Mannes bei. Fragen Sie bitte Ihre Frau. Was hätte sie getan? Habe ich recht oder unrecht, wenn ich frage, was ist vorausgegangen? Ich bekomme meinen Mann, der am morgen fröhlich, gut gelaunt, lächelnd von zu Hause wegfährt, so zurück wie auf dem Foto." Auch Burkerts Bruder schrieb an Strauß: „Ich glaube auf keinen Fall an einen natürlichen Tod meines Bruders. Die von mir gesehenen Verletzungen sagen eigentlich alles." Strauß äußerte sich zu dem Tod von Drewitz mit der von ihm bekannten Härte, sprach von Mord. Umgehend trug ihm dies Kritik in den Medien und von Bonner Regierungsseite ein, auch die Schwesterpartei mahnte eine zurückhaltende Sprache an. Alfred Dregger meinte entschuldigend, da Strauß kein Jurist sei, habe er den falschen Begriff gewählt. Strauß: „Dass ein solcher Vorgang kein Mord ist im Sinne des Strafgesetzbuches, wusste ich natürlich auch, aber ich wählte bewusst eine deutliche Formulierung. Sie hat dann auch bombenmäßig eingeschlagen, hüben und drüben." Über den Fall Drewitz hinaus – schon im Herbst 1982, noch unter der Regierung Schmidt, und dann nach dem Regierungswechsel zu Bundeskanzler Helmut Kohl mit der Bildung einer Koalition aus CDU, CSU und FDP und auch bei den ersten Beratungen nach der Bundestagswahl vom Herbst 1983 – war die Rede von einem Wunsch der DDR nach einem Kredit aus der Bundesrepublik.

Die aufsehenerregende Kommentierung des Drewitzer Todesfalls hat Folgen – über seinen Freund Josef März, Unternehmer in Rosenheim, meldet sich bei Strauß DDR-Staatssekretär Alexander Schalck-Golodkowski. Es kommt zu einer ersten Begegnung, dann zu zwei weiteren Gesprächen, am dritten wird auch der für deutsch-deutsche Fragen zuständige Kanzleramtsminister Philipp Jenninger teilnehmen. Zunächst geht es um die Mord-Äußerung von Strauß, über die Erich Honecker, so berichtet sein Abgesandter, sehr betroffen sei. Strauß beklagt mit aller Offenheit die unerträglichen Zustände an der deutsch-deutschen Grenze, das Verhalten der DDR-Grenzorgane, die Schikanen, das Geschrei, die Feindseligkeit. Zusammenfassend: „Sie können die Bürger der Bundesrepublik an der Grenze nicht als die Bürger eines Feindstaates behandeln und die Währung der Bundesrepublik als die Währung eines Freundstaates in Anspruch nehmen." Schon zwei Wochen nach dieser ersten Unterredung mit Schalck-Golodkowski meldet die Bayerische Grenzpolizei, dass entlang der gesamten Demarkationslinie die Behandlung der Reisenden aus der Bundesrepublik eine deutliche Änderung zum Besseren und in Richtung Normalität erfahren habe.

Bei der zweiten Unterredung mit Schalck-Golodkowski überreicht dieser dem CSU-Vorsitzenden eine Botschaft des DDR-Staatsratsvorsitzenden Erich Honecker, die Strauß vorgelesen wird, die er auch selbst lesen, aber nicht behalten darf. Die andere Seite hat nicht nur Angst vor einer Indiskretion in Bonn, Honecker hat bei seinem Kontaktversuch in den Westen auch Gegner im Zentralkomitee. Kern des Schriftstücks: die wirtschaftliche Lage der DDR, deren Schwierigkeiten, wenn auch geschönt, eingeräumt werden; die Notwendigkeit für das Regime, die akuten wirtschaftlichen Probleme ohne harte Einschränkungen des Lebensstandards der Bevölkerung zu bewältigen, und, wichtigster Teil des Briefes, die Darstellung der Möglichkeiten zur Lösung der Wirtschaftskrise einschließlich eines Kredites aus der Bundesrepublik. Auch eine Aufzählung der Gegenleistungen fehlt nicht: Abbau der Selbstschussanlagen, Beseitigung der Minenfelder, eine substantielle Änderung in Art und Weise der Grenzabfertigungen, Erleichterungen im Reiseverkehr und, entscheidend für Tausende und Zehntausende persönlich leidvoll Betroffener, wesentliche Verbesserungen bei Familienzusammenführungen.

Franz Josef Strauß verhielt sich bei der Entwicklung und Erledigung dieses heiklen Themas absolut korrekt, tat keinen Schritt ohne umfassende Information und ohne ausdrückliche Zustimmung von Bundeskanzler Helmut Kohl. Selbstverständlich war dieser Vorgang absolut ungeeignet, auf offenem Markte erörtert und ausgehandelt zu werden. Auf Seiten der CSU waren Landesgruppenchef Theo Waigel, Generalsekretär Gerold Tandler und Edmund Stoiber als Leiter der Staatskanzlei stets eingeweiht. Strauß war bei seiner Bereitschaft, den Kreditwunsch der DDR zu prüfen und bei seiner Verwirklichung zu helfen, von den Erfahrungen der europäischen Nachkriegsgeschichte ausgegangen. 1953 beim Volksaufstand in der DDR, 1956 beim Aufstand der Ungarn gegen das kommunistische Gewaltregime, 1968 beim Aufstand gegen die Zwangsherrschaft in der Tschechoslowakei, 1980/81 beim Aufbegehren des polnischen Volkes gegen die verhasste Obrigkeit – die „Hilfe" des Westens beschränkte sich auf Bekundungen der Anteilnahme, des Bedauerns und der Empörung. Wegen des hohen Risikos unabsehbarer kriegerischer Verwicklungen verbot sich jedes militärische Eingreifen des Westens im Machtbereich des Warschauer Paktes. 1983 auf eine Zuspitzung der wirtschaftlichen Verhältnisse in der DDR mit Auswirkungen bis hin zu einem Volksaufstand zu warten oder gar zu hoffen, wäre angesichts des bekannten geschichtlichen Vorlaufs in den anderen Ländern des Ostblocks Ausdruck höchster politischer Verantwortungslosigkeit gewesen.

Wesentlich bei diesem Milliardenkredit war auch, dass der Steuerzahler nicht einen Pfennig an Risiko übernehmen musste, dass es auch keinen Pfennig Zinssubvention aus öffentlichen Kassen gab. Es ging allein um einen Kredit von Bank zu Bank, für den die DDR durch Forderungsabtretung die Sicherheitsleistung übernommen hatte. Theo Waigel erläuterte in der Ausgabe des Bayernkurier zum CSU-Parteitag vom 16./17. Juli 1983 diesen wichtigen Aspekt des ungewohnten und überraschenden Kreditgeschäftes: „Bei dem Milliardenkredit für die DDR handelt es sich um eine kommerzielle Aktion westdeutscher Banken unter Anrechnung marktüblicher Zinsen. Die Bürgschaft des Bundes dafür ist ohne jedes Risiko für den Bundeshaushalt. Die Bedingungen für das Darlehen sind von den Banken ohne politische Einflussnahme ausgehandelt worden, wobei es Zinssubventionen durch die öffentliche Hand nicht gibt. Die unterscheidet das jetzige Geschäft von Krediten früherer SPD-Bundesregierungen an Jugoslawien und Polen; beim Polen-Kredit entstanden dem deutschen Steuerzahler zusätzliche Zinskosten in Höhe von 950 Millionen DM." Auf der Basis eines klaren deutschlandpolitischen Kurses und eindeutiger Rechtspositionen bewertete Waigel den Milliardenkredit als den Versuch, den Menschen im anderen Teil Deutschlands zu helfen, denn: „Ein Grundsatz der CSU in der Deutschlandpolitik war und bleibt, jede Chance zu nutzen, um Belebung in das innerdeutsche Verhältnis zu bringen und menschliche Beziehungen auf Dauer zu erleichtern."

Das Bekanntwerden des Milliardenkredits führte in der Öffentlichkeit zu heftigen Diskussionen und zu noch heftigerer Aufregung in der CSU. Strauß sah sich wie kaum je zuvor, seit er 1961 an die Spitze der Partei gewählt worden war, schärfsten Angriffen aus den eigenen Reihen ausgesetzt. In einem Beitrag für den Bayernkurier erläuterte er in der Woche des Parteitages „Tatsachen über einen Kredit", legte seine Beweggründe offen, stellte die Zusammenhänge dar, warb um Verständnis und Zustimmung. Seine übliche und bekannte Argumentationskraft, die er nicht nur in diesem Artikel, sondern auch in einer gewaltigen Rede auf dem Parteitag noch einmal bis an die Grenzen des Möglichen und Leistbaren hinaus zum Einsatz brachte, erreichte nur unvollständig ihr Ziel. Ein Teil der Delegierten konnte oder wollte ihm nicht folgen, in ihrer Sicht der Dinge gelang es dem Parteivorsitzenden nicht, das schwer Verständliche verständlich zu machen.

Die Stimmung in der Bayernhalle auf dem alten Münchner Messegelände blieb angespannt, zumal es sich bei dieser Veranstaltung der CSU um einen Parteitag handelte, bei dem die Wahl des Vorstandes und damit auch des Vorsitzenden auf der Tagesordnung stand. Bundeskanzler und CDU-Vorsitzender Helmut Kohl, wichtigster Gastredner des Parteitages und als deutscher Regierungschef stets erster Verantwortungsträger für den Milliardenkredit, machte den Delegierten eindringlich deutlich, dass es sich dabei nicht um eine Privatangelegenheit von Strauß, sondern um eine Entscheidung der Bundesregierung gehandelt habe: „Alles, was gemacht wurde, haben wir gemeinsam besprochen und abgestimmt. Wer also auf ihn schimpft, soll auch auf mich schimpfen, damit das ganz klar ist, umgekehrt natürlich auch." Und der Bundeskanzler weiter: „Ich finde, Sie müssen denen, denen Sie mit Ihrem Stimmzettel die Verantwortung übertragen haben, auch die Chance geben, jene Fehler zu machen, von denen behauptet wird, das seien Fehler. Bevor Sie sie prügeln, müssen Sie erst einmal sehen, ob es ein Fehler war. Und deswegen bitte ich Sie in dieser Sache aus gutem Grund um etwas Geduld. Wir laufen ja nicht weg. Ich stelle mich Ihrer Kritik auch in dieser Frage, und Franz Josef Strauß auch, damit es da gar keinen Zweifel gibt. Aber deswegen finde ich, bevor man zu solchen Formulierungen greift (ein „politisches Schiebergeschäft wie auf dem Schwarzen Markt" hatte ein CSU-Bundestagsabgeordneter, zudem noch Mitglied des Parteivorstandes und bei der entsprechenden dreistündigen Sitzung bemerkenswerterweise schweigend dabei, Strauß öffentlich vorgeworfen), dann soll man wenigsten so fair sein und soll den Lebensweg derer, die man apostrophiert, angucken. Wir haben uns doch nicht geändert in unserer Überzeugung. Wir versuchen, aus der konkreten Situation im Ernst der Verantwortung, die uns aufgetragen ist, das Richtige zu tun."

Auch diese Demonstration politischer und persönlicher Solidarität von Helmut Kohl reichte nicht aus, den unter den Delegierten herrschenden Unmut gegen Strauß ganz auszuräumen. Zwar wurde der Bundeskanzler und CDU-Vorsitzende mit großem Beifall für seine Rede und für seine Aussagen bedacht, dennoch glaubten nicht wenige, den, der für Kohls Politik den Kopf hinhielt, nämlich Strauß, mit der Abgabe eines entsprechenden Stimmzettels abstrafen zu müssen. Strauß, bei früheren Parteitagen stets mit über 90 Prozent der Delegiertenstimmen gewählt, erhielt sein schlechtestes Ergebnis, nur 77 Prozent der gültigen Stimmen entfielen auf ihn. Die Mitteilung des Wahlergebnisses wirkte auf die Menschen in der Bayernhalle wie ein Schock. Ratloses Schweigen war die erste Reaktion, dann erst kam der Beifall der immer noch großen und überwältigenden Mehrheit der Partei, die auch in dieser Situation ihrem langjährigen Vorsitzenden ihr Vertrauen bekundet hat.

Selten – oder eigentlich nie – habe ich Franz Josef Strauß so enttäuscht, so verbittert, so zornig und auch so resigniert erlebt wie an diesem Tag. Strauß verlässt unmittelbar nach dem Wahlgang das Podium, zieht sich in einen Büroraum hinter der Bühne zurück. Wenige Getreue versammeln sich um ihn. Nur mit gutem Zureden bringen wir ihn dazu, zum Parteitag zurückzukehren und die Wahl anzunehmen. Zum üblichen Ende eines Parteitages kommt es an diesem 18. Juli 1983 nicht. Strauß hat zu einem öffentlichen Schlusswort keine Lust mehr, vielleicht auch keine Kraft. Der Parteitag verläuft sich, die Delegierten nehmen ob des ungewöhnlichen Verlaufes wohl zum ersten Mal von einem Parteitag unter dem Vorsitzenden Franz Josef Strauß mehr Fragen als Antworten mit nach Hause.

Franz Josef Strauß, die Anflüge von Resignation sind schon wieder überwunden, bricht unmittelbar vom Parteitag, begleitet von seiner Frau Marianne und Sohn Max im Privatwagen über die Tschechoslowakei und Polen in die DDR auf, wo er am Werbellinsee Erich Honecker treffen wird.

Auf mich wartet der nächste Bayernkurier, der wohl schwierigste unter vielen Leitartikeln, die ich in meinen langen Jahren der Verantwortung für die Wochenzeitung der CSU geschrieben habe. Strauß ist nicht erreichbar. Es bewährt sich ein Gleichklang des Denkens, eine in vielen Jahren wechselseitigen Vertrauens gewachsene gemeinsame Sicht der Dinge. Der Leitartikel wird geschrieben. Seine Überschrift: „Preis der Verantwortung". Ich rechne mit kurzsichtigen „Denkzettel-Überlegungen" ab, die bei näherem Zusehen, was der konkrete Fall beweise, eher ein gedankenloser Schnitt ins eigene Fleisch seien: „Die Betroffenheit des Parteitages nach Bekanntgabe des Wahlergebnisses, die ersten aus dem ganzen Land von der Parteibasis eintreffenden Äußerungen der Empörung, das unverhohlene Vergnügen des politischen Gegners – all das könnte und sollte manchen Denkzettel-Verpasser zu ernsthaftem Nachdenken anregen." Trotz der unbestreitbar eingetretenen Irritation mache ich auf eine große und starke Erfahrung der CSU aufmerksam: „Die politische Wirksamkeit und Schlagkraft einer Partei hängen wesentlich vom Vertrauen in die Parteiführung ab. Dieser Zusammenhang hat bisher in der CSU funktioniert, er wird auch weiterhin funktionieren." Meine zusammenfassende Schlussfolgerung: „Die Freude des politischen Gegners über den CSU-Parteitag und das Wahlergebnis für Strauß kommt zu früh. Die CSU hat sich immer auch dadurch ausgezeichnet, dass sie aus Erfahrungen zu lernen vermag. Dies gilt auch für den konkreten Fall. Viele Anzeichen deuten darauf hin, dass schon jetzt, kurze Zeit nach dem Parteitag, ein erfreulicher Prozess des Zusammenrückens stattgefunden hat und stattfindet. Auch für den Umgang innerhalb der Partei werden sicherlich nützliche Lehren gezogen." Dass Franz Josef Strauß mit der CSU in bewährter Weise eine Politik des Maßes und der Vernunft mit Entschlossenheit und Mut fortsetzen werde, sei ohnehin eine Selbstverständlichkeit.

Alle Erwartungen, die von Franz Josef Strauß, aber auch von der Bundesregierung mit dem Milliardenkredit verbunden worden waren, haben sich erfüllt. Die Verhältnisse an der innerdeutschen Grenze veränderten sich grundlegend. Die militärische Hochrüstung an dieser Grenze, die zu Toten und Verletzten geführt hatte, wurde abgebaut, Umgangston und Umgangsformen der Grenzorgane mit Einreisenden aus der Bundesrepublik erreichten im Westen übliche Maßstäbe, Reiseerleichterungen öffneten zuvor Jahre und Jahrzehnte verschlossene Türen. Über eines hat sich Franz Josef Strauß auch im Rückblick vieler Jahre im Zusammenhang mit dem Milliardenkredit in besonderer Weise gefreut: „Was ich an Haftentlassungen erreicht habe – auch in Fällen, in denen die Gefahr bestand, dass die Betroffenen die Haft nicht überleben würden –, was ich erreicht habe an Familienzusammenführungen – viele leidvolle und jahrelang unlösbar scheinende Fälle: Ich habe die Vorgänge nie gezählt, es sind aber Tausende, denen ich auf diese Weise zu einem neuen Leben verholfen habe. Ich habe mich um jeden einzelnen Fall, der an mich herangetragen wurde, bemüht, meistens mit Erfolg. Die einschlägige Korrespondenz füllt viele Aktenordner, erschütternde Hilferufe sind darunter."

Die im Rahmen des Milliardenkredits erreichten Reiseerleichterungen – Strauß vergaß es zu diesem wie zu allen anderen Punkten nie, auf die Korrektheit und Zuverlässigkeit seines Gesprächs- und Verhandlungspartners Alexander Schalck-Golodkowski hinzuweisen, der sein Wort beispielhaft zu halten pflegte – führten in der DDR zu einer nach und nach wirksamen Klimaveränderung. Je mehr Menschen die Möglichkeit hatten, die Bundesrepublik zu besuchen, umso mehr konnten sie das Leben im zweigeteilten Deutschland vergleichen und nach ihrer Rückkehr kritische Fragen stellen. Nach dem Erlebnis der Freiheit wurde der Alltag unter ständiger Gängelung in besonderer Bitterkeit erfahrbar. Freies Reisen wurde zum Synonym für Freiheit schlechthin. Die Wurzeln für den Geist der friedlichen Revolution in der DDR, die 1989 die Wende, die Einheit und Freiheit für ganz Deutschland brachte, liegen auch in den damals neuen Möglichkeiten, die der Milliardenkredit im Gefolge hatte.

Die Jahre der Opposition

Kämpferische Qualitäten sind in der Politik immer gefragt und geboten. Sie sind es besonders in Zeiten der Opposition. CDU und CSU hatten von 1969 bis 1982 dreizehn lange Jahre die Möglichkeit, hier ihre Kompetenz unter Beweis zu stellen. Unter den sozialdemokratischen Bundeskanzlern Willy Brandt und Helmut Schmidt regierte in Bonn eine Koalition aus SPD und FDP.

Dass es zu diesem seinerzeit neuen Regierungsbündnis kommen würde, hatte sich schon in der Endzeit der Großen Koalition abgezeichnet. Zunehmend hatte es zwischen Bundeskanzler Kiesinger und seinem Außenminister und Vizekanzler Brandt Spannungen auf dem Gebiet der Ost- und Deutschlandpolitik gegeben. Der Regierungschef, von nobelster Loyalität gekennzeichnet, litt sichtbar darunter, dass es der SPD-Teil seines Kabinetts an dieser Loyalität fehlen ließ. Franz Josef Strauß zu dieser Entwicklung: „Mir ist noch deutlich in Erinnerung, wie schmerzlich Kurt Georg Kiesinger berührt war, als er erfahren musste, dass mit Wissen sozialdemokratischer Kabinettsmitglieder führende SPD-Funktionäre Geheimverhandlungen mit Vertretern der italienischen Kommunistischen Partei über eine radikale Änderung der Deutschlandpolitik geführt hatten. Die den Wahlkampf einleitende Strategie des begrenzten Konflikts mit dem Bundeskanzler hat diesen tief getroffen."

Am 28. September 1969 wird der neue Bundestag gewählt. CDU und CSU behaupten sich mit 46,1 Prozent der Stimmen und mit 242 Sitzen im Parlament als die stärkste politische Kraft und als die größte Fraktion. Die SPD bringt es mit 42,7 Prozent auf 224 Mandate, auf die FDP mit ihren 5,8 Prozent entfallen 30 Sitze. Überdurchschnittlich hoch liegt bei dieser Wahl der Stimmenanteil der „sonstigen Parteien" mit 5,4 Prozent – darin enthalten ist ein Anteil von 4,3 Prozent für die NPD, die damit allerdings den Einzug in den Bundestag verfehlt.

Am Tag nach der Wahl kommt, was sich im Mai des Jahres bei der Wahl des Bundespräsidenten abgezeichnet hat, als mit Hilfe der FDP der SPD-Kandidat Gustav Heinemann gewählt wurde, der mit seinem Wort vom „Machtwechsel" das Signal für den Beginn einer SPD-Kanzlerschaft setzte. Am 21. Oktober wird Willy Brandt von SPD und FDP zum Bundeskanzler gewählt. In der Union, die seit Gründung der Bundesrepublik Deutschland den Regierungschef gestellt hat, bricht eine Debatte darüber aus, wer an diesem Machtverlust die Schuld trägt. Strauß nimmt Kiesinger, der sich vor der Bundestagswahl weder auf eine Verlängerung des Bündnisses mit der SPD festlegen noch hinter dem Rücken des Koalitionspartners mit der FDP verhandeln wollte, gegen Angriffe aus den eigenen Reihen in Schutz, auch wenn „diese menschlich vornehme, vielleicht politisch zu noble Haltung dann die Bildung der liberal-sozialistischen Koalition begünstigt hat". Eine Möglichkeit, das Zusammengehen der Liberalen mit der SPD zu verhindern, hätte es nach der Einschätzung nicht nur von Strauß vielleicht dann gegeben, wenn man mit der FDP rechtzeitig die Wahl eines von ihr mitgetragenen oder vorgeschlagenen Bundespräsidenten vereinbart hätte. Das aussichtslose Beharren der Union auf einen eigenen Bewerber, Gerhard Schröder, erweist sich als folgenreicher strategischer Fehler.

Die Speerspitze der Opposition

Die Union richtet sich in ihrer ungewohnten Oppositionsrolle ein, die CSU und Strauß tun dies vom ersten Tag an mit Entschlossenheit und Klarheit, erwerben sich den Ehrentitel „Speerspitze der Opposition". Strauß markiert die Ausgangsposition: „Wir haben keine Aussicht, jemals wieder in die Regierung zurückzukehren, wenn wir uns nicht zu einem ganz klaren Kontrastprogramm in der Wertordnung, in der Sachaussage und in ihrer Vertretung durchringen. Wenn wir in Nuancen die Regierungspolitik bejahen, sagen die Leute: ‚Großartig, dann wählen wir mal gleich die SPD'." Strauß übernimmt, ausgestattet mit dem positiven Erfahrungsschub des Finanzministers der Großen Koalition, die Aufgabe des finanzpolitischen Sprechers der CDU/CSU-Bundestagsfraktion, die er bis zum Herbst des Jahres 1978, als er zum Bayerischen Ministerpräsidenten gewählt wird, wahrnimmt. Straußens Gegenüber auf der Regierungsbank ist Finanzminister Alex Möller von der SPD. Ehe sich der CSU-Vorsitzende allerdings auf diesen Gegenspieler „einschießen" kann, flüchtet Möller nach nur eineinhalb Jahren aus dem Amt und begründet seinen Schritt mit den „großen Schwierigkeiten, angesichts der Anforderungen der Ressorts einen stabilitätsgerechten Haushalt vorzubereiten".

Der ehemalige Erfolgspartner von Strauß aus den Zeiten der Großen Koalition, Karl Schiller, übernimmt zusätzlich zum Amt des Wirtschafts- auch das des Finanzministers, wird Superminister und Star des neuen Bündnisses. Die Zeit dieses Glücks dauert nicht lange, im Juli 1972, als er einsehen muss, dass solide Finanzpolitik und marktwirtschaftliche Wirtschaftspolitik, wie er sie für sinnvoll und notwendig hält, im Kabinett Brandt nicht durchsetzbar ist, gibt Schiller auf. Das Kabinett sei eine „Pöbelanstalt, in der die FDP-Kollegen grienen und Brandt angewidert hinausgeht", wirft der scheidende Superminister seinem Regierungschef und Parteivorsitzenden vor. Schillers Flucht aus dem Kabinett wird von SPD-Seite mit üblen Tönen begleitet. Strauß dazu: „Wenn man sich erinnert, welch legendäre Heldenverehrung und messianische Schlaraffenlandpropaganda von derselben SPD im Jahre 1969 mit der Person Karl Schillers zur Wählerirreführung getrieben wurde, während Großinquisitor, Zuchtmeister und Oberabkanzler Herbert Wehner heute Schiller als ehrgeizigen Postenjäger und windigen Karrieremacher abzuhalftern bereits begonnen hat, dann kann man über den Zerfall dieses Systems weder Trauer noch Freude empfinden, sondern nur mit banger Sorge an die Zukunft denken. Karl Schiller ist vom Schlitten geworfen, die Fahrt geht weiter." Nachfolger Schillers wird Helmut Schmidt.

Nicht nur Minister verlassen das Kabinett, insgesamt ist geradezu eine Fluchtbewegung aus der Linkskoalition zu verzeichnen. SPD- und FDP-Abgeordnete sehen sich aus Gewissensgründen nicht länger in der Lage, die Regierung Brandts und seines Außenministers und Vizekanzlers Walter Scheel weiter mitzutragen, vor allem wegen der in der Deutschland- und Ostpolitik eingeschlagenen Wege. Die Regierungsmehrheit scheint verloren. Am 27. April 1972 kommt es zum bis dahin ersten und einzigen konstruktiven Misstrauensvotum gegen einen amtierenden Bundeskanzler. Im Vorfeld der Abstimmung fällt Brandts böses

Wort vom „Holzen" und vom „Mobilisieren der Straße". Durch Druck von außen sollen die Abgeordneten von CDU und CSU, sollen vor allem jene Parlamentarier aus FDP und SPD, die nicht länger die Regierungspolitik mitverantworten können und wollen, bei ihrer Stimmabgabe unter Druck gesetzt werden.

Das Misstrauensvotum scheitert. Oppositionsführer Rainer Barzel von der CDU erhält 247 der abgegebenen Stimmen – ihm fehlen also zwei Stimmen aus dem eigenen Lager an der erforderlichen absoluten Mehrheit. Die Umstände dieser in ihrem Ausgang überraschenden Abstimmung sind in ihren letzten Verästelungen nicht geklärt. Immer noch sind wichtige Fragen offen. Geld wird aus Panzerschränken genommen, Geld soll an Unionsabgeordnete geflossen sein, der Verdacht des Stimmenkaufs liegt als bleibender Schatten über diesem Vorgang. „Junge, Junge, eine Regierung bekommt dieses Volk, die hat es gar nicht verdient", jubelte Horst Ehmke, als es 1969 zur Bildung der SPD/FDP-Koalition gekommen war. Im Zusammenhang mit dem gescheiterten Misstrauensvotum von 1972 wird gerade der Name Ehmke, inzwischen Kanzleramtsminister, in absonderlichem und dubiosem Zusammenhang genannt.

Wie fest innerhalb der liberal-sozialistischen Koalition mit einem Gelingen des Misstrauensvotums angesichts einer eigentlich klaren rechnerischen Mehrheit für Rainer Barzel gerechnet worden war, erfuhr ich am Tag des Geschehens im „Hotel Steigenberger" in Bonn. Ich war dort mit Regierungssprecher und Staatssekretär Conrad Ahlers zum Essen verabredet. Neben dem brennend-aktuellen Tagesgeschehen galt das Gespräch selbstverständlich auch einem Rückblick auf die „Spiegel-Affäre". Was ich von Strauß schon lange wusste, wurde mir von Ahlers bestätigt – das persönliche Verhältnis der beiden schien in bester Ordnung zu sein. Ahlers war absolut davon überzeugt, dass die Kanzlerschaft Willy Brandts und damit auch seine Tätigkeit für die Regierung an diesem Tag zu Ende sein würden. Als es an das Bezahlen des gemeinsamen Essens ging, verwies Ahlers nicht ohne Ironie darauf, dass er seine Kasse schon abgeschlossen habe – die Rechnung landete bei mir!

Der Streit um die Ostpolitik

Der Vertrag mit Warschau, der Moskauer Vertrag, andere ostpolitische Aktivitäten der Regierung Brandt/Scheel – die Antwort der Union insgesamt auf diese Politik ist im Allgemeinen nicht so kristallklar, wie Strauß sie gerne hätte. Der CSU-Vorsitzende lehnt aus den Zwängen des politischen Alltags geborenes kurzatmiges Taktieren ab, er orientiert sich an langfristigen Entwicklungen, er wehrt sich leidenschaftlich dagegen, Deutschland und die deutsche Politik in die Sackgasse geschichtlicher Ausweglosigkeit drängen zu lassen. Strauß erläutert, dass er nicht gegen eine Ostpolitik schlechthin sei, sondern gegen jene Art von Ostpolitik, die Brandt mit Hilfe seines wichtigsten Beraters Egon Bahr betreibe. Auch die Unionskanzler Konrad Adenauer, Ludwig Erhard und Kurt Georg Kiesinger hätten Ostpolitik betrieben. Strauß: „Wenn wir, CDU und CSU, eine rechtsstaatliche demokratische Alternative zur jetzigen Bundesregierung bieten wollen, müssen SPD und FDP vor der Geschichte die volle Last der Verantwortung für die Folgen ihrer Ostpolitik tragen. Wir bejahen eine solche Politik, wenn sie in sich schlüssig und vernünftig ist. Es wird bei einer CDU/CSU-Regierung eine an den Lehren der Geschichte, an den Maßstäben der Erfahrung und an den deutschen Interessen orientierte Ostpolitik gegenüber der Sowjetunion und den anderen kommunistischen Ländern geben. Diese Ostpolitik wird aber von weniger vagen und problematischen Hoffnungen auf zukünftige Erfolge als vielmehr von rein nüchternen Überlegungen getragen sein. Wir sind nicht bereit, ausschließlich Verträge zu schließen, die von der anderen Seite als Preisgabe unserer grundsätzlichen Positionen ausgelegt werden.“

Noch vor dem gescheiterten Misstrauensvotum hat sich Franz Josef Strauß am 24. Februar 1972 im Bundestag ausführlich mit dem Warschauer und Moskauer Vertrag beschäftigt: „Das Ja ist ein Übel und das Nein bringt neue schwere Belastungen mit sich. Wenn ich aber zwischen dem Ja und dem Nein zu wählen habe, entscheide ich mich für das Nein als dem kleineren Übel. Die Bundesregierung hat uns und die deutsche Politik in diese Lage manövriert. Ein Ja zu diesen Verträgen bedeutet einen Bruchpunkt auf der Straße ins Unheil.“ Der langanhaltende und lebhafte Beifall der gesamten CDU/CSU-Bundestagsfraktion, wie ihn das Protokoll ausweist, zeigt, dass es sich bei dieser Stellungnahme von Strauß nicht um die Meinung eines Einzelnen, sondern um die der ganzen Unionsfraktion handelt. Dennoch führt die weitere Behandlung der Ostverträge zu erheblichen Spannungen innerhalb der Union. Kurz vor der zunächst für den 10. Mai 1972 festgesetzten Schlussabstimmung über die Verträge zeichnet sich in Teilen der CDU die Bereitschaft zu einer Zustimmung ab. Auf der Grundlage einer vorbereiteten gemeinsamen Entschließung aller Bundestagsparteien sieht sich Rainer Barzel in der Lage, frühere Bedenken beiseite schieben zu können. Strauß und die Mehrheit der Fraktion zweifeln an der völkerrechtlichen Verbindlichkeit dieser Entschließung. Am 16. Mai kommt es in der CDU/CSU-Bundestagsfraktion zu heftigem Streit über das Abstimmungsverhalten. Rainer Barzel will zustimmen, Strauß und die Mehrheit der Fraktion bleiben bei ihrer Ablehnung. Am Vormittag des Abstimmungstages dann, am 17. Mai, einigt sich die Unionsfraktion auf Stimmenthaltung. Strauß, die CSU und große Teile der CDU stimmen dieser Position nur deshalb schwersten Herzens zu, damit ein Auseinanderbrechen der Fraktion in dieser entscheidenden Frage verhindert wird. So passieren die Ostverträge den Bundestag.

Die Rechnung für dieses Abstimmungsverhalten wird den Unionsparteien noch im gleichen Jahr präsentiert. Nachdem es bei der Beratung des Kanzleretats am 28. April 1972 zu einer Pattsituation gekommen ist, stellt Bundeskanzler Brandt zur Herbeiführung von Neuwahlen am 22. September die Vertrauensfrage, die Abgeordneten von SPD und FDP stimmen gegen ihn. Am 19. November finden Bundestagswahlen statt, die für die SPD/FDP-Koalition außerordentlich erfreulich ausgehen. Die SPD stellt erstmals in der Geschichte der Bundesrepublik Deutschland die stärkste Fraktion im Parlament. Das Ergebnis der Union, Kanzlerkandidat ist Rainer Barzel, fällt differenziert aus. Rechnet man die Stimmanteile von CDU und CSU auseinander, ergibt sich für die CDU im Vergleich zu 1969 ein Rückgang von 36,6 auf 35,2 Prozent, während die CSU, bundesweit gesehen, ihren Anteil von 9,5 auf 9,7 Prozent steigern kann. Alle Kommentatoren sind sich einig: Das Stimmverhalten der Unionsfraktion zu den Ostverträgen hat erhebliche Auswirkungen auf das insgesamt negative Wahlergebnis gehabt.

Vor diesem Hintergrund kommt es zu der von Franz Josef Strauß betriebenen und vom Freistaat Bayern vor dem Bundesverfassungsgericht in Karlsruhe eingereichten Klage zum Grundlagenvertrag, der dann jene auf die Bewahrung der Einheit Deutschlands und jede Bundesregierung verpflichtenden Kernaussagen bringt.

In Bonn geht es nach der verlorenen Wahl von 1972 für die Union darum, die Reihen wieder zu schließen und Tritt zu fassen, klare Positionen zu beziehen und deutlich zu machen, wo die entscheidenden und wesentlichen Unterschiede zwischen SPD und FDP auf der einen und CDU und CSU auf der anderen Seite liegen. Versuche der Regierungsparteien und ihrer Unterstützer in den Medien, die Union als „national-konservativ" oder „rechtskonservativ" abzustempeln, beantwortet Strauß mit der Definition dessen, was er unter „Mitte" versteht und warum diese Mitte der Standort der Union ist: „Die Union ist eine Volkspartei der Mitte und muss es bleiben. Das schließt ein richtig verstandenes Nationalgefühl ebenso ein wie die Bereitschaft, das zu erhalten, was bewahrt werden muss, weil es sich als gut erwiesen hat, und darauf Neues zu bauen, das besser sein muss als das Alte. Volkspartei der Mitte muss aber auch den Begriffen sozial und liberal gerecht werden. Liberal sollte auch heute noch Ausdruck einer persönlichen, auf Toleranz begründeten Verhaltensform und einer ordnungspolitisch motivierten Denkweise sein, andererseits sollte sozial Ausdruck einer gesellschaftspolitischen Ordnungsidee sein, in der wirtschaftliche Freiheit und Eigentum auch am Gemeinwohl orientiert sein müssen, aber nicht mit sozialistisch gleichgesetzt werden." Deshalb müssten sich die Unionsparteien von einer klaren Alternative zum sozialistischen Gesellschaftsbild leiten lassen, vom Leitbild eines mündigen Bürgers, dem individuelle Freiheit durch Bildung und Eigentum, Aufstieg und Mitbestimmung, durch Leistung und Selbstverantwortung auch von der staatlichen Seite her gesichert werde.

Die Standortbestimmung der Mitte liegt Strauß in dieser Zeit besonders am Herzen, weil Willy Brandt intensiv den Versuch unternimmt, seine Partei und seine Politik ausschließlich als Vertretung der politischen Mitte in Anspruch zu nehmen. Dabei steht das politische Ende Brandts unmittelbar bevor, am 6. Mai 1974 tritt er als Bundeskanzler

wegen der Affäre Guillaume zurück. Helmut Schmidt wird Regierungschef. Walter Scheel, dies eine Festlegung auf die künftige Fortführung
eines SPD/FDP-Regierungsbündnisses, wird Bundespräsident. Hans-
Dietrich Genscher Außenminister und Vizekanzler.

Der Weg nach Kreuth

Helmut Kohl, erfolgreicher Ministerpräsident von Rheinland-Pfalz,
ist als CDU-Vorsitzender und Unionsfraktionschef nach Bonn gekommen, wird als Herausforderer von Bundeskanzler Helmut Schmidt antreten. Die Formation für die Bundestagswahl am 3. Oktober 1976 steht.
Obwohl Franz Josef Strauß Anlass hätte, wegen der vorpreschenden und
nicht abgestimmten Nominierung Kohls zum Kanzlerkandidaten ver-
ärgert und deswegen im Wahlkampf zurückhaltend zu sein, erweist er
sich als der leidenschaftliche Politiker, der er ist. Er stellt die Sache über
die Person. In einem Wahlkampf, den die CSU unter das Motto „Freiheit
oder Sozialismus" stellt, während sich die CDU mit dem etwas sanfte-
ren Slogan „Freiheit statt Sozialismus" begnügt, bringt Strauß den von
ihm gewohnten und erwarteten pausenlosen Einsatz.

Das Ergebnis dieser Bundestagswahl ist erfreulich und unerfreulich
zugleich. Gegenüber der Barzel-Wahl von 1972 nehmen CDU und CSU
gemeinsam von 44,9 auf 48,6 Prozent zu, die CSU gewinnt gar fast fünf
Prozent hinzu, erhöht ihren Stimmenanteil in Bayern von 55,1 auf 60
Prozent! Trotz dieser Gewinne verfehlen die Unionsparteien insgesamt
wieder ihr Ziel, die SPD/FDP-Koalition in Bonn in der Regierungsverantwortung abzulösen. „Wir haben einen großen Erfolg errungen, aber
wir haben den Sieg verfehlt", kommentiert Strauß. Die Wahlanalyse der
CSU kommt zu dem Ergebnis, dass nicht überall mit dem erforderlichen
geistigen Rüstzeug und mit der damit zu verbindenden sprachlichen
Ausdrucksfähigkeit in der Öffentlichkeit die Frage „Freiheit oder Sozialismus" plausibel gemacht worden ist. Strauß: „Da, wo es geschehen
ist, haben CDU und CSU überdurchschnittliche Erfolge errungen. Entweder tritt man für eine Sache ein, dann kämpft man sie durch, oder man
tut es nicht. Das erfordert dann aber auch die nötige Geschlossenheit

und erlaubt nicht, dass der eine aus der Kompanie in der Kantine ist und abwartet, wie der Marsch sich weiter vollzieht, der andere aber im Straßengraben sitzt und Brotzeit macht, der dritte sich im Revier behandeln lässt, um beim Siegesmarsch gesund zu sein, und der vierte abwartet, ob es Erfolg hat, wenn der Rest dann dafür kämpft."

Neben dieser ironisch verkleideten, aber ernst gemeinten Kritik am mangelnden Wahlkampfeinsatz mancher Teile der CDU bohrte in Strauß die Frage, warum auch dieses Mal die FDP nicht „gesprungen" war, obwohl doch Helmut Kohl und die CDU auf ihr im Vergleich zu Strauß und seiner CSU soviel besseres persönliches und politisches Verhältnis zu den Liberalen vertraut hatten. Im Wahlkampf hatte die CDU mit Hinweis auf diese guten Beziehungen und die damit verbundenen Erwartungen die FDP eher rücksichtsvoll behandelt. Diese hochgesteckten CDU-Erwartungen wurden enttäuscht, obwohl es üblichen demokratischen Spielregeln entsprochen hätte, die stärkste politische Kraft im Parlament, nämlich die Union, mit der Regierungsbildung zu betrauen. Aber die FDP hatte sich auch bei vorhergehenden Wahlen nicht an diese Gepflogenheiten gehalten.

Strauß prägte das Wort von der „babylonischen Gefangenschaft" der Union in den Fängen der FDP und stellte die Frage, wie die Union trotz einer klaren, aber nicht absoluten Mehrheit im Bundestag je wieder in die Regierungsverantwortung kommen wolle. Und er fragte weiter, ob bei den vorhandenen Organisationsformen, bei der gegebenen Parteienstruktur alle Möglichkeiten ausgeschöpft und alle Wählerstimmen gewonnen werden könnten, damit ein unheilvolles Regierungsbündnis in Bonn endlich abgelöst werde.

Am 18. und 19. November 1976 kommt es in der Bildungsstätte der Hanns-Seidel-Stiftung in Wildbad Kreuth zur ersten der seither zum Mythos und zu jährlicher Übung gewordenen Klausurtagungen der CSU-Landesgruppe. In einer zehnstündigen Diskussion, an der sich Parteivorsitzender Strauß und Landesgruppenchef Friedrich Zimmermann in herausragender Weise beteiligen und in der 47 Bundestagsabgeordnete der CSU das Wort ergreifen, kristallisiert sich eine Mehrheitsmeinung heraus, die zu einem klaren Mehrheitsbeschluss führt: In der neuen Legislaturperiode des Deutschen Bundestages sollen die Abgeordneten der CSU, abweichend von der seit 1949 geübten Praxis, eine eigene Fraktion bilden.

Die Aufregung ist grenzenlos. In der deutschen Politik im Allgemeinen, in der Union im Besonderen, bei der Schwesterpartei CDU wie in Straußens eigener Partei gehen die Wogen hoch wie kaum je zuvor. Aus der Auflösung der gemeinsamen Fraktion, so wird nicht ohne Grund gefürchtet, könnte oder sollte sich eine Ausdehnung der CSU auf das übrige Bundesgebiet ergeben. Im Gegenzug droht Helmut Kohl mit dem Einmarsch seiner Partei nach Bayern. Der strategische Ansatz, den Strauß verfolgt, wird nicht verstanden, auch deshalb, weil ihn viele nicht verstehen wollen. Der Ausgang der Bundestagswahl habe gezeigt, so seine Argumentation, dass die CSU zwar ihr Wählerpotential in der Größenordnung von 55 plus X Prozent auszuschöpfen vermöge, sich die CDU dagegen in einer unbefriedigenden Eingrenzung zwischen 30 und 40 Prozent bewege. Eine Verbreiterung des Unions-Angebotes im CDU-Bereich könnte also, so die Überlegung, zu insgesamt mehr Stimmen für CDU und CSU und damit zu einer Ablösung der liberal-sozialistischen Koalition führen.

Der erbitterte Kampf, der in der CDU gegen diese Vorstellungen ausbrach, und der heftige Widerstand, den es auch in der CSU gab, ließ das Kreuther Vorhaben scheitern. Strauß wollte den Erfolg der beiden Unionsparteien, der nur in gemeinsamem strategischem Handel mit der CDU hätte erreicht werden können, nicht aber einen Bruderkrieg, von dem nur die politischen Wettbewerber Nutzen gehabt hätten. Der Trennungsbeschluss von Kreuth wurde aufgegeben. Dennoch hat die politische Position der CSU in der deutschen Politik und gegenüber der CDU davon profitiert. Zum einen wurde in intensiven Gesprächen mit der CDU vereinbart, die seit 1949 praktizierte Fraktionsgemeinschaft fortzusetzen, zum anderen setzte die CSU eine Reihe von politischen und strategischen Aussagen und Ansatzpunkten durch, um die es der CSU seit langem gegangen war. Eindeutig und ohne Wenn und Aber wurde die Eigenständigkeit und Selbständigkeit der CSU anerkannt. Gleichzeitig akzeptierte die CDU, deren bundesweiter Anspruch und deren bundesweites Mandat von der CSU selbstverständlich respektiert wurde,

dass die CSU als selbständige Partei ebenfalls einen bundesweiten An-
spruch der von ihr vertretenen Politik erhob. Zudem wurden wichtige
Sonderrechte der CSU-Landesgruppe im Rahmen der gemeinsamen
Unionsfraktion festgeschrieben.

Kanzlerkandidat Franz Josef Strauß

Wie schon 1976, als die CDU einseitig und ohne Einbindung und
Zustimmung der CSU Helmut Kohl zum Kanzlerkandidaten nominiert
hat, zeichnet sich auch für die Bundestagswahl 1980 Ähnliches ab.
Wieder soll in einem Schnellverfahren ein CDU-Mann als Gegenspieler
von SPD-Bundeskanzler Helmut Schmidt bestimmt werden, der CSU
nach getroffener Entscheidung nur die Möglichkeit der Zustimmung
bleiben. Geplant wird in der CDU, den niedersächsischen Ministerpräsidenten Ernst Albrecht zum Kanzlerkandidaten auszurufen. Vor diesem
Hintergrund wächst der Druck auf Franz Josef Strauß. Vor allem be-
drängen ihn große Teile der CDU, sich dieser Herausforderung zu stellen.
Auch die CSU fordert ihren Vorsitzenden auf anzutreten. Zum ersten
Mal in der Geschichte der Bundesrepublik Deutschland und der Union
soll die bayerische CSU den Spitzenkandidaten von CDU/CSU für eine
Bundestagswahl stellen. Strauß ist sich des Risikos eines solchen
Schrittes bewusst. Trotz großen Drucks aus der eigenen Partei wägt er
die Argumente sorgfältig ab, gewichtet Für und Wider, erklärt dann in
freier Entscheidung seine Bereitschaft. Einstimmig fordern Präsidium
und Vorstand der CSU den Parteivorsitzenden auf, als Kanzlerkandidat
anzutreten.

Für die Nominierung des Kanzlerkandidaten der Unionsparteien hat
es bis zur Bundestagswahl von 1980 keine festgeschriebenen Regeln
gegeben – und auch seither sind die Verfahren für diese wichtige Perso-
nalentscheidung wechselhaft. Im Falle Strauß spricht die CDU/CSU-
Bundestagsfraktion das letzte und entscheidende Wort. 29 Jahre hat er
dieser Fraktion angehört, 153 große Bundestagsreden für die gemeinsame
Politik der Union gehalten. Seit zwei Jahren, seit er 1978 Bayerischer
Ministerpräsident wurde, gehört Strauß dieser Fraktion nicht mehr an.

Dennoch ist ihr Votum eindeutig: 135 Abgeordnete geben Franz Josef Strauß ihr Vertrauen, 102 Unionsparlamentarier stimmen für Ernst Albrecht. Strauß sagt zu, was er bereits in vielen Wahlkämpfen eines langen politischen Lebens gehalten hat: „Ich werde auch in diesem Wahlkampf um den Sieg mit allen mir zu Verfügung stehenden Kräften ringen und damit um eine politische Wende mit dem Ziele, die Schäden und Versäumnisse der letzten Jahre wieder gutzumachen und die Lebensgrundlagen einer freiheitlichen Gesellschaft in einer gesicherten Zukunft der achtziger Jahre und darüber hinaus zu gewährleisten. Daran mitzuwirken und mich dabei zu unterstützen, sind alle Bürgerinnen und Bürger aufgerufen."

Ein Wahlkampf ohne Beispiel beginnt. Noch nie zuvor in der Geschichte der Bundesrepublik sieht sich ein Bewerber um das höchste Regierungsamt solchen Attacken, solchen Anwürfen, solcher Anfeindung ausgesetzt. Strauß lässt sich davon nicht beirren, führt den Wahlkampf in der ihm eigenen Weise. Mit einem Einsatz rund um die Uhr, mit Versammlungen überall in Deutschland jagt er von Termin zu Termin. Die Menschen kommen zu Tausenden und Zehntausenden. Auch die obligatorischen Störer sind darunter, die aber für den leidenschaftlichen Redner Strauß geradezu das Salz in der Suppe sind. Die von ihm oft zum Einsatz gebrachte Formel an Zwischenrufer, dass Politik mit dem Kopf, nicht mit dem Kehlkopf gemacht werde, ist in dieser Wahlkampagne gefragt wie nie davor. Strauß sieht in seiner Kandidatur Herausforderung und Verpflichtung, sein Bestes zu geben.

Dennoch geht es ihm am Wahltag, dem 5. Oktober 1980, wie seinen von der CDU gestellten Vorgängern in der Pflicht und Last der Kanzlerkandidatur. Er verfehlt sein Ziel. Was Kurt Georg Kiesinger 1969 nicht gelungen ist, was Rainer Barzel 1972 nicht schaffte, was Helmut Kohl 1976 nicht erreichte, das vermag auch Franz Josef Strauß 1980 nicht zu erzwingen: mit einem Ergebnis aus der Wahlentscheidung zu kommen, das eine Verhinderung oder Ablösung der SPD/FDP-Koalition möglich macht. CDU und CSU bleiben stärkste Fraktion im Deutschen Bundestag, erreichen 44,5 Prozent der Stimmen.

Bemerkenswert an dem Wahlergebnis ist, dass der Kanzler-Bonus nicht gezogen hat. Die SPD vermag sich nur geringfügig – um 0,3 auf 42,9 Prozent – zu verbessern. Die Wunderwaffe der SPD, Helmut Schmidt, hat nicht funktioniert, und dies zu einem Zeitpunkt, an dem der Bundeskanzler im Zenit seines Ansehens steht, an dem er neben der Unterstützung seiner eigenen Partei auch die FDP, die sich den Kampf gegen Strauß zu einem besonderen Anliegen macht, voll und ganz hinter sich hat, an dem sich große Teile der Massenmedien zum Wahlkampfhelfer von Schmidt und aus ihrer Haltung gegen Strauß kein Hehl machen.

Hoffen gegen die Hoffnung – sperare contra spem, würde er als Lateiner sagen – war und ist nicht Straußens Haltung. Die Enttäuschung des Augenblicks über die Niederlage währt nur kurz, die politische und persönliche Kampfeslust ist ungebrochen: „Wir haben unser Hauptziel nicht erreicht, obwohl wir einen Wahlkampf des vollen Einsatzes geführt haben. Ein zweites Ziel aber haben wir erreicht: CDU und CSU sind nach wie vor die stärkste politische Kraft in der Bundesrepublik Deutschland. Anders ausgedrückt: Hinter Strauß und den Unions-Parteien stehen mehr Wähler als hinter Helmut Schmidt und der SPD." Die Tageszeitung „Die Welt" kommentiert: „Kanzler wird er nun nicht. Aber die Politik, für die er seit 1948 unbeirrt steht und die am treffendsten als Erbe Konrad Adenauers beschrieben werden kann, hat sich an diesem Wahlsonntag als zukunftsträchtig erwiesen. Es ist die Politik, die vollzogen werden wird, sobald in Bonn das Lebensgesetz der parlamentarischen Demokratie, die Wachablösung in der Regierungsmacht, wieder funktioniert." Der Unions-Kandidat selbst stellt in seiner Analyse fest, dass mit diesem Wahlergebnis die Schwierigkeiten für Helmut Schmidt erst richtig beginnen werden. Eine stärker gewordene FDP und ein stärker gewordener linker Flügel der SPD würden nun Schmidt sehr rasch an die Grenzen und an das Ende seiner Möglichkeiten bringen. Der Kanzlerkandidat Franz Josef Strauß hat die liberal-sozialistische Festung am 5. Oktober 1980 nicht erobert, aber er hat sie sturmreif geschossen.

Die Probleme von Helmut Schmidt werden immer größer. In zentralen außenpolitischen Fragen, so bei der NATO-Nachrüstung, verliert er den notwendigen Rückhalt bei den eigenen Genossen. Die FDP erkennt die Schwäche des größeren Partners und übt sich in Absetzbewegungen. Im September 1982 tritt ein, was Strauß vorausgesagt hat: Helmut Schmidt scheitert und stürzt. Das Ende der liberal-sozialistischen Ära ist gekommen. Am 1. Oktober 1982 wird Helmut Kohl zum Bundeskanzler gewählt, die Regierung aus CDU, CSU und FDP übernimmt die politische Verantwortung.

Zu den Bundestagswahlen, die Strauß zu diesem Zeitpunkt gewollt hätte und die das parlamentarische Ende der FDP hätten bedeuten können, kommt es erst am 6. März 1983. CDU und CSU erreichen gemeinsam 48,8 Prozent der Stimmen, der Koalitionspartner FDP, auf den bei der Bundestagswahl 1980 noch 10,6 Prozent der Stimmen entfallen sind, muss sich mit 6,9 Prozent begnügen. Die SPD verliert gegenüber 1980 acht Prozent und stürzt auf 38,2 Prozent ab. In bewährter Tradition steuert die CSU, die mit ihrem Ministerpräsidenten Strauß als Spitzenkandidat angetreten ist, wiederum einen außerordentlichen Anteil zum Gesamtergebnis der Union bei. Die Christlich- Soziale Union erreicht in Bayern stolze 59,5 Prozent der Stimmen. Strauß verzichtet auf die Möglichkeit, in die Bundesregierung einzutreten, bleibt als Ministerpräsident in Bayern. Deutschland wieder in Ordnung bringen – mit diesem Leitmotiv ist die CSU in den Wahlkampf 1983 gezogen. Dies war kein Motto für einen Tag, sondern Programm für viele Jahre.

Versöhnung nach dem Streit

Franz Josef Strauß hatte zeitlebens mit vielerlei Fehl- und Vorurteilen zu tun. Der brutale Strauß, der gewalttätige Strauß, der feindselige Strauß, der nachtragende Strauß – Meinungen, die nur aus der Ferne aufkommen konnten, geboren als Mittel im parteipolitischen Kampf gegen den CSU-Vorsitzenden. Jene vielen aber, die Strauß näher kannten, erlebten einen Menschen, der mit diesem grobschlächtigen Zerrbild nichts gemein hatte. Lautem Poltern folgte die Rückkehr zu Gelassenheit, zorniges Aufbegehren fiel schnell wieder in sich zusammen, verärgerte Ungeduld wandelte sich in verständnisvolle Nachsicht. Und wo Blitz und Donner ein langanhaltendes Gewitter erwarten und befürchten ließen, klärte sich der Horizont freundlicher Zufriedenheit rasch wieder auf. Strauß gehörte zu jenen auch unter Politikern häufig vorkommenden Menschen, denen es nicht immer leicht fiel, dem unmittelbaren Gegenüber die Leviten zu lesen. Er operierte, wie ich es schon zu seinen Lebzeiten gegenüber der „Frankfurter Allgemeinen Zeitung" formulierte, durchaus auch gerne in Abwesenheit des Patienten.

Wer ein hartes Wort, verdient wie unverdient, von Strauß bekam, konnte in aller Regel kurz danach mit einem verständnisvoll-versöhnlichen Blick von ihm rechnen. Er ging keinem Streit aus dem Weg, dennoch war ihm erbittertes Nachtragen fremd. Das galt für seine Umgebung bei der täglichen Arbeit, das galt für den Umgang mit seiner Partei, das galt auch für sein Verhalten gegenüber dem politischen Gegner. Trotz aller Verwundungen, die er im politischen Kampf hinnehmen musste, war für ihn der Konkurrent aus der anderen Partei oder der Mitbewerber um ein Amt nie der Feind. War die Schlacht geschlagen, im Parlament oder in einer öffentlichen Versammlung, wurde auf dem menschlichen Feld Frieden geschlossen. Dies ging umso schneller, je höher der andere von Strauß eingeschätzt wurde.

Mit nicht vielen SPD-Politikern hat sich Strauß, um ein besonders einprägsames Beispiel zu nehmen, so heftige Kämpfe geliefert wie mit Helmut Schmidt. Trotzdem verlor er nie den Respekt vor der politischen Kraft und intellektuellen Kompetenz eines Gegners, der zwar für die in seinen Augen falsche Politik focht, mit dem er sich aber in dem verpflichtenden Einsatz für das nationale Ganze einig wusste. Selbst als sich Strauß und Schmidt in der Bundestagswahl von 1980 als Herausforderer und Bundeskanzler gegenüber standen, war dies für den CSU-Vorsitzenden ein Ringen um die bessere Politik und nicht ein Feldzug gegen den amtierenden Regierungschef. Wenn Strauß in diesem denkwürdigen Wahlkampf Phasen der Empörung und Erbitterung, des Zornes und der Wut durchzumachen hatte, bezog sich dies nicht auf die Person von Helmut Schmidt, sondern auf die unsägliche, bösartige und verleumderische Art und Weise, mit der dessen Wahlkampfhelfer aus den extremsten linken Flügeln in Medien und Parteien zugange waren. Nicht vergessen werden darf im Falle Helmut Schmidts auch, dass es zwischen ihm und Franz Josef Strauß einen aus den Jahren unter Nationalsozialismus und Krieg herrührenden gemeinsamen Erfahrungs- und Verpflichtungsgleichklang gab.

Strauß hat über Freundschaften und Feindschaften in der Politik, in den Parteien und in der CSU oft nachgedacht und darüber gesprochen. Trotz des üblichen negativen Klischeebildes von der Politik und trotz mancher eigener negativer Erfahrungen hatte er eine positive Sicht dieses Themas: „Ich habe in der CSU nicht nur Parteifreunde, sondern auch echte persönliche Freunde. Es gibt auch parteiübergreifende Freundschaften, allerdings ist das in Deutschland vielleicht schwieriger als in anderen Demokratien, weil man sehr leicht von der politischen Gegnerschaft in politische Feindschaft überwechselt, weil bei uns manchmal politische Gegensätze mit Verbissenheit und Fanatismus ausgetragen werden. Je älter man wird und je mehr Erfahrung man im politischen Leben hat, desto distanzierter steht man solchen Gefühlsausbrüchen gegenüber. Ich behaupte, dass ich sowohl in der SPD wie in der FDP auch persönliche Freunde habe. Bis zu einem gewissen Grad darf ich auch Helmut Schmidt dazurechnen."

Ein Parteivorsitzender, der über die Zeitspanne einer menschlichen Generation Führungsverantwortung trägt, gerät unweigerlich auch mit eigenen Parteifreunden in Zwist und Streit, wobei die Schuldfrage in den letzten Feinheiten nur selten eindeutig aufzuklären ist. Angesichts der nicht überschaubaren Zahl von Karrierewünschen, die an Strauß in siebenundzwanzigeinhalb Jahren herangetragen wurden und schon aus Mangel an entsprechenden Ämtern und Posten nicht erfüllt werden konnten, gab es zwangsläufig vielerlei Verärgerung. Diese steigerte sich zu tiefstem Beleidigtsein, wenn Strauß auch noch den Versuch machte, eine Entscheidung zu begründen und darzulegen, warum ein anderer für dieses oder jenes Amt der geeignetere sei. So gab der CSU-Chef in seiner Zeit als Bayerischer Ministerpräsident im Umfeld von Kabinetts-bildungen die ironische Parole aus, dass sich jeder, der gerne berufen worden wäre, aber nicht berufen werden konnte, sein Ansehen mit der Aussage wahren könne, dass Strauß ihn zwar in einem Amt haben wollte, er aber abgelehnt habe.

Karl Theodor von und zu Guttenberg

Aus manchem Streit um die Sache entwickelt sich Streit unter Personen. Unvermeidlich, dass auch Strauß in solche Situationen geriet, durch das Verhalten anderer, aber sicherlich auch durch eigenes Zutun. Anfang der sechziger Jahre und kurz nach seiner Wahl zum Vorsitzenden der Christlich-Sozialen Union kam es zu heftigen Spannungen mit dem oberfränkischen Bundestagsabgeordneten Karl Theodor Reichsfrei-herr von und zu Guttenberg. Beide, Strauß wie Guttenberg, gehörten, der eine in Oberbayern, der andere in Oberfranken, zu den Gründern der CSU. Beide begannen ihren politischen Weg in der Kommunalpolitik, der eine war Landrat im Landkreis Schongau, der andere im Landkreis Stadtsteinach. Strauß wurde 1949 in den Deutschen Bundestag gewählt, von und zu Guttenberg 1957. Der fränkische Adelige, Mitglied des Partei-vorstandes der CSU von 1961 bis 1972, war eine der beeindruckendsten Gestalten, die je für die CSU im Bundestag waren. Am 17. Mai 1972 gehörte er, an den Rollstuhl gefesselt und todkrank, zu den zehn Abgeordneten der CDU/CSU-Bundestagsfraktion, welche die von der SPD/

FDP-Bundesregierung vorgelegten Ostverträge ablehnten, während 237 Unionsabgeordnete sie durch Stimmenthaltung passieren ließen.

Die Belastungen, zu denen es im Verhältnis von Franz Josef Strauß und Karl Theodor von und zu Guttenberg kam, mochten auf den ersten Blick auch mit der sehr unterschiedlichen familiären Herkunft der beiden zu tun haben, der eine Sohn eines einfachen, aus kleinbäuerlichen Familien stammenden Handwerkerehepaares aus München, der andere Spross eines fränkischen Adelsgeschlechts, dessen Anfänge urkundlich bis in das Jahr 1149 zurückreichen. Die Eintrübung des persönlichen Klimas zwischen den beiden CSU-Politikern hatte indessen andere Ursachen. Freiherr von und zu Guttenberg, in seinem eigenwilligen Denken und in seinem Mut zu Alleingängen hinter Strauß kaum zurückstehend, hatte nach gelegentlichen Irritationen, die er in der Partei hervorrief, 1962 für Empörung gesorgt, als er, ohne die CSU-Führung zu informieren, mit Herbert Wehner Gespräche über die Bildung einer Großen Koalition aufnahm. Der Parteivorstand der CSU leitete deswegen ein Schiedsverfahren gegen von und zu Guttenberg ein, das mit einer offiziellen Rüge endete. Auf beiden Seiten entwickelte sich anhaltender Groll. Als auf dem Parteitag 1963 die erste Wiederwahl von Strauß zum CSU-Vorsitzenden auf der Tagesordnung stand, sprach sich von und zu Guttenberg dagegen aus, wollte den Sturz. Nach der dann mit überwältigender Mehrheit erfolgten Wahl von Strauß sicherte Karl Theodor von und zu Guttenberg jedoch dem Parteivorsitzenden seine volle Loyalität zu.

Was damals in der CSU für ein dürftiges und oberflächliches Übertünchen einer unüberbrückbaren Kluft erscheinen mochte, war der Beginn einer aus politischem Gleichklang gespeisten und von gegenseitigem Respekt getragenen Zusammenarbeit, aus der sich im Laufe des nächsten Jahrzehnts auch wieder persönliche Nähe entwickelte. Vor allem auf dem Felde der Außen- und Deutschlandpolitik fanden sich die beiden zu einer intensiven Kampfgemeinschaft zusammen. 1966 ging es darum, dass Karl Theodor von und zu Guttenberg, damals außenpolitischer Sprecher der CDU/CSU-Bundestagsfraktion, als Parlamentarischer Staatssekretär in das Bundeskanzleramt von Kurt Georg Kiesinger kommen sollte und wollte. Strauß hatte diesen Vorschlag gemacht. In der CSU-Landesgruppe gab es dagegen deutlichen Widerstand. Wie sehr von und zu Guttenberg in dieser Situation auf Franz Josef Strauß zählen konnte, geht aus einem sehr persönlichen und bewegenden Brief hervor, den die Frau des CSU-Abgeordneten, Rosa Sophie von und zu Guttenberg, an Marianne Strauß richtete. „Sie wissen, dass Ihr Mann den meinen als Staatssekretär im Bundeskanzleramt vorgeschlagen hat und bis heute der Ansicht ist, er sei geeignet. Sie wissen nicht, wie maßlos ich mich darüber gefreut habe und – weil er eben immer gemäßigter ist als ich – wie sehr mein Mann", heißt es in dem Schreiben, das dann zum bitteren Kern kommt. Frau Strauß wisse auch, dass einige Mitglieder des CSU-Landesgruppenvorstandes, beispielsweise Josef Bauer, Hermann Höcherl und Maria Probst, gegen die Berufung von und zu Guttenbergs seien; Frau Strauß wisse aber wahrscheinlich nicht, so der Brief weiter, „dass mittlerweile der Druck, den diese und von denselben eingespannte Herren der CDU auf Kiesinger ausüben, so stark ist, dass Kiesinger glauben muss, ein Staatssekretär könne unter diesen Umständen kaum fruchtbare Arbeit leisten, wenn so gegen ihn vorgegangen wird". Voller Bitterkeit klagt Freifrau von und zu Guttenberg: „Es sieht beinahe danach aus, dass die Herren, die dagegen sind, jeden anderen lieber auf dem Posten sähen und sogar bereit wären, für die CSU auf diese Schlüsselposition zu verzichten. Es geht ihnen keineswegs um politische Differenzen, sondern leider um menschliche Aversionen, Ressentiments und Gefühle, nicht um Sachfragen." In dem Brief wird dann die Frage gestellt, was denn der sachliche Vorwurf sei, der von wütenden Gegnern, die Schreiberin spricht von Hassern, ihrem Mann gemacht werde. Freifrau von und zu Guttenberg weiß, „dass Franz Josef Strauß, der sachlich denkt und arbeitet, ganz anderer Ansicht ist, als die bewussten Herren".

Der Brief war nicht vergebens geschrieben. Der CSU-Vorsitzende ließ sich durch die massiven Widerstände aus der CSU-Landesgruppe in seinem Personalvorschlag nicht beirren: Karl Theodor von und zu Guttenberg wurde Staatssekretär bei Bundeskanzler Kurt Georg Kiesinger, ein Amt, das er glanzvoll und streitbar zugleich führte. Wie völlig der einstige bittere und verletzende persönliche Streit überwunden war, wurde noch einmal in berührender Weise deutlich, als Karl Theodor von und zu Guttenberg am 4. Oktober 1972 verstorben war. Die Mutter des fränkischen Politikers hat niedergeschrieben, wie sie die Beisetzung ihres Sohnes auf Schloss Guttenberg bei Stadtsteinach erlebte: „Auch

Franz Josef Strauß war gekommen, und ich werde nie vergessen, wie dieser ‚starke Mann' in Tränen auf den Sarg zuging." Im Bayernkurier widmete Franz Josef Strauß dem Weggefährten und Mitstreiter, der auf seinen Vorschlag hin vom Parteivorstand drei Monate vor seinem Tod zum Ehrenmitglied des obersten Führungsgremiums der CSU ernannt worden war, unter der Überschrift „Ein Leben für die Freiheit" einen bewegenden Nachruf: „Seine Arbeit gehörte der Freiheit und dem Recht. Er hat sich nie angepasst. Er hat sich nie gebeugt. Nur Gott und seinem Gewissen ist er gefolgt. All dies war für ihn eine Selbstverständlichkeit." Auch als er schon von seiner schweren Krankheit gezeichnet gewesen sei und sein Ende vor sich gesehen habe, habe er nicht abgelassen von seiner Aufgabe: „Im Gegenteil: Das Leiden machte ihn noch klarsichtiger, er wuchs über sich selbst hinaus, er wurde ganz politischer Wille, der sich im Bekenntnis zur Freiheit kristallisierte ... Er steht ein letztes Mal auf im Deutschen Bundestag zu einer Rede, die das Parlament und ganz Deutschland den Atem anhalten lässt. Dies war eine Sternstunde in der Geschichte des deutschen Parlamentarismus. Man nennt Guttenberg den Abgeordneten der Nation. In dieser Stunde war er es." Und Strauß zitierte einen Satz, den von und zu Guttenberg der liberal-sozialistischen Bundesregierung entgegengehalten hat und der berühmt geworden ist: „Ich brauche noch nicht einmal eine Verfassung, ich brauche nur mein Gewissen, das mir sagt, dass ich in diesem Hause Verantwortung für mein ganzes Volk trage und damit also auch und vor allem für jene, die zum Schweigen verurteilt sind."

Glaubwürdiger könnte Versöhnung nach dem Streit nicht sein, als dies Franz Josef Strauß und Karl Theodor von und zu Guttenberg gezeigt und gelebt haben. Bei meinen Begegnungen und Gesprächen mit von und zu Guttenberg war ich immer wieder beeindruckt von seiner intellektuellen Kraft, von seiner Formulierungs- und Redekunst, von seiner politischen Grundhaltung, die am Wohl des Vaterlandes ausgerichtet war, an dessen Teilung er litt. Dass ich ihn stets nur in noblem Ton von Strauß sprechen hörte, hat mich zusätzlich beeindruckt.

Ein Stück großer Kontinuität im Leben der CSU wird über den Tod der beiden einstigen Gegner und späteren Freunde hinaus in einer bemerkenswerten Personalie demonstriert: Seit der Bundestagswahl 2002 wird der ehemalige Wahlkreis des Reichsfreiherrn Karl Theodor von und zu Guttenberg im Deutschen Bundestag von seinem gleichnamigen Enkel vertreten, der sich zudem wie sein Großvater auf dem Gebiet der Außenpolitik als kundiger und profilierter Experte erweist.

Franz Heubl

Wie Franz Josef Strauß, und wie dieser Angehöriger der Frontgeneration, gehörte Franz Heubl zu den Gründungsmitgliedern der CSU. Die beiden kannten sich also aus den Gründerjahren der Partei. Der Weg des Juristen Heubl begann im Stadtrat seiner Heimatstadt München und setzte sich dann im Bayerischen Landtag fort, in dem er seit 1958 den schwäbischen Stimmkreis Lindau vertrat. Von 1958 bis 1962 war er Vorsitzender der CSU-Landtagsfraktion, gleichzeitig – ein Doppelamt, das damals noch möglich war – von 1960 bis 1962 als Staatssekretär Leiter der Bayerischen Staatskanzlei, von 1962 bis 1978, also während der gesamten Amtszeit von Ministerpräsident Alfons Goppel, Staatsminister für Bundesangelegenheiten und Bevollmächtigter des Freistaates Bayern beim Bund. Heubls politische Laufbahn klang dann im Amt des Präsidenten des Bayerischen Landtags von 1978 bis 1990 aus. In der CSU war Heubl viele Jahre lang einer der Stellvertreter des Parteivorsitzenden Franz Josef Strauß.

Bei aller Verschiedenheit der Charaktere hatten Strauß und Heubl über lange Jahre ein gutes und vertrauensvolles Verhältnis. Mitte der siebziger Jahre dann setzte hier aus vielerlei Ursachen eine heftige Klimaeintrübung ein. Es ging nicht um ein dramatisches Geschehen, nicht um große Gegensätze, nicht um Streit im Grundsätzlichen. Kleinigkeiten, die überbewertet, Äußerungen, die an die Öffentlichkeit getragen wurden, Kommentare in den Medien, darauf gerichtet, das Feuer zwischen Strauß und Heubl zu schüren – all das führte zu einem Zustand offener Feindschaft. Strauß konnte abträgliche Heubl-Zitate über sich in Magazinen und Zeitungen lesen, zu denen es, obwohl dementiert, kaum kraftvolle Gegendarstellungen gab. Zudem gab es Mitte der siebziger Jahre Spekulationen, dass Heubl aus der Landes- in die Bundespolitik wechseln und deshalb auf der Bundestagsliste für die Wahl von 1976 kandidieren wollte. Strauß sah sich bei diesen Überlegungen übergangen, Heubl blieb in Bayern. Spitze Äußerungen des Bundesratsministers, die Strauß als persönliche Kränkung empfinden musste, wurden allenthalben kolportiert. Die Gerüchte gingen so weit, Heubl wolle Parteivorsitzender werden und Strauß ablösen. Aus der Umgebung von Strauß wiederum kamen kritische Anmerkungen und abträgliche Auflistungen zu Heubls Amtsführung in Bonn. Die Medien hatten ihr Thema, die Opposition ihre Freude. Es kam zu einem Parlamentarischen Untersuchungsausschuss im Bayerischen Landtag.

Politisch wurde diese unerfreuliche Auseinandersetzung, die der CSU geschadet hat, nach dem Juni-Parteitag von 1976 bereinigt. Strauß wurde mit einem guten Ergebnis als Parteivorsitzender bestätigt. „Mit dem Parteitag sind die Spannungen der letzten Wochen eindeutig bereinigt. Spekulationen über künftige Spannungen und Teilungen in der CSU haben keinerlei Grundlage", kommentierte Heubl. Es klang nicht nur nach Friedensschluss, es signalisierte auch einen Neuanfang in den Beziehungen der beiden, wenn Heubl weiter feststellte: „Es ist nach meiner Überzeugung das Verdienst von Franz Josef Strauß, in den 15 Jahren als Parteivorsitzender alle politischen Strömungen und alle politischen Kräfte zu einem gemeinsamen Wollen zusammengefasst und aus der CSU eine moderne Volkspartei gemacht zu haben. Unbestritten ist, dass der Parteivorsitzende von Anfang an die im Parteiprogramm der CSU herausgestellten Wesensmerkmale der Partei, nämlich sozial, liberal, konservativ, nach innen und außen am nachdrücklichsten vertritt."

Von Franz Josef Strauß und Franz Heubl habe ich nicht nur einmal gehört, wie sehr sie, ohne große Worte darüber zu machen, zufrieden damit waren, dass neben dem politischen auch das menschliche Miteinander wieder den Platz im Verhältnis der beiden eingenommen hatte, der von Beginn der gemeinsamen politischen Arbeit an vorhanden war. Manche Versuche von außen, die Beziehungen zwischen Strauß und Heubl bewusst zu stören, scheiterten. So hätten die Medien von Heubl, als er 1978 in das Amt des Landtagspräsidenten wechselte, gerne gehört, dass daran der Amtsantritt von Ministerpräsident Strauß schuld sei. Heubls Antwort fiel eindeutig aus: „Ich war sechzehn Jahre als bayerischer Bevollmächtigter in Bonn, habe dort eine politisch ebenso interessante wie persönlich bereichernde Arbeit leisten dürfen. Doch es zieht einen Bayern nach so langer Zeit wieder zurück nach Bayern. Da der bisherige Landtagspräsident aus seinem Amt ausscheidet, lag es nahe, für dieses freiwerdende Amt zu kandidieren. Diese Kandidatur erfolgt nicht wegen Franz Josef Strauß, sondern entspricht einer parteiinternen Überlegung, einer gemeinsamen Vorstellung." Heubl bestritt nicht, was nicht zu bestreiten war, nämlich „dass es in den vergangenen Jahren zwischen dem Parteivorsitzenden der CSU und mir Unstimmigkeiten gegeben hat". Dabei sei manches überbewertet und anderes leider auch aus politischen Gründen bewusst falsch dargestellt worden. Gegenüber der Tageszeitung „Die Welt" machte Heubl noch einmal seine Einstellung zum CSU-Vorsitzenden klar: „Nach meiner Überzeugung besteht zwischen Franz Josef Strauß und mir ein ungewöhnlich hohes Maß an menschlicher, sachlicher und politischer Übereinstimmung. Ich lege Wert darauf, dass diese Beziehung der freundschaftlichen Verbundenheit, die in die Gründungstage der CSU im Jahre 1945 zurückreicht, auch in der Zukunft erhalten bleibt." Der wiedergewonnene persönliche Ausgleich schlug sich in der konkreten politischen Arbeit nieder, Heubl bat Strauß um Wahlkampfauftritte in seinem Lindauer Stimmkreis, bot dafür seinerseits Wahlkampfeinsätze in Straußens ursprünglicher politischer Heimatregion Weilheim-Schongau an. Ein Jahrzehnt lang, von 1978 bis 1988, arbeiteten Ministerpräsident Strauß und Landtagspräsident Heubl optimal zusammen, das Verhältnis des Parteivorsitzenden zu seinem Stellvertreter war konstruktiv und vertrauensvoll.

Für Franz Heubl war es in den nächsten Jahren nicht protokollarischer Zwang, sondern Freundespflicht, wenn er bei gegebenem Anlass, runden Geburtstagen zumal, das Wort zum Glückwunsch ergriff. Eine solche Gelegenheit bot sich beim 70. Geburtstag des CSU-Vorsitzenden im September 1985. Heubl erwies sich als Redner, der sein schwieriges Thema, also Franz Josef Strauß, durch und durch kannte. Es sei schwer, die Bedeutung von Strauß als Staatsmann, vielfachen Amtsträger und Politiker auf sein Verhältnis zur CSU einzugrenzen, ihn sozusagen losgelöst von seinen Leistungen für die deutsche, europäische, ja Weltpolitik zu sehen. Aber: „Andererseits bleiben die Beziehungen zu seiner Partei eine, wahrscheinlich die entscheidende Grundlage seines gesamten politischen Wirkens. Er hat die CSU in ihrem Charakter und in ihrer Sinngebung nachdrücklich mitgeprägt und mit ihr die deutsche Politik nachhaltig beeinflusst. Sie ist ihm ihrerseits in vierzig Jahren nicht nur politisch, sondern auch menschlich ein Stück Heimat geworden." Strauß habe nie die Verwurzelung seiner Person, seines Charakters, seines gesamten politischen Wirkens in der heimatlichen CSU verleugnen können und wollen.

Heubl widmete sich in dieser Geburtstagsrede gleichgewichtig der Politik und dem Menschen Strauß. Das Bild von dessen Beziehung zur CSU wäre unvollständig, wenn man nicht auch auf seine schwierigen Seiten hinweisen würde: „Auch Franz Josef Strauß ist ein Mensch, also mit Vorzügen und Schwächen behaftet. Er macht es seiner Partei nicht immer leicht, wenn er mit ihr hart ins Gericht geht, wenn er sich an Menschen und Dingen stößt, die seiner Haltung und seinen Vorstellungen widersprechen. Dies gilt naturgemäß auch für sein Verhältnis zur Schwesterpartei CDU und zur Politik in Bonn. Aber selbst dieser Teil seiner kritischen Partnerschaft zur CDU wird zuletzt doch immer zu einer fruchtbaren Wechselwirkung. Was Strauß an Kraft, analytischer Brillanz, Leidenschaft, Fähigkeiten und Kenntnissen in den Dienst der CSU gestellt hat, gab ihm die Partei, gaben ihm die bayerischen Wähler auch immer wieder zurück."

Ob als Bundesminister, ob als Ministerpräsident, ob als Wahlkämpfer oder als Volkstribun im klassischen Sinn, immer sei für Franz Josef Strauß die von ihm mitgeschaffene und mitgeprägte CSU der Mittelpunkt seines politischen Lebens gewesen. Franz Heubl schloss diesen Geburtstagsgruß, der Person und Politik in kluger Weise und menschlicher Nähe durchleuchtete: „Sie verdanken sich beide viel: die CSU ihrem Vorsitzenden und Franz Josef Strauß seiner Partei. Strauß ist noch immer für zwei Generationen Symbol und Kristallisationspunkt christlich-sozialer Politik und in all den Jahren so etwas wie das ‚Kraftwerk der CSU'. Seine Partei weiß, was sie ihm verdankt. Daher wünschen wir uns an seinem 70. Geburtstag, dass er uns noch lange erhalten bleibt, gesund, politisch aktiv, in jenem Wechselspiel von analytischen und kreativen Fähigkeiten, das ihn immer ausgezeichnet hat."

Drei Jahre wirkten die guten Wünsche von Franz Heubl nach. Als Franz Josef Strauß am 3. Oktober 1988 starb, war Franz Heubls Betroffenheit groß, seine Trauer echt. Oft habe ich in den Jahren danach mit Heubl über Strauß und sein Wirken für die CSU geredet, er hat von gemeinsamen Anfängen erzählt und immer wieder davon gesprochen, was Franz Josef Strauß für seine Partei, die Christlich-Soziale Union, bedeutet habe. Bei jeder dieser Begegnungen spielte eine wichtige Rolle, dass er, als Franz Josef Strauß starb, längst und seit vielen Jahren wieder mit ihm im Reinen war. Jedes Mal war es mir dann eine Freude, ihm sagen zu können, dass ich von Strauß nicht nur einmal gehört hätte, wie wichtig ihm das menschliche Wiederfinden mit Heubl gewesen sei.

Franz Heubl hat Franz Josef Strauß um dreizehn Jahre überlebt. Er starb am 21. Dezember 2001 in seiner Vaterstadt München.

Das schönste Amt der Welt:
Bayerischer Ministerpräsident

„Ich danke denen, die mich gewählt haben, ich bezeuge denen, die mich nach der Aufgabenteilung zwischen Regierungsmehrheit und Opposition nicht gewählt haben, meinen persönlichen und politischen Respekt." Franz Josef Strauß, soeben, am 6. November 1978, zum Ministerpräsidenten des Freistaates Bayern gewählt, kennt die demokratischen Grundregeln, das parlamentarische Wechselspiel aus umfassender politischer Praxis: „Ich habe in meinem langen politischen Leben, in dem ich auf zwei Jahre im Frankfurter Wirtschaftsrat, auf 29 Jahre im Deutschen Bundestag, zwölf Ministerjahre mit großen und größten Aufgaben in drei Kabinetten Adenauer und im Kabinett Kiesinger zurückblicke, mir durch Bemühen und Erfahrung, Einstellung und Arbeit den Grundsatz zu eigen gemacht, dass funktionsfähige Regierungsmehrheit und funktionsfähige Opposition zusammen die parlamentarische Demokratie mit Leben zu erfüllen haben – im Dienste an der großen Sache unseres Staates und unserer Heimat."

Strauß sieht in dieser ersten Stunde seines neuen Amtes, in der er im Maximilianeum, dem Sitz des Bayerischen Landtags, zu den Abgeordneten spricht, die geschichtlichen und personellen Bezüge, Entwicklungen und Linien, in die er sich eingebunden fühlt: „Ich bin mir bewusst, dass ich in der Verpflichtung einer Tradition stehe, die ein Drittel des Jahrhunderts umfasst, von 1945 bis 1978, einer Tradition, in deren staatsmännischer Galerie Namen wie Fritz Schäffer, Wilhelm Hoegner, Hans Ehard, Hanns Seidel rühmlich verzeichnet sind." Alfons Goppels, seines unmittelbaren Vorgängers in der Aufgabe des bayerischen Regierungschefs, gedenkt der neue Ministerpräsident mit besonderer Achtung und Wertung. Wenige Tage später, bei seiner ersten Regierungserklärung, wiederholt es Strauß noch einmal mit Nachdruck: „16 Jahre, so lange wie kein anderer Bayerischer Ministerpräsident, stand er an der Spitze der Staatsregierung. In vier Legislaturperioden hat er mit seiner Persönlichkeit die bayerische Politik wesentlich geprägt: Maßvoll und menschlich, verbindlich und vernünftig, weltoffen und dabei in Geschichte und Brauch dieses Landes verwurzelt – so verkörpert Alfons Goppel in seiner Persönlichkeit und seiner Leistung beste bayerische Tradition."

1960, als Hanns Seidel aus gesundheitlichen Gründen sein Amt als Bayerischer Ministerpräsident niederlegte, war Strauß zum ersten Mal von seiner Partei das Führungsamt des Freistaates angeboten worden. Nach Abwägung der Gründe und Gegengründe entschied er sich dafür, in Bonn zu bleiben. Ministerpräsident wurde noch einmal für eine kurze Übergangszeit Hans Ehard, der große alte Mann der bayerischen Politik. 1962 folgte ihm Alfons Goppel, der in seiner langen Amtszeit wie kein Ministerpräsident vor und nach ihm im besten Sinne zu dem wurde, was die Menschen unter einem „Landesvater" verstehen und schätzen.

1978 wird Strauß Bayerischer Ministerpräsident – Mutmaßungen und Fragen werden laut, auch manch kritische Anmerkung, wie denn der profilierte Bundespolitiker, der Verteidigungspolitiker, der Finanzpolitiker, der in weltweiten Maßstäben denkende und agierende Außenpolitiker das Amt des bayerischen Regierungschefs führen werde. Nach der „großen" Bundespolitik die „kleinere" Landespolitik? Schon diese Fragestellung lässt Strauß nicht gelten – entscheidend sei nicht, auf welcher Ebene eine Politik angesiedelt ist, den Ausschlag gebe allein, ob eine Politik gut ist oder schlecht. Ein Weiteres kommt hinzu: Die politischen, wirtschaftlichen und technischen Zusammenhänge seien viel zu eng geworden, als dass die verschiedenen Politikbereiche scharf voneinander zu trennen wären. Strauß in seiner ersten Regierungserklärung: „Bayerische Politik ist keine arkadische in dem Sinne, dass sie in provinzieller Selbstgenügsamkeit an den weiß-blauen Grenzpfählen endete. Bayerische Politik ist im Gegenteil in vielfältiger Weise mit der Bundes- und der europäischen Politik verwoben." Die selbstbewusste Schlussfolgerung aus dieser Bewertung: „Es kommt der bayerischen Landespolitik sicher zugute, wenn der Ministerpräsident sich nicht nur als Landesvater, sondern als Anwalt bayerischer Belange und Interessen selbst bei scheinbar landesfernen Institutionen, Gremien und Persönlichkeiten des wirtschaftlichen, politischen und kulturellen Lebens versteht und danach handelt. Einem bayerischen Ministerpräsidenten dürfen die wirtschaftlichen Entwicklungen Japans oder Chinas, um nur zwei besonders entfernt liegende Staaten zu nennen, auf dem europäischen Markt nicht fremd sein, denn sie gehen auch die bayerische Wirtschaft an." Deshalb die klare persönliche und politische Standortbestimmung von Franz Josef Strauß: „Mein politisches Kräftezentrum ist seit 1978 München, mein politisches Amt das des Bayerischen Ministerpräsidenten – mein politischer Aufgabenbereich aber ist dadurch nicht enger geworden."

Eine Politik der Offenheit und Liberalität

Bayern, einer der ältesten und nach Fläche und Einwohnerzahl großen Staaten in Europas Geschichte und Gegenwart, und Franz Josef Strauß, für den das Denken in historischen Kategorien politische Selbstverständlichkeit ist – der Zusammenklang des Freistaats Bayern und seines Ministerpräsidenten ergibt sich hier in besonderer Weise: „Selbstverständnis und Eigenstaatlichkeit dieses Landes kommen aus einer mehr als wechselhaften tausendjährigen Geschichte. Dieses geschichtliche Erbe ist für uns auch heute noch lebendige Wirklichkeit. In den vergangenen Jahrhunderten war politisches Denken und Handeln in Bayern niemals auf das Land der Bayern allein abgestellt, niemals eine Politik der Eigenbrötelei und der Enge, sondern eine Politik der Offenheit und Liberalität." Bayern ist für Strauß als Land der Mitte und des Maßes ein Staat, der stets im Brennpunkt der geistig-kulturellen Strömungen steht, dessen Geschichte sich stets zwischen zwei Polen bewegt, zwischen der zu erhaltenden Eigenständigkeit des Landes und der verpflichtenden Zugehörigkeit zu größeren Gemeinschaften. So ist Bayern für Strauß immer ein Land des Ausgleichs, der Integration, menschlich wie politisch: „Ich erinnere an das Zusammenwachsen der Franken, Altbayern und Schwaben im modernen bayerischen Staat nach 1806, und ich erinnere an die Aufnahme und Eingliederung der Flüchtlinge und Heimatvertriebenen nach 1945, möglich geworden durch die Bereitschaft der Eingesessenen, Opfer zu bringen, sowie durch Disziplin, Fleiß und Leistung der Neubürger, zum Aufbau der neuen Heimat ihren Teil beizutragen – geistig, moralisch und politisch. Das neue Bayern ist ihr gemeinsames Werk."

Diese geschichtlichen Grundlagen und die daraus erwachsende geistige Haltung haben die bayerische Politik, wie Strauß sie verstand und vertrat, bestimmt. Worum es geht, worauf zu bauen und was anzustreben ist, hat er klar markiert: „Unser Ziel bleibt ein politisch gefestigtes, wirtschaftlich gesundes, in sozialem Frieden lebendes, in lebendiger Tradition stehendes, sich seiner deutschen Aufgabe und europäischen Verpflichtung bewusstes Bayern. Die Ecksteine unserer Politik sind dabei: der demokratische Rechtsstaat, das parlamentarische System, die Soziale Marktwirtschaft und die föderative Ordnung in der Bundesrepublik Deutschland. Sie zusammen ergeben eine staatliche und gesellschaftliche Ordnung, die Freiheit, Solidarität, Menschenwürde und Gerechtigkeit, wirtschaftliche und soziale Sicherheit gewährleistet." Eine Politik für Bayern auf der Grundlage dieser Werte und mit diesen Zielsetzungen, darin sieht Strauß Sinn und Zweck seiner Arbeit in der Münchner Staatskanzlei.

Strauß hat das Wort Otto von Bismarcks von der Politik als Kunst des Möglichen erweitert: Politik ist auch die Kunst, das Notwendige möglich zu machen, ist zudem die Kunst, den Begriff des Notwendigen so einschränkend wie nur möglich auszulegen. Diese Kunst der Selbstbeschränkung bedarf deshalb sorgfältiger Pflege, weil das Verhältnis des Bürgers zum Staat von einer wachsenden Unsicherheit, auch von Misstrauen und Unbehagen geprägt ist. Der Begriff der Staats- und Politikverdrossenheit machte damals und macht heute die Runde. Die Analyse von Strauß: „Vor allem die ständig wachsende Flut von Gesetzen, Verordnungen und Verwaltungsvorschriften, die von immer mehr Behörden vollzogen werden müssen, überschwemmt den Bürger, macht ihn ratlos, gibt ihm das Gefühl, hilflos in einem Labyrinth unverständlicher staatlicher Reglementierungen zu stehen. Ursachen für diese Entwicklung sind vor allem die zunehmende Technisierung, der Hang zum Perfektionismus, dem auch die Parlamente erlegen sind, das Bedürfnis, alle nur denkbaren Lebenssachverhalte behördlich, meistens gesetzlich, zu regeln, das menschliche Zusammenleben bis ins Einzelne, hieb- und stichfest, lückenlos und umfassend zu ordnen und in Vorschriften einzubinden."

Dieser Entwicklung hat Strauß mit der Übernahme seines Amtes als bayerischer Regierungschef entschlossen den Kampf angesagt. Die markanten Anmerkungen, mit entschlossener Schrift und grünem Stift, die seit Herbst 1978 zahllose Akten, Eingaben und Briefe kennzeichnen, die über den Schreibtisch des Ministerpräsidenten in der Staatskanzlei – damals noch an der Münchner Prinzregentenstraße – gingen, wurden zum Beweis und Signal dafür, dass Bürgernähe und Bürgerfreundlichkeit nicht nur Ankündigungen einer Regierungserklärung, sondern Wirklichkeit bayerischen Regierungsalltags waren. Dem einzelnen Menschen verlorene Freiräume wiedergewinnen, dem Bürger zu seinem Recht verhelfen, seine Stellung gegenüber der Verwaltung stärken, der wohlverstandenen Freiheit Vorrang vor lebensfernen Regelungen geben – als Strauß dieses Programm in seiner Regierungserklärung zu einem Schwerpunkt machte, wurden große Erwartungen geweckt.

Strauß, der Politiker aus dem Volk für das Volk, wusste, worauf er sich mit seiner Ankündigung einließ. Er wusste aber auch aus seinen Gesprächen mit den Menschen, aus seinem engen Verhältnis zur Bevölkerung um die unabweisbare Notwendigkeit, hier neue und kräftige Akzente zu setzen. Gewohnheiten in Politik und Verwaltung entwickeln ein beträchtliches und oftmals kaum überwindbares Beharrungsvermögen. Erstarrungen lassen sich nicht von heute auf morgen aufbrechen, erfordern zähes Ringen und beharrlichen Kampf. Nicht große Worte, sondern das entschlossene Befassen mit dem Einzelfall war für Strauß der Weg, dem Bürger, wie es sich in einem freiheitlichen und demokratischen Staat gehört, wieder mehr Spielraum und mehr Freiheit zu gewinnen. Für Bayern mit seiner reichen geschichtlichen und demokratischen Tradition, mit seinem bayerisch-liberalen Grundsatz des Leben-und-Leben-Lassens wiegt diese Verpflichtung doppelt. Deshalb die entschlossenen Anmerkungen aus der Staatskanzlei, die in der betroffenen Bürokratie nicht nur Entzücken hervorrufen – stehen sie doch für hartnäckiges Bohren, für dringendes Nachfragen, für das Wissenwollen des Warum und Wie von Entscheidungen, die den einzelnen Bürger betreffen. Der Blick von Strauß auf die Wirklichkeit, auch die bürokratische, war zu differenziert, als dass er die Ursachen der ständigen Klagen bei diesem Thema allein den Beamten und Angestellten des öffentlichen Dienstes angelastet hätte. Mit selbstkritischen Tönen reagierte er dann, wenn pauschal und popularitätsheischend auf die Staatsdiener eingeprügelt wurde: „Wir Politiker in Ämtern und Parlamenten sind es, die wir uns in Gesetz- und Verordnungsgebung größte Zurückhaltung aufzuerlegen und der Einfachheit zu befleißigen, das heißt, ein gutes Beispiel zu geben haben."

Dass die Forderung nach „weniger Staat" nicht mit dem Ruf nach einem schwachen, gar handlungsunfähigen Staat verwechselt werden dürfe – dieses Missverständnis hat Strauß nie aufkommen lassen: „Als Wahrer des Rechts, der Freiheit und der Sicherheit der Bürger muss der Staat stark und handlungsfähig sein. Gerade ein liberaler Staat muss ein starker Staat sein. Denn er ist die letzte Garantie für die Freiheit des Bürgers."

Woran Strauß seine Partei immer wieder gemahnt hat: zu größter Volksnähe; woran er die CSU immer wieder erinnert hat: dass in der Demokratie vom Bürger Macht nur auf Zeit verliehen wird; worauf er immer wieder beschwörend hingewiesen hat: dass die Freiheit des Individuums Vorrang vor übermächtigen öffentlichen Apparaturen haben muss – diesen Kernbestand an Grundsätzlichem bringt Strauß konkret in seine bayerische Regierungsarbeit ein. Politik nicht als Selbstzweck, sondern als Mittel zum Zweck: mit dem großen Auftrag, dem einzelnen Bürger in Sicherheit und Frieden nach innen und außen jenen Freiraum zu verschaffen und jene Möglichkeiten zu geben, die ihm eine optimale Persönlichkeitsentfaltung und Lebensgestaltung nach Leistung und Fähigkeit ermöglichen. In der Verbindung seiner beiden Ämter, dem des Bayerischen Ministerpräsidenten und dem des Vorsitzenden der Christlich-Sozialen Union, sah Strauß mit Hinweis auf die gleiche Praxis im Bund und in anderen Ländern die Konsequenz aus der Tatsache, dass der Prozess der politischen Meinungsbildung und der Durchsetzung von Zielen in erster Linie von den Parteien getragen wird. Deshalb: „Da die CSU eine bayerische Partei mit bundesweitem Anspruch, gesamtdeutscher Verantwortung und europäischen Perspektiven ist und da die Landespolitik untrennbar mit der Bundespolitik verbunden ist – Bayern ist nun einmal keine Insel der Seligen –, bietet die Verbindung von Ministerpräsidentenamt und Parteivorsitz eine gute Gelegenheit, die Interessen des Freistaates Bayern und seiner Bevölkerung mit dem Einsatz für die gesamtstaatlichen und europäischen Ziele der CSU zu verbinden."

Die besondere europäische Ausrichtung bayerischer Politik ergab sich für Strauß aus der Brückenfunktion, die dem Freistaat auf Grund seiner geographischen Lage sowie seiner geschichtlichen, freiheitlichen und demokratischen Tradition zukommt. Die Lage Bayerns als Land der europäischen Mitte hat im Laufe einer langen Geschichte vielfältige, enge und dauerhafte menschliche, kulturelle und wirtschaftliche Bindungen zu den Nachbarn im Osten, zum europäischen Südosten und zum Mittelmeerraum entstehen lassen. Bei diesem Thema war immer wieder der Historiker Strauß angesprochen: „Die Reste des Limes an Donau und Altmühl erinnern an die mehrere Jahrhunderte dauernde Herrschaft der Römer in Südbayern, die Geschlechtertürme in Regensburg an die Kauffahrten mittelalterlicher Kaufleute bis nach Kiew, in der alten Bischofsstadt Passau wird die Erinnerung wach an die bayerische Missions- und Kolonisationstätigkeit in den mittleren Donauraum hinein, und München gilt nicht ohne Grund als das deutsche Rom. Lebensgefühl, Sprache, Sitte, Brauchtum und geschichtliches Bewusstsein der Bayern, das architektonische Gesicht der Städte und die bayerische Kulturlandschaft bezeugen, wie fruchtbar und nachhaltig dieses Jahrhunderte lange gegenseitige Geben und Nehmen im Verhältnis zu unseren süd- und osteuropäischen Nachbarn geworden ist."

Das lebendige Erbe wahren

Eigenart und Eigenstaatlichkeit Bayerns kommen aus einer mehr als tausendjährigen wechselhaften Geschichte. Dieses Erbe der Vergangenheit ist nicht tot, es ist lebendige Wirklichkeit, bestimmt politisches Handeln. Dennoch erwächst daraus keine Haltung der Abgrenzung, der Idylle und Enge, vielmehr bildet sich hieraus ein Fundament selbstbewusster Offenheit. Deshalb bedurfte für Strauß bayerisches Staatsbewusstsein zu seiner Rechtfertigung „keiner besonderen politik-, sozial- oder organisationswissenschaftlichen Föderalismustheorien, so hilfreich diese auch im Einzelnen zur Abwehr geschichtsfremder technokratischer oder ideologisch-zentralistischer Bestrebungen sein mögen". Weil Föderalismus nicht Selbstbeschränkung und Abkapselung, sondern Handeln in eigener Verantwortung und zugleich freiwilliges Zusammenfinden in größeren politischen Gemeinschaften heißt, gab es für Strauß an diesem Bauprinzip eines freiheitlichen Deutschlands und ebenso eines in Freiheit geeinten Europas nichts zu rütteln: „Die geschichtliche Erfahrung und die politische Realität unserer Zeit zeigen eindrucksvoll, dass die Existenz einer Mehrzahl von eigenständigen und eigenverantwortlichen politischen Entscheidungszentren von Gliedstaaten, die kraft originären Rechts selbst gestaltend handeln, die größere politische Gemeinschaft nicht nur stärkt, sondern in Krisenzeiten stabilisierend wirkt."

Der Föderalismus gehört für jeden Ministerpräsidenten des Freistaates Bayern zu den Hauptthemen schlechthin. Bei Franz Josef Strauß war dies nicht anders. Föderalismus bedeutet größere Orts-, Sach- und Bürgernähe, die Berücksichtigung von regionalen und landsmannschaftlichen Besonderheiten, Interessen und Bedürfnissen, mehr Demokratie, mehr politischer Wettbewerb, die stärkere Teilhabe der unmittelbar betroffenen Bürger am politischen Entscheidungsprozess, mehr Freiheit, größere Verteilung und wirksamere Kontrolle der Macht, mehr geistig-kulturelle Freiheit, mehr Vielgestaltigkeit, mehr Menschlichkeit, Wahrung der geschichtlichen und kulturellen Kontinuität und Identität gewachsener Gemeinschaften in größeren nationalen und europäischen Ordnungen. Nur aus den Freiheiten, die sich aus dieser föderalistischen Ordnung ergeben, konnte sich Bayern in eigener Gestaltungskraft vom einstigen armen Agrarland zu einem wirtschaftlichen und wissenschaftlich-technischen Spitzenland entwickeln. Franz Josef Strauß hat dazu vor und während seiner Zeit als Ministerpräsident des Freistaates Entscheidendes beigetragen.

Alle Bundesländer sind auf die Wahrung der eigenen Rechte bedacht, halten am föderalistischen Prinzip, an der Respektierung ihrer Zuständigkeiten fest. Dennoch, wenn Bayern dies tut, hat solches Verhalten ein besonderes Gewicht, trägt es einen eigenwilligen Akzent. Schon der Begriff „Freistaat Bayern" lässt Fragen stellen, gibt separatistischen Vermutungen Nahrung. Strauß sah sich hier immer wieder – „in einer Zeit mangelhafter Geschichtskenntnisse sicher angebracht" – veranlasst, für Klarstellung zu sorgen: „Mit der Bezeichnung Freistaat will Bayern keineswegs zum Ausdruck bringen, dass es irgendwelche Sonderrechte innerhalb der Bundesrepublik Deutschland gegenüber den anderen Ländern beansprucht. Das Wort Freistaat ist nichts anderes als ein altes deutsches Wort für Republik, mit dem sich bis zur Gleichschaltung durch den Nationalsozialismus die meisten Länder des Deutschen Reiches bezeichnet haben. Bei der Wiederherstellung des bayerischen Staates nach 1945 sah man keinen Grund, die Kontinuität bayerischer Staatstradition zu leugnen und auf diese Bezeichnung zu verzichten." Dennoch, für Strauß und seine Politik war Bayern nie ein Land wie jedes andere. Gewiss bildeten die Bayern keine Nation, aber allein dadurch, dass bayerische Staatlichkeit über die wirren Jahre zwischen 1933 und 1945 und über die Nachkriegszeit hinaus in seinen überkommenen Grenzen unangefochten bewahrt werden konnte, stehe der Freistaat Bayern neben den alten Hansestädten Hamburg und Bremen in seiner geschichtlichen Stabilität in Deutschland einzig da. Strauß in Fortführung dieser geschichtlichen Reminiszenz: „Es gibt auch einen bayerischen Patriotismus aller drei bayerischen Stämme, der Altbayern, Franken und Schwaben, dessen Richtpunkt die Bayerische Verfassung ist, unbeschadet der landsmannschaftlichen Vielfalt zwischen Untermain und Berchtesgaden, zwischen Hof und Lindau. Es wird fränkisch, bairisch und schwäbisch gesprochen, aber gesamtbayerisch gefühlt. Dieser Patriotismus hat nichts gemein mit dem zuweilen überheblichen und unduldsamen Nationalismus des späten 19. und frühen 20. Jahrhunderts. Er lässt selbst das gelten, was er als ‚preußisch‘ empfindet, nur zur Maxime süddeutschbayerischer Lebensführung möchte er die forsche Selbstdarstellung nicht machen. Dazu kommt die gelungene Eingliederung, nicht Einschmelzung, des vierten bayerischen Stammes, der Sudetendeutschen." Kurzformeln versuchen immer wieder, bayerische Eigen- und Lebensart zu beschreiben. Strauß verwies hier am liebsten auf die berühmte Inschrift über dem Eingang zur Klosterkirche im oberbayerischen Polling, wo die Worte „Liberalitas Bavariae" von angestammter und traditionsreicher bayerischer Liberalität künden. Leben und leben lassen – diese sympathische Haltung ist hier auf einen einprägsamen Nenner gebracht.

Zum Leben gehört der Tod. Während einer Konferenz der Ministerpräsidenten der Länder, die in München 1987 auf Einladung des bayerischen Regierungschefs zu gemeinsamen Beratungen zusammengekommen sind, trifft die Nachricht vom Tode des ehemaligen schleswig-holsteinischen Ministerpräsidenten Uwe Barschel ein. Strauß kommt es zu, für sich und seine Kollegen Worte zu diesem tragischen Ereignis zu suchen und zu finden. Es gelingt ihm in einer Weise, die aus einem Kreis durchaus gegensätzlicher und auch parteipolitisch verschieden ausgerichteter Männer eine Runde nachdenklicher Betroffenheit macht: „Vielleicht dürfen wir bei dieser Gelegenheit sagen, dass unser Kollege Barschel, der nicht mehr unter uns weilt, sich in diesem Jahre in einer besonders schweren Situation befunden hat. Ich bin mir sicher, dass sowohl der Flugzeugabsturz mit der wunderbaren Errettung wie die Ereignisse um die Landtagswahl bei ihm auch einen seelischen Druck und eine psychologische Situation ausgelöst haben, aus der heraus man vielleicht versuchen kann, das Geschehen zu verstehen. Ich habe mir immer die Frage gestellt, was in ihm vorgegangen sein muss. Es ist hier nicht die Zeit, über Sünden, Fehler oder Versäumnisse zu reden. Ich sage: Gott möge ihm ein gnädiger Richter sein, und wer frei ist von Schuld, der werfe den ersten Stein."

Mit Strauß in die Welt

Dass Bayern anders ist, aus dem Rahmen des Üblichen fällt, ein eigenes und unverwechselbares Profil hat, dass dort, wo im Ausland über die Bundesrepublik Deutschland gesprochen wird, die Rede auf Bayern kommt, dass Bayern in der Welt so bekannt ist wie kein anderes deutsches Land – in vielen Jahren, in denen ich mit Franz Josef Strauß bei zahlreichen Reisen unterwegs war, konnte ich dies beobachten. Nicht weniger augenfällig bei all diesen Besuchen und Gesprächen war die Erfahrung, zu welch einer politischen Größe eigener Art Franz Josef Strauß geworden war, vor und während seiner Zeit als Bayerischer Ministerpräsident. Strauß war als Gesprächspartner in allen Teilen der Welt gesucht, alle Türen standen ihm offen. Seine Meinung wurde gehört, sein Rat war gefragt, seine Offenheit geschätzt, nicht weniger aber seine Bereitschaft zum Zuhören, seine Fähigkeit, auf die Probleme eines Landes einzugehen und sie zu verstehen. Dass ihm dabei jede Besserwisserei fern war, hat zusätzlich dazu beigetragen, den Gast aus Bayern, auch über alle politischen und weltanschaulichen Gegensätze hinweg, freundlich und respektvoll aufzunehmen.

Bei der Auswahl seiner Reiseziele war Strauß immer wieder für Überraschungen gut. Größtes Aufsehen erregte 1975 seine erste China-

reise einschließlich der berühmt gewordenen Begegnung mit Mao Zedong. Weil damals China in offener Feindschaft zum kommunistischen
Bruder Sowjetunion lag, war die SPD/FDP-Bundesregierung von dieser
bayerischen Expedition nach Peking alles andere als angetan, glaubte
das regierungsamtliche Bonn doch durch diese Reise eines prominenten
Oppositionspolitikers eine Eintrübung des Verhältnisses zu Moskau befürchten zu müssen. Immerhin, ein dreiviertel Jahr nach Strauß brach
auch Bundeskanzler Helmut Schmidt nach China auf. Strauß traf einen
gesundheitlich bereits schwer angeschlagenen Mao Zedong, der Europa
eindringlich vor der von Moskau ausgehenden Bedrohung warnte. Bei
dieser Gelegenheit traf Strauß auch den späteren chinesischen Führer
Deng Xiaoping, der damals stellvertretender Ministerpräsident war.

Das politische Gewicht Chinas sowie die richtige und frühzeitige
Einschätzung seiner kommenden wirtschaftlichen Bedeutung haben
Strauß noch viermal nach China geführt, 1987, im Jahr vor seinem Tod,
zum letzten Mal. Bei diesen vier Reisen begleitete ich ihn. Jedes Mal
stand ein langes Gespräch mit Deng Xiaoping im Mittelpunkt. Bei diesen Begegnungen dabei sein zu können, war Gewinn und Vergnügen
zugleich. Die Art, in der Deng Xiaoping seine Gedanken formulierte
und in kunstvoll-umständlichen Sätzen zum Ausdruck brachte; die Dis-
tanz, mit der er, persönlich und mit seiner Familie Opfer von Mao Ze-
dongs Kulturrevolution, seine bitteren Erfahrungen schilderte; der
sprachliche Bilderreichtum, mit der er die Notwendigkeit einer Öffnung Chinas zur Welt begründete und gleichzeitig die damit verbundenen Risiken beschrieb – hier zeigte sich eine Politikerpersönlichkeit
weit jenseits westlicher Erfahrungen und Vorstellungen. Der Vorsitzende und Ministerpräsident aus Bayern wusste die damit gegebenen Herausforderungen anzunehmen, zeigte weltpolitische Zusammenhänge
auf, zeichnete die – damals war Moskau noch das Zentrum des auf Ex-
pansion und Eroberung bedachten Weltkommunismus – Europa und
China gleichermaßen drohenden Gefahren, stellte die Lage des geteilten
Deutschlands dar und erörterte die Möglichkeiten chinesisch-deutscher
Wirtschaftsbeziehungen, ohne dabei einen speziellen Exkurs über die
Potentiale des Freistaates Bayern zu vergessen.

Strauß war viel zu sehr Pragmatiker, als dass seine Reisen nach China ohne konkrete Ergebnisse geblieben wären. Unternehmer in seinen Delegationen kamen zu Abschlüssen, mit der Provinz Shandong wurde eine seither bestehende Partnerschaft mit Bayern ins Leben gerufen, der Grundstein für die Arbeit der Hanns-Seidel-Stiftung in China wurde gelegt. In nun bald 30 Jahren konnten so viele Tausende junger Chinesen nach dem deutschen Vorbild des „dualen Systems" beruflich ausgebildet werden.

Eine China-Reise mit Strauß ist mir aus persönlichen Gründen besonders in Erinnerung geblieben, jene vom Oktober 1985. Nach den Gesprächen in Peking reiste Strauß mit seiner Delegation nach Quingdao, dem früheren Tsing-tau, wo eine bayerische Industrieausstellung stattfand. Strauß, mit eigenwilligen Wünschen immer wieder für Überraschung sorgend, wollte die Stadt an der Küste nicht mit dem Flugzeug erreichen, entschied sich für die Eisenbahn, was unter beengten Bedingungen zu einer achtzehnstündigen Zugfahrt führte. In Quingdao bestand Strauß zum Verdruss seiner Gastgeber darauf, die katholische Kirche, eine Erinnerung an die deutsche Vergangenheit der Stadt, zu besuchen, ließ sich davon durch noch so viele Einwände aus der chinesischen Begleitung, die mit ihren Verweisen auf angebliche Sicherheitsprobleme nur Vorwände waren, nicht abhalten. Wenige Stunden vorher hatte ich in einem Telefongespräch mit meiner Frau vom Tod meines Vaters erfahren. Der Freundestrost, den ich von Franz Josef Strauß erfuhr, fand die ihm eigene und kennzeichnende Ausprägung. In der Kirche angekommen, überraschte er mich mit der Ankündigung: „So, jetzt beten wir für Deinen Vater ein lateinisches Vaterunser."

Bei Gelegenheit dieses Kirchenbesuches erlebte ich bei Strauß wieder einmal die von mir so oft beobachtete Großzügigkeit, die mit dem gegenteiligen Zerrbild vom knickerigen und auf den eigenen Vorteil bedachten Menschen aber auch überhaupt nichts zu tun hatte. Das Auftauchen des Besuchers aus Deutschland hatte zur Alarmierung des chinesischen Pfarrers der Kirche geführt, der, um überleben zu können, als Bauarbeiter tätig, im beton- und kalkbespritzten Arbeitsanzug herbeieilte. Es kam, weitere Kirchenmitglieder waren hinzugekommen, zu einem langen und herzlichen Gespräch, über Schwierigkeiten, welche die Kirche habe, aber auch über die Hoffnung, die aus dem Glauben wachse.

Zum Ende der Begegnung griff Strauß in seine wohlgefüllte Brieftasche, machte diese ohne jedes genauere Hinsehen leer und übergab dem Pfarrer für die Arbeit seiner Gemeinde den gesamten Inhalt.

Immer wieder waren es die überraschenden Dinge jenseits des Protokolls, die das Reisen mit Strauß so interessant und informativ machten. Seine unkonventionelle Art, sein Mut zum offenen Wort auch dort, wo sich andere in diplomatische Unverbindlichkeit flüchten, sein sachliches Interesse an dem besuchten Land und seiner Politik, seine persönliche Neugierde auf seine Gesprächspartner – all das zusammengenommen machte Strauß zu einem Gast der besonderen Art. Wenn sich gar vor Antritt einer Auslandsreise Hindernisse auftürmten, die auch in den Medien zu erregter Diskussion führten, war der CSU-Vorsitzende und Ministerpräsident in seinem Element. Vor einer Reise nach Israel im März des Jahres 1985 hatte die Zeitschrift „Wehrtechnik" zeitlich zielgerichtet ein Interview mit Strauß veröffentlicht, das dieser ihr ein halbes Jahr vorher gegeben und in dem er für die Lieferung deutscher Panzer vom Typ „Leopard II" an Saudi-Arabien kein Hindernis sah. Aufgeregte und wohlgesonnene Zeitgenossen aus Politik und Medien wollten Strauß, weil dies doch Ärger in Israel bringen könne, von der Reise abhalten, was auf eine völlige Unkenntnis des Charakters von Strauß insofern schließen ließ, weil ihn solches Abraten erst recht an seinem Vorhaben festhalten ließ. Auch mich erreichten aufgeregte Anrufe, ich solle doch auf Strauß einwirken, diesen Besuch abzusagen.

Strauß flog selbst nach Israel. Bei der Ankunft in Tel Aviv – Zwischenlandung war auf der Insel Korfu – holte Ezer Weizman den Gast persönlich am Flughafen ab. Eine Reihe wichtiger Gespräche – so mit Itzhak Shamir und Itzhak Rabin – verlief in sachlicher und konstruktiver Atmosphäre. Als bei einer Pressekonferenz das Thema „Leo II" zur Sprache kam, konterte Strauß mit der ironischen Gegenfrage, ob denn im Saal jemand glaube, dass ausgerechnet Saudi-Arabien mit Panzern Israel angreifen werde. Völlig ernst wurde er und völlig ruhig wurden die journalistischen Zuhörer, als er daran erinnerte, wie er unter hohem persönlichen Risiko als deutscher Verteidigungsminister mit der Öffnung von Arsenalen und Kasernen Israel Waffen und Gerät zur Verfügung gestellt und damit dem jüdischen Staat in einer existentiellen Bedrohung geholfen habe.

Am meisten beeindruckt bei diesem Aufenthalt in Israel hat mich ein Abend- und Nachtgespräch im Hause eines Industriellen in einem Vorort von Tel Aviv, zu dem die Gastgeber neben Strauß auch Shimon Peres eingeladen hatten. Peres kannte Strauß seit Ende 1957. Damals hatte er, zu diesem Zeitpunkt Generalsekretär des israelischen Verteidigungs-ministeriums, den deutschen Verteidigungsminister, weil Aufsehen in Bonn vermieden werden sollte, in dessen Wohnung in Rott am Inn be-sucht. Peres und seine Begleitung hatten sich in Oberbayern verfahren und sich in einem Dorf bei Passanten in englischer Sprache nach dem Weg erkundigt. Die für die Israelis überraschende Antwort: „Ach, Sie wollen zum Verteidigungsminister Strauß!" An jenem Abend in Tel Aviv erinnerte Peres an diese Fahrt und seine erste Begegnung mit Strauß, aus der eine bis zu dessen Tod anhaltende Freundschaft wurde. Faszinie-rend für mich war, wie Strauß und Peres in ihrem Gedankenaustausch nicht nur die aktuelle politische Lage im Nahen Osten mit ihren Bedro-hungen erörterten, sondern von den großen Chancen für die Region sprachen, wenn es denn endlich gelingen könnte, dauerhaften Frieden zu schaffen. Dann, so die beiden übereinstimmend, könne hier wirk-lich der biblische „Garten Eden" entstehen. Über ein Vierteljahrhundert sei seit seinem ersten Treffen mit Franz Josef Strauß vergangen, und, ganz gleich, ob er in einem Staatsamt gewesen sei oder nicht, stets habe er sich zu einer grundsätzlichen Einstellung und seinen Verpflichtungen gegenüber Israel und dem Nahen Osten bekannt, schrieb Peres ein hal-bes Jahr nach diesem Zusammensein in Tel Aviv zum 70. Geburtstag von Strauß. Weiter hieß es in diesem Glückwunsch: „Die Analyse von Strauß hinsichtlich der Lage im Nahen Osten stimmt deutlich mit unserer eigenen überein. Aus dieser Analyse ergab sich als eine der nach wie vor gültigen Schlussfolgerungen die Stärkung Israels auf militärischem, diplomatischem und wirtschaftlichem Gebiet und andererseits die drin-gende Notwendigkeit, direkte Verhandlungen zwischen den Konflikt-parteien in der Region zu unterstützen mit der Hoffnung, Frieden zu schaffen."

Die politische Entdeckung Afrikas fand bei Franz Josef Strauß viele Jahre vor der Zeit statt, ehe spektakuläre G 8-Gipfel ihre Aufmerksam-keit auf den schwarzen Kontinent lenkten. Strauß war angetan von den Menschen dieses Erdteils, von den natürlichen Ressourcen ihrer Länder und den damit verbundenen Möglichkeiten zu einer Verbesserung ihrer Lebensbedingungen. Aber er sah auch die Probleme, die sich aus Gewalt und Krieg, aus Korruption und Misswirtschaft ergeben. Und er hat, ich habe es nicht nur einmal erlebt, den Mund aufgemacht. Dass Strauß gegenüber allen Politikern in den afrikanischen Ländern mit der gleichen Zunge sprach, ob seine Gesprächspartner weiß oder schwarz waren, hat ihm hohe Aufmerksamkeit und großen Respekt eingebracht – und weil man auf ihn hörte, konnte er manches bewirken.

Im Januar 1988 war Strauß zum letzten Mal in Afrika, in Gabun, in Mosambik, in der Republik Südafrika. Wie in vielen Fällen davor, war der Besuch in Südafrika von den politischen Gegnern in Deutschland und deren Unterstützern in den Medien mit einer Flut von Vorurteilen und Missdeutungen überschüttet worden, zu sehr hätte die Realität auch dieser Reise den gerne transportierten Klischees widersprochen. Wer erlebt hat, wie nachdrücklich der Bayerische Ministerpräsident auch bei dieser Reise und in mehreren Begegnungen den südafrikanischen Staatspräsidenten Pieter Willem Botha gedrängt hat, auf dem eingeschlagenen Weg der Reformen zur Überwindung der Apartheid weiterzugehen, wie er ihn ermutigt hat, sich von militanten Feinden im Innern und von einer verzerrten Darstellung seiner Politik weltweit nicht lähmen zu lassen, wie er ihn – erfolgreich – zur Freilassung von Gefangenen aufgefordert hat, der weiß, welchen Beitrag Franz Josef Strauß zur Überwindung der Rassentrennung und Entwicklung eines demokratischen Staatswesens am Kap geleistet hat. Auch das Thema der Freilassung Nelson Mandelas aus der Haft ist bei dieser Reise von Strauß angesprochen worden, gegenüber Präsident Botha und Außenminister Roelof Frederick Botha hat er Vorschläge gemacht und Lösungen entwickelt, wie Mandela in die Freiheit entlassen werden könne. Vor diesem Hintergrund war es geradezu eine Selbstverständlichkeit, dass Strauß auch mit schwarzen und farbigen Oppositionspolitikern und Gewerkschaftsführern zusammentraf.

Wenn sich der amerikanische Präsident Ronald Reagan zu Franz Josef Strauß äußerte, verließ er die eingefahrenen Gleise abgegriffener politischer Sprache. Sichtbar wurde dies beispielsweise in einem persönlichen Glückwunschbrief, den Reagan an den CSU-Vorsitzenden und bayerischen Ministerpräsidenten zum 70. Geburtstag richtete. Der Präsident schrieb von den „Fähigkeiten und Erfolgen eines außergewöhnlichen Mannes", dessen Einsatz und Tatkraft er ebenso schätze wie seinen Rat, seine Freundschaft zu den Vereinigten Staaten von Amerika und sein offenes Eintreten für ein starkes Europa innerhalb des westlichen Verteidigungsbündnisses. Strauß habe sich nach Kriegsende, so Reagan, beim Aufbau der Demokratie in Deutschland ausgezeichnet: „Mit Hilfe von Männern seines Schlages blühte die Demokratie rasch auf, konnte die deutsche Bevölkerung innerhalb kürzester Zeit ihrem Land aus den Trümmern der Niederlage zu wirtschaftlichem Wohlstand verhelfen." Dieses gute Verhältnis, das den Präsidenten der Vereinigten Staaten von Amerika und den CSU-Vorsitzenden und Bayerischen Ministerpräsidenten verband, veranlasste Strauß im Sommer 1988 – die Wahl eines neuen Präsidenten stand im Herbst auf dem Programm der amerikanischen Politik – Reagan einen Abschiedsbesuch abzustatten. Auf dem Flug nach Washington zeigte sich Strauß in der bei ihm gewohnten Höchstform. Während die Begleitung von üblicher Flugmüdigkeit gezeichnet war, vertiefte sich Strauß über Stunden hin in komplizierte flugzeugtechnische Fachlektüre in englischer Sprache. Stieß er auf ein Wort oder einen Begriff, die ihm fremd waren, schlug er im mitgeführten Englischlexikon nach. Damit ließ er es allerdings zu meinem Erstaunen nicht bewenden – das nachgeschlagene Wort trug der 72-Jährige, um es ja nicht zu vergessen, feinsäuberlich in ein Vokabelheft ein!

Das Besuchsprogramm in Washington absolvierte Strauß in souveräner Leistungsfähigkeit. Wie immer kamen ihm dabei seine guten Englischkenntnisse zugute – auch wenn er seine Fähigkeiten in dieser Sprache mit der Definition „in my Bavarian accentuated American English" zu ironisieren pflegte. Wie spontan und verständlich Strauß mit der englischen Sprache umzugehen wusste, hatte ich bei einem früheren Besuch in Washington erlebt, wo Strauß in der Georgetown-University einen 45-minütigen Vortrag über die politische Lage in Deutschland halten sollte. Schwierigkeiten bei der Suche nach dem richtigen Hörsaal, den der Chauffeur nicht zu finden vermochte, führten dazu, dass das Referat auf 30 Minuten verkürzt, das mitgebrachte Manuskript beiseite gelegt und frei gesprochen wurde. Es ging seinerzeit auch um das auf der politischen Bühne in Deutschland neu aufgetauchte und in den USA unbekannte Phänomen der Partei der Grünen. Strauß wollte die verschiedenen Kräfte schildern, die sich in dieser Gruppierung zusammengefunden hätten und dabei auch jene ursprünglichen Naturschützer nicht vergessen, die er als „Wurzelsepp-Grüne" zu definieren pflegte. Seine schnell zur Hand gewesene Übersetzung „Hillibilly Oecologists" wurde verstanden und führte zu großer Heiterkeit.

Mit amerikanischer Politik und dem politischen Denken in den USA war Strauß nicht zuletzt durch eine enge jahrzehntelange Verbundenheit mit dem aus Fürth stammenden Harvard-Professor und US-Außenminister Henry Kissinger vertraut. 1957 trafen die beiden erstmals zusammen. Kissinger, gerade als Autor des Buches „Kernwaffen und Außenpolitik" hervorgetreten, war in Bonn, suchte das Gespräch mit dem gerade ein Jahr im Amt befindlichen Verteidigungsminister Strauß. „Es gibt nicht sehr viele interessante Leute auf dieser Welt; viele Minister und Regierungschefs würde man wahrscheinlich gar nicht kennenlernen wollen, wären sie nicht Minister oder Regierungschefs. Sie sind nur ihrer Macht wegen interessant. Aber das trifft auf Franz Josef Strauß nicht zu. Er ist interessant und kreativ, gleichgültig, welchen Posten er inne hat", war Kissingers Fazit dieser ersten Begegnung. Drei Jahrzehnte später stellte er fest: „Franz Josef Strauß und ich sind jetzt Freunde seit 30 Jahren. Ich schätze ihn wegen seiner intellektuellen und auch seiner menschlichen Qualitäten." Der Franz-Josef-Strauß-Preis der Hanns-Seidel-Stiftung fand 1996 in Henry Kissinger einen würdigen Träger.

Im Gespräch mit Ronald Reagan ging es um die Zukunft der weltpolitischen Entwicklungen, um die Veränderungsprozesse in der Sowjetunion, um Bestand und Verbesserung der Atlantischen Allianz, um die deutsch-amerikanischen Beziehungen. Strauß nutzte beim Abschied die Gelegenheit, sich bei Ronald Reagan für dessen stets ausgeprägt deutschfreundliche und auf die Einheit Deutschlands gerichtete Politik zu bedanken. Dass man sich nicht mehr sehen würde, konnte niemand ahnen. Als Strauß das Weiße Haus verließ, kam es zu einer überraschenden Begegnung mit Vizepräsident George Bush. Als der zukünftige Präsident der USA den Gast aus Bayern erspähte, eilte er im Laufschritt, einen Rosenstock überspringend, auf den ihm von früher bekannten Strauß zu und begrüßte ihn herzlich.

Wenn Strauß gefragt wurde, wie oft er in seinem politischen Leben in die USA gereist sei, fiel ihm eine genaue Antwort schwer, zu oft hatten ihn seine politischen Staatsämter und der Vorsitz der CSU über den Atlantik geführt. Bei den Reisen nach Moskau war dies einfacher, es gab nur eine. Dabei hatte es zu Beginn des Jahres 1987 nicht so ausgesehen, als ob es zum Jahresende eine Einladung des sowjetischen Staats- und Parteichefs Michail Gorbatschow geben würde. Wie in den schlimmsten Zeiten des Kalten Krieges hatte die „Prawda" in ihrer Ausgabe vom 21. Januar unter der Überschrift „Strauß küsst Hitler" folgende Meldung verbreitet: „Bei einem Auftritt vor einer Wahlversammlung in München erklärte der CSU-Vorsitzende Franz Josef Strauß wörtlich Folgendes: ‚Es wird Zeit, dass wir aufhören Lügen zu reden und ständig das Andenken des verstorbenen Adolf Hitlers zu schmähen. Natürlich, das heißt nicht, dass man das Dritte Reich vergessen sollte, aber dieses Kapitel in der Geschichte Deutschlands muss man endlich abschließen.' Was kann man diesem Zitat hinzufügen? Nur, dass die westdeutschen Revanchisten ihrem Anführer auf dieser Zusammenrottung lauten Beifall spendeten."

Der Bayerische Ministerpräsident verwahrte sich in einem Schreiben an den sowjetischen Botschafter in Bonn, Julij Alexandrowitsch Kwizinskij, gegen diese unwahre und empörende „Berichterstattung" und verlangte einen eindeutigen und umfassenden Widerruf. In der Tat, die Zeiten, in denen Strauß über Jahrzehnte hin das Ziel verleumderischer Propagandaangriffe der Sowjetunion und all ihrer kommunistischen Hilfstruppen gewesen war, schien vorbei zu sein – umgehend entschuldigte sich der Botschafter, brachte sein Bedauern zum Ausdruck und teilte mit, dass gegen „die an diesem bedauerlichen Zwischenfall Schuldigen ein Dienstverfahren eingeleitet werde". Selbstverständlich habe er, so Kwizinskij, die Führung der Sowjetunion über die „nicht korrekte Veröffentlichung" unterrichtet. Auch die „Prawda", die ihrem Titel „Wahrheit" alle Unehre gemacht hatte, entschuldigte sich in ihrer Ausgabe vom 15. April für das „peinliche Missverständnis" und übermittelte Strauß ihr Bedauern. Dass es sich hier um einen unkontrollierten und reflexhaften Rückfall in altsowjetische und altkommunistische Verhaltensweisen gehandelt hatte, zeigte sich zum Jahresende in einer persönlichen Einladung von Staats- und Parteichef Michail Gorbatschow an

Strauß nach Moskau. Als Strauß das Ziel eines neuen Verhältnisses in den beiderseitigen Beziehungen in seinem Toast bei einem festlichen Abendessen im Kreml mit dem Bild des russischen Bären und des bayerischen Löwen, die gemeinsam und friedlich auf einer Wiese ästen, umschrieb und Gorbatschow zustimmte, glaubten wir alle, beim Beginn einer neuen Ära dabei zu sein.

Der Konservative an der Spitze des Fortschritts

Ein Thema, nach dem Strauß bei seinen Auslandsreisen immer wieder gefragt wurde, war die wirtschaftliche Spitzenstellung des Freistaates Bayern im Reigen der deutschen Länder. Wie hat sich der Freistaat vom Agrarland zum modernen Industriestaat entwickelt? Wieso hat Bayern die geringste Arbeitslosenzahl? Warum ist das Wirtschaftswachstum in Bayern größer als anderswo? Die Sachverhalte, nach denen damals gefragt wurde, haben sich erfreulicherweise bis heute nicht geändert. Bayern hat früher als andere Länder – und Strauß hatte Zeit seines politischen Wirkens maßgeblichen Anteil daran – rechtzeitig auf Wachstumsindustrien gesetzt, früher als anderswo erkannt, dass die wirtschaftliche Zukunftssicherung nur dann gewährleistet werden kann, wenn die Möglichkeiten des technischen Fortschritts verantwortungsbewusst genutzt werden. Während in anderen traditionellen wirtschaftlichen Zentren der Bundesrepublik Deutschland alte Strukturen mit Milliardensubventionen und Milliardenverlusten viel zu lange weitergeschleppt wurden, hat Bayern den Mut gehabt, neue Wege zu gehen.

Bayern und Strauß haben bewiesen, dass das Wort, wonach der Konservative an der Spitze eines richtig verstandenen Fortschritts marschiere, nicht nur Theorie blieb, sondern bayerische Wirklichkeit wurde. Bei der Förderung einer zukunftsorientierten Wirtschaftspolitik, bei der Einsicht, dass sich die heimische Wirtschaft der Herausforderung eines harten weltweiten Wettbewerbs nicht entziehen kann, aber auch bei der Bereitschaft – Stichwort Airbus – zu großräumiger europäischer Zusammenarbeit: Hier überall wirkte sich aus, dass Strauß ein ebenso enges wie kundiges Verhältnis zu technischen Vorgängen und Problemen besaß.

Wenn Strauß davon sprach, dass Leistungswille, Disziplin, Verantwortungsbewusstsein in der Schule, in den Medien, im gesamten öffentlichen Bewusstsein wieder den Rang erhalten müssten, der ihnen als unentbehrliche Grundlage einer freiheitlichen Gemeinschaft und einer humanen Leistungsgesellschaft zukomme, so hat er damit ein Programm von anhaltender und höchster Aktualität formuliert. In einem rohstoffarmen Land kommt dem „Rohstoff Geist" überragende Bedeutung zu. Um aus dieser Botschaft die richtige Schlussfolgerung für den Einzelnen und für das staatliche Ganze zu ziehen, müsse es bei der Bildung und Erziehung der Jugend darum gehen, „nicht eine Schule für alle, sondern die richtige Schule für jeden" anzubieten. Öde Gleichmacherei, anderswo als Fortschritt gepriesen und als Irrweg erfahren, lehnte der Ministerpräsident für sein Bayern ab. Der Jugend mit Rat und Tat beizustehen, damit sie bereit und fähig ist, in einer freien Gesellschaft ihr Dasein lebenstüchtig und selbstverantwortlich zu führen – an diesem Ziel richtete sich bayerische Politik unter Strauß konsequent aus, und sie tat und tut es auch unter seinen Nachfolgern Max Streibl, Edmund Stoiber und Günther Beckstein: „Bildung und Erziehung, beide gleichwertig und nicht zu trennen, bedeuten nach unserem Verständnis, die jungen Menschen zu sach- und fachgerechtem, zu lebenssinn- und situationsgerechtem Handeln zu bewegen – mit dem Ziel personaler Selbstverwirklichung auf der Grundlage von Werten wie Freiheit, Gerechtigkeit, Wahrhaftigkeit, Gewissenhaftigkeit, Zuverlässigkeit, Solidarität und Partnerschaft."

Als Bayerischer Ministerpräsident wie auch in seiner bayerischen Verpflichtung als CSU-Vorsitzender war Franz Josef Strauß viel zu sehr in Geschichte und Tradition seiner Heimat verwurzelt, als dass er je in Gefahr geraten wäre, das menschliche Gesicht des Landes dem wirtschaftlichen Erfolg und dem technischen Fortschritt zu opfern. Bereits 1970 hatte Strauß vorgeschlagen, den Umweltschutz in Bayerns Verfassung zu verankern. 1984, während seiner Amtszeit, war es dann so weit. Wirtschaftliches Erfolgsdenken darf deshalb nicht absolut gesetzt werden, was aber auch umgekehrt gilt. Strauß: „Andererseits kann auch ein Umweltschutz, der absoluten Vorrang und totale Priorität vor allen anderen Lebensnotwendigkeiten beansprucht, verhängnisvoll und inhuman sein, wenn er notwendige, sachlich vertretbare Kompromisse, Übergangsregelungen und Zwischenlösungen ausschließt und um des Prinzips willen Arbeitslosigkeit und sozialen Unfrieden in Kauf nimmt, das heißt, Verteilungskämpfe heraufbeschwört, weil ohne moderne Technik heute der Mehrheit unserer Bevölkerung keine wirtschaftliche Lebensgrundlage im Inland mehr gegeben wäre."

Maschinenstürmerei und Technikfeindlichkeit hielt Strauß für die völlig falschen Ratgeber, um die gewaltigen Herausforderungen auf dem Felde der Umwelt zu bestehen. Im Gegenteil: „Wir brauchen neue Formen der Technik. Wir brauchen nicht weniger, sondern einen anderen technischen Fortschritt." Der Ministerpräsident war überzeugt davon, dass durch die Technik angerichtete Schäden nur durch eine noch bessere Technik überwunden, beseitigt und eingedämmt werden können. „Das beste Grün ist weiß-blau", pflegte Strauß unter Hinweis auf bayerische Pionierleistungen im Umweltschutz zu sagen, wobei die erste Schaffung eines Umweltministeriums im Jahre 1970 weltweit eine Premiere war. Er hat auch warnend darauf hingewiesen, dass es Umweltschutz zum Nulltarif nicht gibt. Aufgabe der Politik sei es, das Wirtschaften so einzurichten, dass es sich an den Rahmenbedingungen der natürlichen Umwelt orientiert: „Ein so verstandener Umweltschutz garantiert zudem, dass ein vernünftiges Wirtschaftswachstum auch künftig von der großen Mehrheit der Bürger bejaht wird. Dies umso mehr, als Umweltschutz in den letzten Jahren in erheblichem Umfang qualitativ hochstehende Arbeitsplätze geschaffen hat."

Von Glanz und Trauer

Strauß, der Historiker, stieß als Ministerpräsident bei der Formulierung der Richtlinien seiner Politik zwangsläufig auf geschichtliche Bezüge. Weil Bayern nie ein Machtstaat, sondern in erster Linie immer ein Kulturstaat gewesen sei und weil die anderswo im 19. Jahrhundert wirkenden staatspolitischen Kräfte Nationalismus und Imperialismus in Bayern fehlten, habe Bayern eine besondere kulturelle und wissenschaftliche Prägung erfahren. Als Ministerpräsident hat Strauß aus dieser kulturellen bayerischen Tradition heraus in seiner ersten Regierungserklärung von 1978 mit einer Ankündigung überrascht: „Hervorragende

Forschungsleistungen müssen auch ausgezeichnet werden. Ich beabsichtige daher nicht nur, der Förderung der Forschung in den nächsten Jahren besonderes Gewicht zu geben – es soll auch lange geübter bayerischer Tradition entsprechend Gelegenheit geboten werden, dass der Staat hervorragende Forscher mit herausragenden Ergebnissen durch Berufung in ein neu zu schaffendes Ordenskapitel nach Art des Pour le mérite ehrt."

Es blieb nicht bei der Ankündigung, am 18. März 1980 setzte der Ministerpräsident das vom Landtag beschlossene „Gesetz über den Bayerischen Maximiliansorden für Wissenschaft und Kunst" durch seine Unterschrift in Kraft. Mit der Neustiftung des Maximiliansordens, der am 28. November 1853 von König Maximilian II. von Bayern geschaffen worden war, der als Ordensgemeinschaft den Untergang der Monarchie in Bayern überdauert hat und erst mit dem Ableben aller früheren Mitglieder in der Nachkriegszeit erloschen war, wollte Strauß in dreifacher Hinsicht bewusst ein Zeichen setzen – als Bekenntnis zur ununterbrochen weiterlebenden Geschichte des bayerischen Staates und Volkes, als Anerkennung des hohen Ranges, den Wissenschaft und Kunst für das Selbstbewusstsein dieses Staates haben, als Würdigung hervorragender persönlicher Leistung. Als der Ministerpräsident im Dezember 1981 im festlichen Rahmen der Grünen Galerie der Münchner Residenz zum ersten Mal den Maximiliansorden verlieh, schlug er den großen historischen Bogen, offenbarte dabei aber auch viel von dem, was ihn bei der Wahrnehmung seiner politischen Verantwortung für Bayern leitete: „Bereits die Gründung des ersten Maximiliansordens für Wissenschaft und Kunst fiel in eine Zeit, in der das geistige Klima Bayerns weit entfernt war von dem angeblich verhockten Konservativismus, von dem immer nur die reden, die unser Land nicht kennen. Es war eine Zeit voll innerer Bewegung. Die Menschen und Völker Europas waren auf dem Weg zu den neuen politischen und gesellschaftlichen Formen, unser Land, ganz Deutschland und Europa standen im Banne der heraufziehenden Maschinenzeit, die soziale Frage wurde auch in unserem Land immer lauter und dringlicher gestellt. In dieser Situation hat König Maximilian II. mit der Stiftung dieses Ordens, in den die erlauchtesten Köpfe des ganzen deutschen Sprachraums aufgenommen worden sind, ein Zeichen gesetzt für den Anspruch Bayerns als Kulturstaat von deutschem und europäischem Rang. Zugleich sollten Maßstäbe gesetzt werden – menschliche, wissenschaftliche, künstlerische –, Maßstäbe, die Vorbild geben und Ansporn sein sollten."

Nicht nur einmal habe ich erlebt, wie sehr die Wiederbelebung dieses Ordens zum Glanz Bayerns beigetragen hat und welch hohe Ehre er für die Ausgezeichneten bedeutete. Der große Bildhauer Hans Wimmer, mit dem meine Familie und ich bis zu seinem Tod im Jahre 1992 befreundet waren, hat keinen seiner vielen Orden mit solcher Freude und mit solchem Stolz getragen wie den Maximiliansorden. Der Historiker Golo Mann, ebenfalls Ordensträger, mit dem ich anlässlich einer Sitzung des Ordenskapitels in der Münchner Residenz zusammentraf, wusste diese Neustiftung des Maximiliansordens als kulturelle Großtat des Ministerpräsidenten Strauß nicht hoch genug zu rühmen. Er erinnerte bei dieser Gelegenheit an den berühmten Satz, mit dem die Novelle „Gladius dei" seines Vaters Thomas Mann beginnt: „München leuchtete". Durch die Ordensinitiative von Strauß gelte ein weiteres Mal das Wort „Bayern leuchtet".

Dass Franz Josef Strauß, „der Bonner", unmittelbar nach seinem Amtsantritt im Herbst 1978 auch als Ministerpräsident die Herzen der Menschen in Bayern gewinnen konnte, hing neben seiner volksnahen, unkomplizierten und offenen Art, neben seiner Fähigkeit, auf die Leute zuzugehen, neben seiner Bereitschaft, sich mit jedermann auf ein Gespräch einzulassen, wesentlich auch mit der Frau an seiner Seite zusammen. Marianne Strauß gab der Amtsführung des Ministerpräsidenten einen starken sozialen und menschlichen Akzent. Sie antwortete nicht nur auf die Hilferufe, die an sie gerichtet waren, sondern nahm hier ihrem Mann eine große Arbeitslast ab. Sie füllte ihre Aufgabe als Frau des bayerischen Regierungschefs mit Engagement und Augenmaß aus, nahm dem politischen Alltag manche zwangsläufige Härte, präsentierte in ihrer unverwechselbaren Art bayerisches Leben und bayerisches Selbstbewusstsein.

Der Tod von Marianne Strauß am 22. Juni 1984 stellte im Leben des Menschen und Politikers Franz Josef Strauß die denkbar härteste und schmerzlichste vorstellbare Zäsur dar. Gedanken der Resignation und des Rückzugs aus der Politik, die ihn seit 1945 pausenlos gefordert und oftmals über die Grenzen des Tragbaren hinaus in Anspruch genommen hatten, drängten sich auf. In dieser Situation erwiesen sich die Kinder Monika, Max und Franz Georg als beispielhafte Stützen für den Vater. Über den familiären Bereich hinaus wurde Monika Hohlmeier in der Öffentlichkeit und bei Anlässen politischer und gesellschaftlicher Präsentation an der Seite des Ministerpräsidenten zu einer jungen, umsichtigen und überzeugenden „First Lady". Mit ihrer umgänglichen und freundlichen Art gewann Monika Hohlmeier sich und damit auch ihrem Vater überall große Sympathie und Zuneigung. Ein angeborenes politisches Talent half ihr zusätzlich bei der Erfüllung dieser schweren Aufgabe. Sie sorgte mit ihrer Fröhlichkeit, obwohl selbst unter dem Verlust der Mutter leidend, dafür, dass Franz Josef Strauß den Tod seiner Frau, das kaum Erträgliche, leichter ertragen konnte.

Die Erinnerungen

Bei manchen Gelegenheiten hatte Franz Josef Strauß davon gesprochen, einmal sein Leben aufzuschreiben, was die Verlegerszene mit wachem Interesse zur Kenntnis genommen hatte. Die entsprechenden Anfragen häuften sich mit zunehmendem Alter. 1987 dann entschied sich Strauß, seine Memoiren im Berliner Siedler Verlag erscheinen zu lassen. Diese Wahl hatte ihren Grund in der herausragenden intellektuellen und verlegerischen Persönlichkeit Wolf Jobst Siedlers ebenso wie im Programm des Verlags, der mit seinen Büchern aus Geschichte und Politik zu einer Art „deutschem Nationalverlag" geworden war. Bei der Suche nach einem schreibenden journalistischen Mitarbeiter, der ihm bei der Abfassung dieser Autobiographie zur Hand gehen sollte, hatte sich Strauß für mich entschieden, was mir Herausforderung und Ehre gleichermaßen war – zu welcher besonderen Verantwortungslast diese Aufgabe werden sollte, war zu Beginn der gemeinsamen Arbeit nicht vorhersehbar.

Mit Michael Stürmer, den Strauß als Historiker sehr schätzte, auf den er durch einen Beitrag zur atomaren Strategie in der Festschrift zum 70. Geburtstag des CSU-Vorsitzenden zusätzlich aufmerksam geworden war und den er deshalb zur Mitarbeit gebeten hatte, trafen wir uns 1987 und 1988 im Münchner Privathaus des CSU-Vorsitzenden und Ministerpräsidenten in unregelmäßigen, aber nach Maßgabe des politischen Terminkalenders möglichst engen Zeitabständen zu ausführlichen gemeinsamen Gesprächen, in denen Franz Josef Strauß aus seinen Erinnerungen erzählte. Stürmer, aus seiner besonderen zeitgeschichtlichen Kompetenz heraus, und ich gaben die wenigen notwendigen Stichworte, um den roten Faden eines spannenden und ungewöhnlichen Politikerlebens nicht verloren gehen zu lassen, wobei die weitausholenden Exkurse von Strauß immer besonders interessant waren. Auch Wolf Jobst Siedler kam einige Male aus Berlin nach München, um beim schöpferischen Entstehen der Strauß-Erinnerungen mit klugen Anregungen dabei zu sein. Tonbandkassette um Tonbandkassette wurde besprochen. Parallel dazu begann ich mit der Niederschrift des Textes, im Sommer 1988 nahm Strauß diese Seiten mit in den Urlaub, um daran zu arbeiten. Am 22. September kamen Strauß, Stürmer und ich zum letzten langen Gespräch zusammen. Für den nächsten vereinbarten Termin kündigte Strauß das Thema „Spiegel-Affäre“ an. Dazu kam es nicht mehr. Am 3. Oktober 1988 starb der CSU-Vorsitzende und Bayerische Ministerpräsident.

Mitte Oktober kam es in München zu einer Unterredung, an der die drei Kinder von Franz Josef Strauß, Wolf Jobst Siedler und Ulrich Wechsler, Vorstandsmitglied der Bertelsmann AG, die zu dieser Zeit mit Siedler gemeinsam Eigentümer des Verlages war, und ich teilnahmen. Die übereinstimmende Meinung von Monika Hohlmeier, Max und Franz Georg Strauß: Wenn jemand das Erinnerungs-Werk des Vaters publikationsfähig machen könne, dann sei es Wilfried Scharnagl. Ich bat mir Bedenkzeit aus und sagte dann zu. Die nächsten Monate, bis in den Sommer 1989 hinein, waren, meine „normale“ Arbeit beim Bayernkurier ging weiter, von Abend- und Nacht-, von Wochenend- und Feiertagsarbeit ausgefüllt. Dass „Die Erinnerungen“ rechtzeitig und in der dann weithin anerkannten Qualität für das Erscheinen im Herbst 1989 fertiggestellt werden konnten, ist auch der sachlich und fachlich exzellenten Mitarbeit von Thomas Karlauf zu danken, damals Lektor im Siedler Verlag und 2007 als Autor einer fulminanten Biographie über Stefan George hervorgetreten.

Die Erinnerungen von Strauß wurden ein großer Erfolg. Neben der Originalausgabe im Siedler Verlag erschien das Buch in vielen Sprachen, wobei ich mich über die russische und chinesische Ausgabe besonders gefreut habe. Den Vorabdruck der Erinnerungen von Franz Josef Strauß sicherte sich „Der Spiegel", ein Vorgang nicht ohne Ironie, der dem Autor sicher gefallen hätte. Rudolf Augstein hatte nach der Lektüre der ersten 150 Seiten kommentiert: „Ich hör' ihn spucken." Herbert Riehl-Heyse, damals für kurze Zeit Chefredakteur des „Stern", stellte nach dem Lesen des Manuskriptes fest, das sei „absolut authentisch, so redet und schreibt nur Strauß".

Auf der Suche nach der verlorenen Zeit

Einmal im Jahr, im August, ließ Strauß für eine Woche völlig von der Politik los, begab sich im Freundeskreis auf die Suche nach der verlorenen Zeit der Jugend. Siebenmal war ich dabei, als man sich zu abenteuerlichen Alpenfahrten in Geländewagen zusammenfand. Strauß persönlich und niemand sonst bereitete die jeweilige Route akribisch mit Generalstabskarten vor, legte die Länge der Etappen fest, bestimmte den Übernachtungsort, suchte das Quartier aus. Die höchsten Alpenpässe wurden überquert, die entlegensten Straßen – auch dort, wo sie diesen Namen nicht mehr verdienten – befahren, nicht selten so eng, dass beim Entgegenkommen eines Fahrzeuges, was zum Glück nicht oft geschah, ausgestiegen und der eigene Wagen gesichert werden musste. Kreuz und quer ging es durch die italienischen, französischen und Schweizer Alpen, durchaus auch mit einem Abstecher über die jugoslawische Grenze. Und schon von München aus fuhr man in Richtung Brenner nicht über die Autobahn, sondern, gewissermaßen zum Anwärmen, über die Kesselbergstraße. In den ersten Tagen reichte der von den Fahrtteilnehmern mitgebrachte bayerische Proviant, zu dem Käte Schmid, die langjährige Haushälterin der Familie Strauß einen besonders liebevoll-fürsorglichen Beitrag leistete, noch aus. Nach dem Verzehr der heimischen Vorräte wurden der Einkauf italienischer oder französischer Kost und die dann auf grünen Wiesen veranstaltete Rast zu einem Höhepunkt des jeweiligen Reisetages.

Selten habe ich Franz Josef Strauß so entspannt, so offen für Gespräche über Gott und die Welt, so menschlich und so herzlich erlebt wie auf diesen Fahrten. Er wusste sich in diesem Personenkreis, dem er voll und ganz vertrauen konnte und vertraute, zu gut aufgehoben, als dass er Zurückhaltung und Vorsicht in seinen Äußerungen hätte üben müssen. Man sprach über alles, über Nebensächliches und Wichtiges, über Persönliches, über Beobachtungen am Wegesrand.

Selbstverständlich konnte, weil Verkehrsschwierigkeiten und Straßenhindernisse auftauchten, auch bei sorgfältigster Vorbereitung der Zeitplan nicht immer eingehalten werden. Vorschläge der Begleiter, die Tagesstrecke wegen angebrochener und fortschreitender Nacht zu verkürzen, stießen beim unerbittlichen Strauß auf taube Ohren. Das Ziel, das man sich gesetzt hatte, musste erreicht werden. Ich erinnere mich, als wir einmal um zwei Uhr in der Nacht in einer Ortschaft in der Gegend von Bergamo in einem Gasthaus, in dem wir angemeldet waren, den erschrockenen Wirt aus dem Bett holten, der zu dieser Zeit längst nicht mehr mit der angemeldeten bayerischen Reisegruppe rechnete und verständlicherweise irgendwelches nächtliche Ungemach befürchtete. Bei aller Perfektion in der Kunst der Kartenleserei, für die Strauß ein Monopol in Anspruch nahm, passierte es hin und wieder doch, dass dort, wo ein Weiterkommen für möglich gehalten worden war, der Weg ins Nichts oder an sein Ende führte. Die Debatte darüber fand stets damit ihren Abschluss, dass Strauß an der Fehlerhaftigkeit des Kartenmaterials heftige Kritik übte.

Bei aller Fröhlichkeit, Jugendbewegtheit und Abenteuerlust, von denen diese unbeschwerten Tage im August jedes Jahr gekennzeichnet waren, wenn wir auf alten Militärstraßen, auch aus dem Ersten Weltkrieg, unterwegs waren und auf Gedenkkreuze oder Mahnmale stießen, die an Kampf und Tod erinnerten, war Franz Josef Strauß schlagartig wieder bei dem Gedanken an den Verhängnischarakter der Geschichte, der ihn nie wirklich losgelassen hat. Man redete dann über die Irrwege europäischer Politik, auf denen die Völker mit unendlichen Opfern an Menschenleben in Kriege getrieben wurden, die rational zu erklären oder verständlich zu machen dem vergeblichen Versuch gleichkamen, der Sinnlosigkeit Sinn zu geben.

Für alle, die von Strauß zu diesen Fahrten eingeladen waren und mit ihm unbeschwerte Tage weitab vom politischen Geschäft verbrachten, war dies jedes Mal eine Urlaubswoche der besonderen Art. Karl Dersch, damals Direktor von Mercedes-Benz in München und über den Tod hinaus ein treuer Freund von Strauß, Peter Gauweiler, der sich heute noch als bekennender und praktizierender „Straußianer" vorzustellen pflegt, waren dabei, auch die Söhne Max und Franz Georg, Toni Hohlmeier, der Schwiegervater von Strauß-Tochter Monika, Wolfgang Gröbl, einst Landrat von Miesbach, dann Bundestagsabgeordneter und Staatssekretär, Siegfried Lengl, Hauptgeschäftsführer der Hanns-Seidel-Stiftung und dann Staatssekretär in Bonn, oder der Arzt Valentin Argirov – immer wenn wir uns sehen, kommt zwangsläufig die Rede auf jene unvergessenen Tage im August, die ihren Ausklang in einem heiteren und ausgedehnten Abendessen in Südfrankreich zu finden pflegten.

Auch in seinem letzten Lebensjahr erfuhr Franz Josef Strauß die Freude dieser Reise, deren Vorbereitung und Durchführung ihm so sehr am Herzen lag und aus der er Kraft für seine politische Arbeit zu schöpfen wusste. 1988 reichte diese Kraft nur bis zum 3. Oktober. An diesem Tag starb der CSU-Vorsitzende und Bayerische Ministerpräsident, nachdem er zwei Tage vorher auf der Jagd zusammengebrochen war, ein Schicksal, das jeden geschichtsbewussten Bayern an den großen mittelalterlichen Kaiser Ludwig den Bayern erinnern musste, der bei einer Jagd bei Fürstenfeldbruck vom Tode ereilt worden war.

Als Bayerischer Ministerpräsident starb Franz Josef Strauß aus dem Amt heraus, das er einst als das schönste der Welt bezeichnet hatte. Die Art und Weise, wie er dieses Amt mit Kopf und Herz für sein geliebtes Bayern geführt hat, bestätigt, wie ernst es ihm mit dieser Aussage war.

Was fehlt, was bleibt

Beim Tode jedes Menschen wird von der Lücke gesprochen, die er hinterlässt. Auch beim Tode von Franz Josef Strauß war das so. Zwei Jahrzehnte nach der dramatischen Zäsur, die der Tod von Strauß für die deutsche und bayerische Politik, vor allem aber auch für die Christlich-Soziale Union bedeutet hat, stellen sich Fragen. Was fehlt? Was bleibt? Was wirkt weiter?

Mit Strauß hat Deutschland und Bayern eine unverwechselbare, ungewöhnliche und farbige politische Gestalt verloren, wie nur ganz wenige in der deutschen Nachkriegsgeschichte hervorgetreten sind. Er hat wie kaum ein anderer die Phantasie der Menschen beschäftigt, ihre Köpfe und Herzen. Er ließ niemanden unberührt, hat Zuneigung und Liebe, aber auch Ablehnung und Hass auf sich gezogen. Von den Aufbaujahren der Bundesrepublik Deutschland an war er da, gehörte im Bild und im Bewusstsein der Menschen einfach dazu, über vier Jahrzehnte gestaltete er, aus welchem Amt heraus immer, deutsche und bayerische Politik. Die politische Bühne ohne Strauß – eine geradezu abwegige Vorstellung. Generationen von Menschen sind mit ihm groß geworden, andere sind zu seinen Lebzeiten heran- und nachgewachsen. An Aufhören mit der Politik, daran glaubte bei ihm niemand. Als Mann im Ruhestand war er nicht zu denken.

Jäh war sein Tod, der ihn aus einem Leben voller Kraft riss. Weil dieser Tod so plötzlich war, das mit ihm verbundene Erschrecken so groß, war der Schock so tief, die Trauer so echt. Die deutsche Politik ohne einen ihrer großen Mitgestalter? Bayern ohne seinen Ministerpräsidenten? Die CSU ohne ihren Vorsitzenden?

Die zwanzig Jahre, die seit dem Tode von Franz Josef Strauß am 3. Oktober 1988 vergangen sind, lassen auf diese Fragen erste Antworten geben. Schon geschichtliche Vergleiche laufen Gefahr, missverstanden zu werden, auf die deutsche Geschichte bezogen und in politischen Debatten verwendet, fehlt es hier nicht an warnenden Bespielen. Auf die Vergleiche von Personen sich einzulassen, wäre von Haus aus der falsche Weg. Jeder Mensch hat seine eigene Individualität, keiner gleicht dem anderen. Wer sich deshalb aufmachen wollte, in der Reihe der Politiker nach ihm, unter seinen Nachfolgern und Erben einen zweiten Strauß zu suchen, müsste von Haus aus in die Irre gehen. Jene, die ihm in der Verantwortung für Bayern und die CSU folgten, waren und sind gut beraten, dies in den eigenen Schuhen und nicht in denen von Strauß zu tun. Theo Waigel, Edmund Stoiber und Erwin Huber in der Führung der CSU, Max Streibl, Edmund Stoiber und Günther Beckstein in der Regierung des Freistaates Bayern – sie alle waren und sind klug genug, eigene Person mit eigener Prägung und eigener Farbe zu sein, aber dennoch sich in einer von Strauß geschaffenen verpflichtenden Tradition zu wissen, sein Erbe zu kennen, es zu wahren, fortzuführen und nach Kräften zu mehren.

Strauß war im politischen Geschehen der deutschen Nachkriegsgeschichte ein Unikat. Er musste sich um diese Einmaligkeit nicht zu bemühen, sie war ihm – er hätte das in seiner selbstverständlichen Christlichkeit so gesagt – von Gott mitgegeben. Er hat die Talente, mit denen er von Geburt an reichlich ausgestattet worden war, nicht vergraben, er hat sie genommen und das Beste daraus gemacht. Entscheidend dabei war, dass er die Gaben des Kopfes und des Herzens, mit denen er so wohl versehen war, ein Leben lang für andere eingesetzt hat, ohne Rast, ohne Schonung, ohne Rücksicht auf sich selbst. Er stand in der Pflicht für das Gemeinwohl, nur für dessen Interessen war er in pausenlosem Kampf. Nicht zu fragen, was man für sich, sondern was man für sein Land und für andere tun könne – durch den ehemaligen amerikanischen Präsidenten John F. Kennedy ist dieses Wort berühmt geworden. Strauß hat immer nur gefragt, was er für sein Land, für sein Bayern und das Vaterland Deutschland, für das größere Europa, für die friedlichere, gerechtere und reichere Ordnung der Welt, für seine Partei, die Christlich-Soziale Union, tun könne. Und er hat nicht nur gefragt, er hat mit einer Lebensleistung, die zu weiten Teilen Geschichte geworden ist, darauf geantwortet.

Das Besondere an Franz Josef Strauß, das Unverwechselbare, das Herausragende aus einer nicht selten beklagten grauen Durchschnittlichkeit, das, was nicht zu wiederholen und nicht nachzuahmen ist, das fehlt. Wie ein Politiker gegen Tod und Teufel focht, wenn er eine Sache für richtig hielt und sich seinem Gewissen verpflichtet sah, sie um jeden Preis und auch angesichts einer Übermacht an Gegnern durchzufechten – Beispiele dafür im heutigen Politikbetrieb zu finden, fällt schwer. Auch Strauß kannte den einer demokratischen Ordnung innewohnenden Zwang zum Kompromiss und wusste danach zu handeln, aber das bedeutete für ihn nicht williges Nachgeben von vorneherein, sondern Streiten bis zum letzten Punkt, um das für besser gehaltene eigene Konzept durchzusetzen.

Weil sich an Strauß die Geister schieden, konnten die Menschen auch seine Politik unterscheiden – was er mit seiner Partei wollte, war etwas anderes als das, was andere mit ihren Parteien wollten. Ob in der Regierung oder in der Opposition, immer war er auf Klarheit aus, darauf, dass zwischen klarer Alternative und anpasserischer Variante scharf unterschieden werden konnte, auch deshalb, damit die Menschen in ihrer Eigenschaft als Wählerinnen und Wähler deutlich zu erkennen vermochten, wofür die eine Partei und wofür die andere steht. In diesem Sichtbarmachen von politischen Unterschieden sah Strauß auch ein gutes und praktikables Rezept, das politische Interesse der Menschen wach zu halten, ihr inneres Dabeisein am politischen Geschehen zu fördern und dadurch die Teilnahme an Wahlen in ihrer Notwendigkeit einsichtig zu machen. Auch eine Große Koalition, so die Einschätzung und die Praxis von Strauß in den Jahren 1966 bis 1969, durfte nicht zu einer Verwischung der politischen Grenzen zwischen den lediglich in einer Zweckgemeinschaft auf Zeit vereinten Partnern führen. Der Unterschied musste auch hier kenntlich bleiben, um nach Beendigung einer solchen vom Wähler geschaffenen Zwangsallianz wieder in eine glaubwürdige Ausgangs- und Gegenposition zu kommen.

Die eigene Meinung, nach breiter Information und ernsthaftem Nachdenken gebildet, stellte Strauß stets über Meinungsumfragen. Ginge es nach den Ergebnissen der Meinungsforschung, nach den freundlichen Gefälligkeiten der Markenartikelwerbung, nach der schöneren Krawatte oder dem modischeren Anzug, so könnte er ja wohl, pflegte Strauß gelegentlich zu scherzen, der Vorsitzende einer 5-Prozent-Partei sein. Dass er seine CSU aber in Wahlerfolgs-Höhen von über 55 Prozent führte und dort dauerhaft ansiedelte, war für Strauß stets auch ein Indiz dafür, dass es nicht Sache eines starken Politikers sein könne, sein Tun und Handeln ängstlich an Meinungsumfragen auszurichten, sondern dass es vielmehr seine Pflicht sei, eine eigene Meinung zu haben und diese durchzusetzen. Kurzum: Meinungsführerschaft statt Meinungsumfragen! Was aus einer solchen Haltung beim Vergleich der Zeit von und der Zeit nach Strauß gelernt werden könnte, liegt auf der Hand.

Verbunden mit der Bereitschaft, über angeblich oder tatsächlich in Meinungsumfragen erkundete Mehrheiten hinwegzugehen, verfügte Strauß über die Fähigkeit und den Mut zu einsamen Entscheidungen. Nicht zuerst ängstlich fragen, wo und wofür es Mehrheiten gibt, was tatsächlich oder angeblich ankommt, sondern zuerst handeln, das zu tun, worauf es ankommt, mit Argumenten überzeugen und durch Führungskraft Mehrheiten gewinnen – besonders an den Höhepunkten seines politischen Lebens wird dieses Persönlichkeitsprinzip von Strauß in aller Klarheit sichtbar. Als Verteidigungsminister hat er gemeinsam mit Bundeskanzler Konrad Adenauer die Bundeswehr gegen heftigsten Widerstand der Opposition, gegen die Haltung vieler Medien und gegen eine klare Mehrheitsstimmung in der Bevölkerung aufgebaut – und bei der Bundestagwahl danach, 1957, haben CDU und CSU zum ersten und einzigen Mal in ihrer Geschichte die absolute Mehrheit gewonnen. Hätte sich die politische Führung damals nach Meinungsumfragen gerichtet, es wäre nie zu einem deutschen Verteidigungsbeitrag gekommen, ein Versäumnis mit unabsehbaren verhängnisvollen Folgen. Noch ein zweites Beispiel: Im ostpolitischen Entspannungstaumel zu Beginn der siebziger Jahre gehörte großer Mut dazu, sich gegen den Strom der öffentlichen und veröffentlichten Meinung und gegen die Stimmung in der Bevölkerung zu stellen und gegen die auf Anerkennung der Zweiteilung Deutschlands gerichtete Deutschlandpolitik der SPD/FDP-Koalition vor dem Verfassungsgericht zu klagen, und dies ohne jede breite Unterstützung aus dem eigenen politischen Lager. Strauß hat geklagt und in der Sache gewonnen, weil er Tapferkeit vor dem politischen Feind ebenso wie vor dem politischen Freund bewies. Nicht die Mehrheit für oder gegen eine Sache, deren Richtigkeit und Notwendigkeit bestimmten seine Haltung.

Franz Josef Strauß verfügte mit seiner Redekraft über ein Instrument der Argumentation und, wenn es geboten war, auch der politischen Agitation, mit dem er die Menschen zu gewinnen wusste, was er in Tausenden von kleinen Versammlungen und großen Kundgebungen unter Beweis stellte. Es gab neben ihm nur wenige Politiker, die mit der Kraft ihres Wortes die Kraft ihrer Gedanken so überzeugend und durchdringend zum Ausdruck zu bringen vermochten. Dass die Menschen zwei oder drei Stunden auf Straßen und Plätzen ausharrten, nicht nur bei freundlichem Sommerwetter, um den nicht leichten und oft auch nicht leicht verständlichen Überlegungen des Redners zu folgen – schon zu seinen Lebzeiten stand Strauß mit dieser von ihm ausgehenden Anziehungskraft allein.

Der CSU-Vorsitzende, Bundesminister und Bayerische Ministerpräsident hatte nicht nur die Fähigkeit, Massen von Menschen in seinen Bann zu schlagen, in Aufmerksamkeit ausharren zu lassen, ihre Zustimmung und ihre Stimmen zu gewinnen. Nicht minder verfügte er über die Offenheit, über die Unkompliziertheit, über die Kunst, über die Herzlichkeit, auf den einzelnen Menschen zuzugehen, ihn aber auch auf sich zugehen zu lassen. Weder sichtbare noch unsichtbare Barrieren umgaben ihn, den Mann aus dem Volk. Er brauchte sich zu Volks- und Bürgernähe nicht zu zwingen, sie war ihm angeboren, nicht Ergebnis wahltaktischer Absichten. Strauß hatte viel zu sagen, aber er konnte auch zuhören. Für ihn gab es keine Kluft zwischen „denen da oben und denen da unten". Er redete in Bayern mit den Menschen in der Sprache ihrer Heimat und wurde auch außerhalb Bayerns überall verstanden. Vorsitzender einer Volkspartei zu sein, war ihm nicht ein Titel unter vielen, er war ihm Auszeichnung und Herzenssache zugleich. Geradezu wütend wurde Strauß, was ich nicht nur einmal beobachten konnte, wenn politische „Würdenträger", auch aus der eigenen Partei, meinten, beiläufig und beiseiteschiebend mit „einfachen" Menschen umgehen zu müssen. Die Rüge solchen Verhaltens hätte schärfer nicht ausfallen können, als sie es tat.

Das politische Erbe, das Franz Josef Strauß hinterlassen hat, ist groß und reich, wiegt verantwortungsschwer. Es hat die erste Generation der Nachfolger verpflichtet, es verpflichtet die zweite. Auf allen Ebenen, auf denen Strauß in den vier Jahrzehnten seines politischen Handelns seine tiefen und unverwechselbaren Spuren hinterließ, geht es darum, Erreichtes zu sichern und Begonnenes fortzusetzen, im nationalen deutschen Rahmen, auf europäischer Ebene, auf dem Boden der bayerischen Heimat. Zusammenzuführen und zusammenzuhalten ist der daraus erwachsende Gesamtauftrag mit der Substanz und der Kraft der großen Volkspartei CSU. Strauß hat sie in ihrer Einmaligkeit zu dem gemacht, was sie wurde und immer noch ist, die einzige starke politische Kraft, welche die Interessen Bayerns und seiner Menschen nach außen und nach innen vertritt. Die CSU in ihrer Stärke bewahren, heißt Bayern in seiner Stärke bewahren und dafür zu sorgen, dass die Stimme des Freistaates in der deutschen und europäischen Politik nicht überhört und sein Gewicht in die richtige Waagschale in Berlin oder Brüssel gelegt wird.

Weil Strauß und die Gründergeneration überkommene parteipolitische Beengungen aus der Periode von Weimar überwunden und mit der Gründung einer neuen Partei, der CSU, die Türen für alle Menschen aufgemacht haben, die in ihr eine politische Heimat suchten, konnte die CSU zu der Volkspartei werden, in der sich das ganze Bayern und alle seine Menschen wiederfinden. Vor allem aber hatte Strauß, der in sich Gegensätzliches zu vereinen wusste, stets darauf geachtet, dass die Partei nicht in Flügel zerfiel und damit erheblich geschwächt würde. Strauß hat in seiner weitgespannten Art für den einfachen Mann ebenso gesprochen wie aus seiner marktwirtschaftlichen Kompetenz für den Wirtschaftsführer, aus seinem historischen und volkswirtschaftlichen Wissen für Professoren ebenso wie aus seiner familiären Herkunft für die Bauern. Auch deshalb hielt und hält die Partei zusammen, splittert sich nicht in einzelne Interessensgruppen auf, verfällt nicht in fruchtlose interne Kämpfe. Diesen Zusammenhalt, eine kostbare Hinterlassenschaft der Ära Strauß, gilt es auch im 21. Jahrhundert zu wahren und zu sichern.

Von Strauß stammt das Wort, dass jemandem, der im Zusammenhang mit Bayern an eine Partei denke, nur die CSU einfallen dürfe. Die Liebe zur bayerischen Heimat und ihren Menschen ist ein Stabilitätselement im Selbstverständnis der CSU. Die Partei ist keine Filiale einer fernen Zentrale, wie dies bei den anderen Parteien im Lande der Fall ist. Sie gewinnt ihre Stärke und Einmaligkeit daraus, dass sie nur in Bayern zur Wahl steht und in ihrer geschichtlich gewachsenen und bewährten Eigenständigkeit Verantwortung trägt und Politik gestaltet. Jeden Anschlag auf die Souveränität der CSU – und immer wieder gab es in der Schwesterpartei CDU Kräfte, die dazu neigten und die Gründung der CSU für einen „Geburtsfehler" hielten, um Heiner Geißler zu zitieren – hat Strauß mit aller Härte abgewehrt. Auch daraus sind dauerhaft Lehren zu ziehen. Bayern konnte nur deshalb die deutsche Nachkriegsgeschichte so tiefgreifend mitgestalten und mit eigener Handschrift zum Auf- und Ausbau eines freiheitlich-demokratischen Deutschlands beitragen, weil das Land in der CSU eine eigene und eigenständige Vertretung hatte und hat. Dies war möglich, weil die CSU zwar eine bayerische, aber keine Bayernpartei ist.

Von Anfang an hat sich die CSU ihrer nationalen Verantwortung gestellt. Sie war – und Strauß war stets an vorderster Front dabei – der Wächter der Einheit der Nation, hielt ehern daran fest, als andere offen oder auf krummen Wegen dabei waren, die Teilung Deutschlands anzuerkennen. Zum bundesweiten Anspruch der CSU gehört, dass sie in allen wichtigen Fragen deutscher Politik mitredet und mitentscheidet, überall dort unbequemen Widerstand leistet, wo sie Irrwege erkennt. Von Strauß hat die CSU gelernt, dass Deutschland entschlossen und notfalls kämpferisch seine nationalen Interessen wahren muss, weil dies auch für andere Völker und Staaten eine Selbstverständlichkeit ist. Bedenkliche Entwicklungen in der Europäischen Union hin zu einer weiteren Aushöhlung deutscher Staatlichkeit, womit eine zunehmende Einbuße an bayerischer Eigenstaatlichkeit verbunden wäre, fordern die Wachsamkeit bayerischer Politik – im Klartext: die der CSU in besonderer Weise. Als Land mit einer dichten geschichtlichen Identität kommt Bayern in gewachsener Selbstverständlichkeit die Rolle eines Anwalts des Föderalismus zu, der darum ringt, dieses Ordnungsprinzip auch in der Bundesrepublik Deutschland und in der Europäischen Union wirksam und lebendig zu erhalten. Europas geschichtlicher und geistiger Reichtum kann nur bei der Wahrung der Identität seiner Nationen und, hier hat die CSU stets einen eigenen Akzent gesetzt, der heimatgebenden Lebensfähigkeit seiner Regionen bewahrt werden.

Zur Geschichte der CSU und zu ihrer Geschichte unter Strauß gehörte immer auch eine starke außen- und verteidigungspolitische Komponente. Die Weltlage hat sich gegenüber der Ost-West-Konfrontation zu Zeiten des Kalten Krieges geändert, sie ist aber nicht weniger bedrohlich geworden. Gemütliche Beschränkung auf das heimische Bayern hat es deshalb für die CSU nie gegeben und wird es, weil dies für die Partei ein Stück Selbstpreisgabe bedeuten würde, nicht geben. Der Aufbruch in die Welt, von Bayern aus und für Bayern von Strauß schon vor Jahrzehnten vielfach demonstriert, ist seither zum politischen Alltag bayerischer Ministerpräsidenten und Minister geworden. Bayern ist in der Welt zu Hause, die Welt kommt nach Bayern. Dieses Signal steht gegen ein gefährliches Fehlurteil, aus dem heraus es weitverbreitete Übung geworden ist, die Globalisierung nur zu beklagen, ihre Chancen aber nicht zu sehen und zu nutzen. Bayerns frühe Öffnung zur Welt, von Strauß durchgeführt, muss die Selbstverständlichkeit bleiben, die sie unter der Führungsverantwortung der CSU für den Freistaat geworden ist. Eine solche Haltung entspricht zudem der bayerischen Selbstverständlichkeit, Heimatliebe und Weltoffenheit in Einklang zu bringen.

Strauß stand nicht nur für bayerische Weltoffenheit, nicht weniger verkörperte er bayerische Bodenständigkeit. Das Wissen um Herkommen und Wurzeln, um die Unentbehrlichkeit vom Zusammenhalt der Menschen, um das sichere Stehen auf heimatlichem Grund – keine Partei kann solche Positionen gelassener und ehrlicher vertreten als die CSU. Sie hat viele Schmähungen hinnehmen müssen, als sie sich auf Drängen von Strauß schon Mitte der siebziger Jahre dazu bekannte, auch eine konservative Partei zu sein. Eine Politik, die Bayerns Tradition, Reichtum, Vielfalt und Glanz erhalten und für kommende Generationen sichern will, worum sich die CSU bemüht, muss auch die Kraft zum Bewahren haben und davor die Fähigkeit, das Bewahrenswerte zu erkennen. Die Politik, für die Strauß stand, bezieht ihre Orientierung aus einer dauerhaften Wertordnung, ruht auf der Grundlage abendländischen Denkens und auf dem reichen geschichtlichen und kulturellen Erbe Bayerns, sie geht davon aus, dass gemeinsame Heimat, Sprache und Kultur dem einzelnen Menschen Geborgenheit und der Gemeinschaft Identität geben.

Vor diesem Hintergrund hatte die CSU den Weitblick und die Fähigkeit, das moderne, wissenschaftlich-technisch fortschrittliche und wirtschaftlich erfolgreiche Bayern zu schaffen, ohne dass das Land dabei sein menschliches Gesicht verloren hätte. Bayerische Politik hat die richtige Mitte zwischen Beharren und Fortschritt eingehalten, hat sich nicht auf Veränderungen der Veränderung halber eingelassen, sondern nur dann, wenn sie Verbesserungen brachten. Fortschritt ist für den Konservativen nicht Selbstzweck, er muss stets im Dienste der Menschen und der nachfolgenden Generationen stehen.

Bei allem Wandel der Gesellschaft und bei aller Säkularisierung hat die CSU an der seit ihrer Gründung geltenden Grundorientierung am christlichen Menschenbild und an der christlichen Wertordnung nie gerüttelt oder rütteln lassen. Deshalb, Strauß hat gerade darauf immer wieder hingewiesen, weiß die CSU um die Begrenztheit und Unvollkommenheit des Menschen, und deshalb weiß sie auch, dass es keine perfekte und fehlerfreie Politik gibt. Politische Ideologien, die sich als Heilslehren ausgeben und das Paradies auf Erden versprechen, pflastern den Weg zur Hölle, wie es Strauß formuliert hat. Deshalb misstraute er allen Utopien, war bei aller grundsätzlichen Markierung seiner Politik immer auch ein großer Pragmatiker, dem die politische Alltagsarbeit nicht Last, sondern Freude war, vor allem dann, wenn er wieder einem einzelnen Menschen helfen konnte. Nur wer groß ist im Kleinen, kann auch groß sein im Großen, war eine seiner Erfahrungen.

Die Christlich-Soziale Union hat sich in ihrer Verantwortung und in ihrer Politik für Bayern und Deutschland stets als eine Partei der Mitte verstanden. Sie hat sich diese Position nicht streitig machen lassen, als andere Parteien, beispielsweise die SPD, den Anspruch erhoben, sie seien diese Kraft der Mitte. Franz Josef Strauß als Vorsitzender der großen Volkspartei CSU hat sich an diesen Standortdiskussionen leidenschaftlich und kämpferisch beteiligt. Die CSU als große Volkspartei werde sich nicht aus dieser Mitte vertreiben lassen, stellte er fest, und fasste zusammen, wovon der Begriff Mitte aus seiner Sicht bestimmt werde:

- vom christlichen Sittengesetz in der weitesten Auslegung des Wortes und der darauf gegründeten Verantwortung für den Menschen als ein Individuum, aber nicht als Baustein eines zum Selbstzweck erhobenen gesellschaftlichen Gefüges;
- von der Tradition des abendländischen Humanismus, seines Menschheits-, Wissenschafts- und Fortschrittsbegriffes;
- von der Ablehnung eines zum Selbstzweck erhobenen kapitalistischen Systems;
- von der Zurückweisung kollektivistischer Organisationsformen, wie sie vom Marxismus-Leninismus und vom Sozialismus versucht worden waren und von versprengten Anhängern immer noch versucht werden;
- von einem klaren Ja zum Ordnungssystem der Sozialen Marktwirtschaft, das weder im Dienst des Kapitals noch des Kollektivs, sondern im Dienst der wirtschaftlichen und geistigen Freiheit des Menschen stehen muss;
- von der Treue zum demokratischen Staat, der Freiheit garantiert und die Freiheit seiner Bürger im Innern und nach außen schützt;
- von der Fähigkeit, ein geläutertes deutsches Nationalbewusstsein mit der europäischen Gemeinschaftsaufgabe geistig, moralisch und faktisch zu verbinden.

Aus diesem Programm der Mitte, das auch zwanzig Jahre nach dem Tod von Franz Josef Strauß nichts von seiner andauernden Gültigkeit und von seiner verpflichtenden Aussagekraft verloren hat, ergeben sich Wegweisungen für Gegenwart und Zukunft. Wenn sich die Christlich-Soziale Union daran hält, hat sie alle Chancen, den Weg des Erfolges, den Strauß gebaut hat, erfolgreich weiter zu gehen.

Vor zwanzig Jahren:
Zum Tod von Franz Josef Strauß

Nach dem Tod des Hausherren am 3. Oktober 1988:
Trauerbeflaggung an der Bayerischen Staatskanzlei in der Münchner Prinzregentenstraße

Betroffen und getroffen von den Schlagzeilen zum Tode von Franz Josef Strauß:
Innenstaatssekretär Peter Gauweiler, Innenminister August R. Lang und Sozialstaatssekretär Heinz Rosenbauer

Im Münchner Prinz-Carl-Palais:
Die Bayerische Staatsregierung, versammelt um den stellvertretenden Ministerpräsidenten Max Streibl,
verneigte sich in Dankbarkeit, Wertschätzung und Trauer vor Franz Josef Strauß, der fast ein Jahrzehnt
Regierungschef des Freistaates Bayern gewesen war.

Eintragung in das Kondolenzbuch der Bayerischen Staatsregierung:
Bundespräsident Richard von Weizsäcker

Trauersitzung des Bayerischen Landtags:
Landtagspräsident Franz Heubl spricht.

Trauerzug auf dem Münchner Odeonsplatz:
Ein demokratischer Politiker wird, so Golo Mann, von seinem Volk wie ein König zu Grabe getragen.

Trauergeleit in der Münchner Ludwigstraße für Franz Josef Strauß,
der stets stolz darauf war, ein Münchner zu sein:
Bundespräsident Richard von Weizsäcker, Bundeskanzler Helmut Kohl
und Bundestagspräsident Philipp Jenninger in der ersten Reihe

In der Klosterkirche von Rott am Inn:
Gebirgsschützen hielten die Ehrenwache für den verstorbenen Ministerpräsidenten.

Die Gruft in Rott am Inn:
Letzte Ruhestätte von Franz Josef Strauß

„Deine Augen sollen geradeaus schauen,
und Dein Blick richte sich nach vorn!"

(Spr. 4,25)

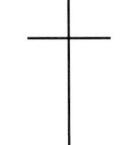

Zum Gedenken
im Gebete an

Franz Josef Strauß

Bayerischer Ministerpräsident

Vorsitzender der
Christlich-Sozialen Union

* 6. September 1915
† 3. Oktober 1988

Sein irdisches Leben gehörte
seiner Familie und seinem Volk.
Sein ewiges Leben gehört Gott.

64

65

Trauer um den Vater, Schwiegervater und Bruder:
Max und Franz Georg Strauß, Monika und Michael Hohlmeier, Maria Strauß

*Dankbar rückwärts, mutig vorwärts,
gläubig aufwärts*

*Ich möchte als Ergebnis meiner politischen
Arbeit und als Summe meines politischen
Lebens sagen können:*

*Ich habe vielen Menschen geholfen,
dem Frieden gedient
und meinen Beitrag geleistet, Deutschland
zu erhalten und Bayern auf dem Weg
zum schönsten Land der Welt ein gutes
Stück vorangebracht.*

Franz Josef Strauß

Eine Antwort, die zur Bilanz und zum Vermächtnis wurde:
Anfang 1988, seinem letzten Lebensjahr, schrieb Franz Josef Strauß einer Bürgerin, die ihm zu
Weihnachten und zum neuen Jahr ihre Glückwünsche übermittelt hatte:
„Dankbar rückwärts, mutig vorwärts, gläubig aufwärts. Ich möchte als Ergebnis meiner
politischen Arbeit und als Summe meines politischen Lebens sagen können: Ich habe vielen
Menschen geholfen, dem Frieden gedient und meinen Beitrag geleistet, Deutschland zu
erhalten, und Bayern auf dem Weg zum schönsten Land der Welt ein gutes Stück vorangebracht.“

Trauer, Dank, Verpflichtung

Obwohl vom 1. Oktober an, als ich die Nachricht vom Zusammenbruch von Franz Josef Strauß erhielt, der Kopf sagte, was mit der nächsten Ausgabe des Bayerkuriers an einmaliger Herausforderung auf mich zukommen würde, war das Herz nicht in der Lage, dem Rechnung zu tragen. Erst nach dem Tode am 3. Oktober konnten wir im Bayernkurier daran gehen, in vierundzwanzig Stunden eine zwanzigseitige Ausgabe zu erstellen, die nur ein Thema hatte – Franz Josef Strauß. In die Trauer mischte sich dabei Freude darüber, dass es uns gelang, unserem Herausgeber ein gedrucktes Denkmal zu setzen, das mit diesem Inhalt, in dieser Form und in diesem Umfang noch kein Politiker in der deutschen Nachkriegsgeschichte bekommen hatte. Mein Leitartikel – und nie zuvor war mir einer der vielen, die ich für den Bayernkurier schrieb, so schwer gefallen – trug die Überschrift „Tod eines Staatsmannes – Trauer, Dank, Verpflichtung":

„Die Worte fehlen, den Schmerz, die Betroffenheit, die Trauer auszudrücken, von denen die Menschen in Bayern, in Deutschland und weit darüber hinaus erfüllt sind.

Franz Josef Strauß ist tot. Er ist gestorben aus der Kraft und der Fülle eines Lebens heraus, dessen Inhalt der Dienst für andere war. Die Leistung für das Gemeinwohl, über vier Jahrzehnte lang mit letztem Einsatz erbracht, hatte bei Strauß stets Vorrang vor der Rücksichtnahme auf eigene Interessen und auf die eigene Person. Die Pflicht, wie Strauß sie verstanden und der er voll und ganz sein Leben gewidmet hat, war nach der größten Katastrophe der deutschen Geschichte aus der Überzeugung gewachsen, dass die deutsche Politik niemals wieder auf jene schrecklichen Irrwege kommen dürfe, wie sie seine Generation erlebt hatte, und dass dem deutschen Volk eine dritte Katastrophe im gleichen Jahrhundert und später erspart bleiben sollte. Strauß sah seine heilige Verpflichtung darin, mit seinen Fähigkeiten, mit seiner Kompetenz und Kapazität so lange für andere da zu sein und zu arbeiten, so lange ihm Gott die Kraft dafür geben würde. Der Bayerische Ministerpräsident und CSU-Vorsitzende hat dieses Versprechen gehalten. Für ihn galt der Grundsatz, den Cicero, den der von einer tiefen klassischen Bildung geprägte Strauß besonders schätzte, überliefert hat: ‚His salus populi suprema lex esto – Für die Regierenden sei das Wohl des Volkes das vornehmste Gebot'.

Franz Josef Strauß ist tot, die Eiche ist gestürzt – und Bayern ist verwaist, die deutsche Politik ärmer geworden, die Weltpolitik eines ihrer fähigsten Köpfe beraubt. In diesen Stunden, in denen es so schwer fällt, Fassung zu finden, ist an das Fundament zu erinnern, auf dem Strauß als gläubiger Katholik zeit seines Lebens gestanden hat und das auch seiner Partei, der CSU, verpflichtende Grundlage ihres Tuns und Handelns von Anfang an war und ist, an das christliche Sittengesetz. Damit der Schmerz nicht in auswegloser Hoffnungslosigkeit endet, ist auf die Gewissheit zu bauen, die allein der Glaube zu geben vermag. Sinnfälliger Ausdruck der Hoffnung über den Tod hinaus ist das Gebet – wenn die Menschen in Bayern für ihren Ministerpräsidenten und die Mitglieder der CSU für ihren verstorbenen Parteivorsitzenden beten, so zeigt sich auch darin, dass Bayern kein Staat wie jeder andere und die CSU keine Partei wie jede andere ist. In diesen Stunden und Tagen des Leides gilt zuerst und zunächst menschliche und christliche Anteilnahme der Familie von Franz Josef Strauß. Den Kindern, die schon vor vier Jahren durch einen kaum fassbaren Schicksalsschlag ihre Mutter verloren haben, der Schwester, deren behütende Sorge dem Bruder in all seinen 73 Lebensjahren galt.

Franz Josef Strauß ist tot – und plötzlich scheint nicht mehr zu gelten, was Friedrich Schiller einst über Wallenstein geschrieben hat: ‚Von der Parteien Gunst und Hass verwirrt, schwankt sein Charakterbild in der Geschichte.' Nicht nur die Freunde, Anhänger und Wähler seiner Politik sind erschüttert, Betroffenheit regiert auch in den Lagern des politischen Gegners. Niemand, mit Ausnahme einiger schäbiger und unbedeutender Randelemente des politischen und publizistischen Lebens, kann sich dem dramatischen Ernst der Stunde und dem Respekt vor einem Staatsmann entziehen, dessen politische Lebensleistung in weiten Teilen schon Geschichte geworden ist. Helmut Schmidt hat zur Größe von Strauß dem Sinne nach jetzt das wiederholt und bekräftigt, was er bereits zum 70. Geburtstag des CSU-Vorsitzenden festgestellt hatte: ‚Hier handelt einer, der ganz und gar von der Leidenschaft erfasst ist, der res publica zu dienen.'

Franz Josef Strauß ist tot – und mit seinem Sterben ging ein Leben zu Ende, zu dessen politischer Länge und Intensität sich in der deutschen Geschichte kam Vergleichbares finden lässt. 43 Jahre trug er Verantwortung in vielen und schweren Ämtern. In dieser Zeit wuchs der stellvertretende Landrat zum Staatsmann von weltpolitischer Dimension. Und er wuchs dabei über jedes Amt, das ihm von den Menschen durch ihr Vertrauen übertragen wurde, hinaus, wurde zu einer Größe eigener Art und zu einer Größe für sich. Strauß brauchte kein Amt, um etwas zu sein, und nicht das Amt machte den Mann, der Mann machte das Amt. Strauß führte, überzeugt von der Richtigkeit seiner guten Sache, seinen politischen Kampf stets in vorderster Linie, die Etappe war nie sein Quartier. Die Grundregel der absichernden Bequemlichkeit, nichts zu tun, um sich nicht der Gefahr eines Fehlers auszusetzen, hat Strauß für sich stets entschieden zurückgewiesen. Dass Politik, wie alles Menschenwerk, nicht von Fehlern frei sein kann, war ihm immer bewusst. Entscheidend für ihn aber war, nach sorgsam wägender Analyse, wozu ihn ein überragender Intellekt in besonderer Weise befähigte, eine einmal getroffene Entscheidung mit Mut, mit Tapferkeit des Herzens, mit Offenheit und Glaubwürdigkeit zu vertreten. Die CSU hat davon in den mehr als 27 Jahren seiner Parteiführung den größten Nutzen gehabt – unter Strauß konnte die Partei Wahlergebnisse erzielen, zu deren Ausmaß und Dauer es bei keiner Partei und in keinem anderen Land einen Vergleich gab.

Franz Josef Strauß ist tot – und die Erschütterung, die sein Sterben und sein künftiges Fehlen ausgelöst haben, hat alle Schichten unseres Volkes getroffen und erfasst. Parteigrenzen verschwinden, weil die Menschen wissen und es in diesen Tagen besonders spüren, dass Strauß zwar Parteivorsitzender, aber alles andere als ein beengter Parteipolitiker war. Strauß, der Sohn kleiner Handwerker aus München, war ein

Mann aus dem Volk. Er hat seine Wurzeln nie vergessen, konnte deshalb mit dem Volk umgehen, schaute ihm aufs Maul, ohne ihm nach dem Mund zu reden. Offen für das Gespräch mit jedermann, geprägt von gewachsener bayerischer Liberalität, stets von der Einsicht durchdrungen, dass ein errungenes Vertrauen bei den Wählerinnen und Wählern stets aufs Neue durch Leistung bestätigt und gefestigt werden muss – auf diesem Kurs ist die CSU zur einzigen und großen Volkspartei in Bayern geworden. Die Öffnung der Partei für eine breite Wählerschaft, die Überwindung konfessioneller Enge im Geiste einer christlichen Union, das Zusammenführen jener politischen Kräfte, die zusammengehören, eine weitgehende Identifikation von Bayern und CSU – auf dieser Grundlage hat Strauß die Partei zur bestimmenden politischen Kraft in Bayern und zum politischen Hoffnungsträger für Millionen von Menschen außerhalb Bayerns gemacht.

Franz Josef Strauß ist tot – und nur mit Bewunderung und Dankbarkeit kann auf das Lebenswerk eines Mannes zurückgeblickt werden, der nicht nur zu den Gründervätern unserer Partei und zu den Wegbereitern eines modernen Bayern gehörte, sondern mit Konrad Adenauer der bestimmende Baumeister unseres demokratischen Staates Bundesrepublik Deutschland war. Die entscheidenden Weichenstellungen, die unserem Gemeinwesen wirtschaftlichen Wohlstand und soziale Sicherheit im Innern, Frieden und Freiheit nach außen gebracht haben, tragen seine Handschrift. An der Seite Ludwig Erhards hat er als jüngster Abgeordneter 1948 im Frankfurter Wirtschaftsrat der Sozialen Marktwirtschaft zum Durchbruch verholfen, an der Seite Konrad Adenauers hat er gegen erbittertste Widerstände die bis heute tragfähigen Fundamente unserer Sicherheit gelegt. Franz Josef Strauß brauchte vom bundespolitischen Anspruch der CSU nicht zu reden, er hat ihn verkörpert und in die Tat umgesetzt.

Franz Josef Strauß ist tot – er starb nach einer fast zehnjährigen Tätigkeit als Bayerischer Ministerpräsident, also aus der Aufgabe heraus, die er einst selbst als ‚das schönste Staatsamt in der Bundesrepublik Deutschland' bezeichnet hat. Was er als Parteivorsitzender, in seinen 29 Jahren als Bundestagsabgeordneter und in seinen zwölf Jahren als Bundesminister nie aus den Augen verloren und stets mit Nachdruck befördert und betrieben hatte, hat er in seinem Jahrzehnt als Regierungschef des Freistaates mit Riesenschritten vorangebracht – Bayern bei Wahrung seiner Tradition, seiner unverwechselbaren Eigenart, seines menschlichen Gesichtes und seiner reichen geschichtlichen Tradition zum modernsten Land Europas zu machen. Durchdrungen von einer tiefen Liebe zu seiner bayerischen Heimat und überzeugt von den unübertroffenen demokratischen Vorzügen einer föderalistischen Ordnung hat er stets kämpferisch Position bezogen, wenn gewachsene Vielfalt von öder Gleichmacherei bedroht war. Dies war vor allem dann der Fall, wenn wuchernde bürokratische Anmaßung von Brüssel aus bayerische Gestaltungsfreiheit und bayerischen Gestaltungswillen bedrohte. Eine zukunftsorientierte Wirtschaft lag ihm ebenso am Herzen wie die Bewahrung der Umwelt, solide Staatsfinanzen ebenso wie eine beispielhafte Familienpolitik.

Franz Josef Strauß ist tot – und die Weltpolitik hat einen kompetenten Mitgestalter verloren. Das Gespräch mit Strauß wurde gesucht, sein Rat war gefragt, sein Wort geschätzt. Und dies galt für West und Ost, für Nord und Süd gleichermaßen. Die Meinung von Strauß hatte Gewicht deshalb, weil sie auf großer Sachkunde und umfassender Information gründete und weil sie, dies vor allem, stets mit gleicher Zunge vorgetragen wurde. Gerade im weltpolitischen Ausgriff von Strauß wurde der Unterschied deutlich, der den Politiker vom Staatsmann trennt – der Staatsmann nämlich fragt nicht nach der Bequemlichkeit eines Weges, sondern nach seiner Richtigkeit. Wie Strauß überhaupt kein bequemer Mann war, nicht für sich, nicht für seine politischen Gegner, manchmal auch nicht für seine Freunde. Das aber musste so sein, weil dem CSU-Vorsitzenden im politischen Geschäft kaum etwas mehr zuwider war als eilfertige Anpassung an die Moden des Tages oder die Preisgabe verantwortlichen Handelns an den flüchtigen Wind von Meinungsumfragen. Politische Führung bedeutete für ihn, Meinung zu machen, sich nicht gegen die bessere eigene Überzeugung vorgegebenen Meinungen anzupassen.

Franz Josef Strauß ist tot – und die Mitarbeiter des Bayernkurier trauern um ihren Herausgeber. ‚Sein Inhalt wird getragen sein von der Liebe zu Bayern, der Treue zu Deutschland und dem Bekenntnis zu Europa', hatte Strauß in der ersten Ausgabe des Bayernkurier, die am 3. Juni 1950 erschien, geschrieben. Er hat den Charakter dieser Zeitung bestimmt, er hat mit seinem Profil dafür gesorgt, dass die CSU als einzige demokratische Partei, wobei diese Begrenzung keineswegs nur für die Bundesrepublik Deutschland gilt, eine große und beachtete Wochenzeitung hat. Seine politische Kompetenz sorgte für den klaren Kurs unserer Zeitung, seine menschliche Qualität schuf den Geist, aus dem heraus Woche für Woche diese Zeitung entsteht.

Franz Josef Strauß lebt – er lebt in der Hand seines Herrgotts. Er lebt weiter unter uns, wenn sein Vermächtnis gewahrt und sein Erbe gesichert wird, wenn seine Weggefährten und Mitstreiter in Solidarität und Loyalität zusammenstehen, wenn die CSU ihrem Rang und ihrer Rolle als einer großen Volkspartei gerecht bleibt. Die Christlich-Soziale Union steht vor einer großen Herausforderung. Die beeindruckenden Erfahrungen politischer und menschlicher Geschlossenheit, die schon in den letzten Tagen zu beobachten waren, zeigen an, dass die CSU willens und in der Lage ist, diese Herausforderung anzunehmen und zu bestehen. Die CSU stattet ihren Dank an Franz Josef Strauß am besten dadurch ab, dass sie, von der gleichen Leidenschaft im Dienst für das Gemeinwohl geprägt wie ihr gestorbener Vorsitzender, als bestimmende politische Kraft unseres Landes mit vollem Einsatz ihre Pflicht für unseren Staat und seine Menschen erfüllt."

Helmut Schmidt:
„Auch ich bin ärmer geworden"

73 Jahre hat das Leben von Franz Josef Strauß gewährt. Viel zu kurz musste dies seiner Familie scheinen, viel zu kurz auch den Menschen in Bayern, seiner Partei, den Freunden, den Wählern, den Anhängern. Zu groß war die Erwartung auf noch viele Jahre kraftvollen politischen Wirkens, zu selbstverständlich seine seit Jahrzehnten währende herausragende politische Präsenz, zu überfordert war das Vorstellungsvermögen der Menschen, die sich die politische Bühne Bayerns und Deutschlands ohne Strauß nicht zu denken vermochten. Dieser jähe Tod musste also zwangsläufig ein Übermaß an Trauer, an Erschrecken, an Ratlosigkeit, an Fragen ohne Antwort hervorrufen.

Dennoch, auch wenn mich nach dem Verlust der Eltern kein anderer Tod mehr getroffen hat als der von Franz Josef Strauß, Verzweiflung konnte nicht die Reaktion auf den 3. Oktober 1988 sein. Dem stand schon das Fundament der Hoffnung und Zuversicht gegenüber, auf das bei einem christlich verwurzelten und christlich geprägten Menschen wie Strauß fest zu bauen war. Dem stand auch die Bilanz eines Lebenswerkes entgegen, das in seiner reichen Fülle – trotz allem Fragmentarischen, das menschlichem Tun auch in der Politik anhaftet – das Ende der Ernte erträglicher machen musste. Zudem war, was immer meine Überzeugung und sicherlich auch mein gesuchter Trost war, Franz Josef Strauß wohl nicht dazu geschaffen, ein Greis zu werden, gar in Krankheit und Schwäche sein Leben zu verbringen. Er musste sterben aus voller Aktivität und voller Tatkraft heraus, weil nur so dieser Tod zu diesem Leben gepasst hat.

Der Tod von Franz Josef Strauß hat in seiner bayerischen Heimat, hat in Deutschland und weltweit tiefe Erschütterung ausgelöst und ein weit nachwirkendes Echo hervorgerufen. Die Reden, die nach seinem Tode gehalten wurden, sprengten alle in einem Trauerfall, auch eines Prominenten, übliche Routine. Richard von Weizsäcker, der Bundespräsident, erwies sich in seiner Trauerrede im Herkulessaal der Münchner Residenz trotz – oder vielleicht auch gerade wegen – mancher auch harter Auseinandersetzungen, die er mit Strauß zeitlebens geführt hatte, als ein Mann des besonders genauen Blicks auf den CSU-Vorsitzenden und Bayerischen Ministerpräsidenten. Richard von Weizsäcker analysierte die Rolle der bayerischen Heimat als die unersetzliche Quelle der Kraft von Franz Josef Strauß: „Sein Herz hing an der Schönheit der Natur, an der unverwechselbaren Kultur und Lebensweise, an der ganz eigenständigen Geschichte Bayerns. Hingebungsvoll widmete er sich der Aufgabe, die überkommenen Werte zu bewahren und zugleich mit Bayern an der Spitze der Hochtechnologie und Industrie zu marschieren. Ihm ging es darum, die Pflege der Überlieferung mit der Dynamik der neuen Zeit zu verbinden. So verkörperte er eindrucksvoll den Respekt der Bayern vor dem Erbe, ihre Leistungskraft und den Geist der Unabhängigkeit, der sie seit eh und je auszeichnet.“ Die Analyse des Bundespräsidenten weiter: „Unaufhörlich zog es seinen rastlosen Geist in neue Gefilde, in die Luft und in den Raum. Den Kontakt zum Boden aber verlor er nie. Beides fügte er zusammen: In der fernen Welt blieb er stets der unverwechselbare Sohn seiner bayerischen Heimat. Heimatliche Wurzeln machen internationale Kompetenz überzeugend.“

Richard von Weizsäcker erkannte an Strauß die Fähigkeit, keinem Konflikt deshalb auszuweichen, weil er im Kampf nicht die gefährliche Verleitung zum Fehlurteil, sondern den besten Weg gesehen habe, um die Geister zu scheiden, die Positionen zu klären, die Verantwortlichkeiten zuzuweisen: „Wie kaum ein anderer erregte er die Menschen und brachte sie in Bewegung. Niemandem ließ er den Ausweg, gleichgültig zu bleiben. Damit trug er entscheidend zur Anschaulichkeit und Lebendigkeit der Politik bei. Bürger engagierten sich; sie identifizierten sich, für oder gegen ihn, mit der Demokratie.“ Gebildet im europäischen Geist, mit Freude am Denken, von unersättlichem Wissensdurst und mit blitzendem Verstand, habe Strauß, so Richard von Weizsäcker, sein politisches Urteil gewogen: „Er liebte es, mehrere offene Türen vor sich zu haben und nicht vorschnell durch eine von ihnen hindurchzugehen, nur um damit die anderen Optionen zu entwerten.“ Strauß wusste Grundsatztreue mit einer ausgeprägten Neigung zur wohltätigen Vernunft des pragmatischen

Handelns zu verbinden. Deshalb, so der Bundespräsident: „Bei aller hoch-
fliegenden Begabung war er ein nüchtern und realistisch urteilender
Mensch. Er, der große Konservative, war zuweilen liberaler als mancher
seiner progressiven Gegenspieler. So robust und zornerregend er oft
wirkte, so konnte er doch wahrhaft liebenswürdigen Charme entfalten."

Mit der Kraft eines Naturereignisses

Ausgestattet mit einem tiefen Gespür für die Denkweise der Menschen, verfügte Strauß über eine Sprache, die, so Richard von Weizsäcker,
„urwüchsig wie er selbst" war, kräftig in ihren Bildern und Begriffen,
alle Stufen von der Volkstümlichkeit bis zur durchdachten geschichts-
philosophischen Perspektive umfassend. Doch so außergewöhnlich diese Eigenschaften und Prägungen alle waren, entscheidend, so Richard
von Weizsäcker, blieb der politische Wille von Franz Josef Strauß – und
sein Mut, diesen Willen ganz unmissverständlich auszudrücken: „Damit
hat Franz Josef Strauß über seine Ämter hinaus Macht in der Politik,
Einfluss auf die Menschen, Autorität errungen. Er wirkte unter uns mit
der Kraft eines Naturereignisses. Die deutsche Geschichte der Nachkriegszeit zeichnet in jedem Kapitel seinen Namen."

Friedrich Kardinal Wetter, Erzbischof von München und Freising,
erinnerte in seiner Predigt im Requiem für Franz Josef Strauß im
Münchner Liebfrauendom daran, dass Strauß einmal einem guten Freund
anvertraut habe, wie sehr er sich bewusst sei, eines Tages vor Gott Re-
chenschaft ablegen zu müssen über die Talente, die er nicht aus sich
selbst besaß, sondern die ihm gegeben und anvertraut waren, die Macht
seines Wortes, seiner Ausstrahlungskraft, seiner Durchsetzungskraft.
Wetter: „Die Macht ist bei ihm nicht abgeglitten in die Anonymität.
Wie viel Macht und Autorität wird heute dadurch verdorben, dass sie
kollektiv und anonym ausgeübt wird! Dieser Versuchung ist Ministerpräsident Strauß nicht erlegen, weil er sich ganz persönlich vor Gott
verantwortlich wusste. Was wahrhaft groß ist, entscheidet sich nicht am
Beifall der Menge, sondern vor Gott, vor dem ‚jeder von uns Rechen-
schaft über sich selbst ablegen wird' (Römer 14, 12). Die Entscheidungen

fallen vor Gott, von dem es im Magnifikat heißt: ‚Die Mächtigen stürzt er vom Thron, die Niedrigen erhöht er' (Lukas, 1, 52). Darum wusste Franz Josef Strauß, und darum hat er bei aller Größe sein Knie vor Gott gebeugt, aber nur vor ihm."

Strauß sei sich bewusst gewesen, so der Münchner Kardinal, dass die ihm von Gott anvertrauten Talente nicht zum eigenen Vorteil, sondern für den Dienst an den Menschen bestimmt waren: „Er hätte sich ein angenehmes Leben machen können. Er hat es nicht getan, sondern sich aufgearbeitet. Wie niemand sonst wurde er vier Jahrzehnte hindurch angefeindet. Aber nie hat er resigniert. Im Gegenteil, unbekümmert um Verwundungen, die ihn in seinem empfindsamen Herzen sehr wohl trafen, hat er gekämpft und ist seinen geraden Weg unbeirrt weitergegangen. In Verantwortung vor Gott hat er seine Talente eingesetzt im Dienst für die Menschen und leidenschaftlich für Frieden und Freiheit gekämpft." Die Frage, woher Strauß seine Kraft und seine Standfestigkeit bezogen habe, beantwortete Kardinal Wetter mit dem Hinweis, dass man nicht in Utopien, sondern nur in der Realität Stand fassen könne: „Franz Josef Strauß war ein Realist. Er konnte sich freuen an den vielen schönen Dingen dieser Welt. Nüchtern sah er große Zusammenhänge. Sein Weitblick zeigte ihm realistische Perspektiven. Aber sein Blick hörte nicht dort auf, wo die Sehkraft unserer Augen endet. Sein Glaube öffnete ihm den Blick auch für die Tiefen der Wirklichkeit, für die geistigen Werte, die Gott in die Schöpfung gelegt hat, für die sittlichen Maßstäbe und Ordnungsprinzipien, die nicht von Menschen erfunden sind, sondern von Gott stammen und daher von keiner Macht der Welt, auch nicht von einem Parlament, außer Kraft gesetzt werden können."

Joseph Kardinal Ratzinger, der spätere Papst Benedikt XVI., in seiner Zeit als Erzbischof von München und Freising wie auch dann als Präfekt der Glaubenskongregation in Rom Strauß immer wieder begegnet und zum Freund geworden, zelebrierte den Gottesdienst bei der Beisetzung von Franz Josef Strauß an der Seite seiner Frau Marianne in der Familiengruft in Rott am Inn. Bei der Nachricht vom plötzlichen Tod von Strauß sei ihm, so der Kurienkardinal, der Titel in den Sinn gekommen, den André Malraux seinem Gedenkbuch über Charles de Gaulle gegeben habe – „Eichen, die man fällt". Ratzinger: „Wie eine Eiche ist er vor uns gestanden, kraftvoll. Lebendig, unverwüstlich, so schien es, und wie eine Eiche ist er gefällt worden. Aber vielleicht war es doch auch ein gutes Zeichen Gottes, das er ihm geschenkt hat, so kraftvoll wegzugehen wie er gewesen war, dass er so ungebeugt in unserem Gedächtnis stehen bleibt, wie wir ihn kannten."

Das erste Wort, das einem zu Strauß einfalle, so Ratzinger, sei, dass er ein Mann der Tat gewesen sei, ein Mann des politischen Handelns, voll von drängender Aktivität, und so tief er in seiner bayerischen Heimat verwurzelt gewesen sei, so reichte ihm doch nur die ganze Welt als Schauplatz seines Handelns aus, die er in seinem Blick umfasste und in seinem Handeln umspannte: „Ihn bewegte dieses vielfältige Gebilde des menschlichen Zusammenlebens in allen seinen Dimensionen – der politischen, der sozialen, der ökonomischen, der ethischen. Und es drängte ihn von innen her, gestaltend an dem Fortwirken und an der rechten Entwicklung dieses menschlichen Zusammenseins zu handeln. Dennoch, so sehr er ein Handelnder von Kraft und Entschluss gewesen ist, ist er nie bloß Pragmatiker geworden, dem es nur um das Machen, um das äußere Tun gegangen wäre. Sein Tun hatte einen geistigen Grund und eine geistige Gestalt."

Der Kardinal aus Rom machte im oberbayerischen Rott am Inn in der Bilanz eines Lebens deutlich, wie Franz Josef Strauß vom geschichtlichen Denken geprägt war und wie sehr er aus geschichtlichem Wissen heraus handelte: „Er war kein Mann jener aufgeblasenen Aufklärerei, die da meint, erst mit uns beginne überhaupt die Vernünftigkeit, und die denkt, im Laboratorium der Ideologien ließe sich die chemisch reine bessere Welt produzieren. Er wusste, dass wir in der Geschichte stehen und dass nur wachsen kann, was Wurzeln hat. Deswegen hat er sich bemüht, die Geschichte zu verstehen, in ihr zu unterscheiden, sie zu lieben und zugleich auch zu überwinden, was in ihr zu überwinden ist. Deswegen hat er mit Erfahrung, mit dem Stehen in der Geschichte Vernunft verbunden, die Sachlichkeit des Denkens, die Wirklichkeit nüchtern sieht. Argumente statt Agitation hieß eines seiner Worte, Schneisen des Realismus und der Vernunft ein anderes. Es ging ihm darum, ohne die Blendung von Vorurteilen oder von einem bloßen guten Willen, der zu träge ist oder auch zu feige, seine Möglichkeiten und seine Wege auszuloten, der Nüchternheit der Vernunft den Weg zu bahnen, beleuchtet durch Erfahrung und beleuchtet durch ein Licht, das aus größerer Tiefe kommt. Ihm lag daran, dass Politik auf weltanschaulicher Grundlage stehen muss, dass eine Partei nicht in leerem Pragmatismus voranschreiten darf, sich noch weniger bloß nach herrschenden Meinungen richten darf."

Ratzinger sprach vom hohen und gefährlichen Anspruch des Wortes „christlich" im Namen seiner Partei, dessen sich Strauß sehr wohl bewusst gewesen sei und der die daraus erwachsenden Grenzen auch deutlich unterstrichen habe: „Er hat betont, dass niemand anderem damit die Christlichkeit abgesprochen werden solle und dass er selbst nicht in Anspruch nehmen möchte, dass seine Politik als solche einfach christlich zu nennen sei. Nicht von christlicher Politik wollen wir sprechen, sagte er, sondern von Politik aus christlicher Verantwortung. Verantwortung in dem Wissen, dass unsere Vernunft in einer größeren Bildung steht, an das christliche Sittengesetz, wie er sagte. Dass unsere Vernunft nur hell und wach und rein bleibt, wenn sie ihr innerstes Wesen und ihren Grund nicht verliert, der in diesem Sittengesetz ausgesprochen ist, dass sie von ihm her handeln muss. Deswegen war er unerbittlich in dem Ringen darum, dass dieser Grund aller Vernunft unangetastet bleibe und hat darum auch den Widerspruch auf sich genommen, den solches Tun unausweichlich nach sich zieht."

Groß im Handeln, groß im Ertragen

Ratzinger sprach dann davon, dass Strauß nicht nur ein großer Handelnder, sondern auch ein großer Ertragender gewesen sei: „Das schwere Unglück in der Bundeswehr, das seine Eheschließung überschattete, der frühe Tod seiner Frau, der ihn zutiefst getroffen hat, und über Jahre hindurch eine Kampagne der Feindseligkeit, die vielfach in blanken Hass umgeschlagen ist und die Grenzen dessen, was politischer Anstand gestatten kann, oft weit überschritten hat. Und ich denke, dies sei auch eine Stunde der Gewissenserforschung in unserem Lande, indem wir über die Maßstäbe nachzudenken haben, wie wir miteinander umgehen auch dann, wenn wir gegeneinander stehen und in der uns von Neuem klar werden muss, dass es die Situation gibt, in der man um seiner eigenen Ehre und Redlichkeit willen auch den Gegner verteidigen und in Schutz nehmen muss. Ihm ist solches kaum widerfahren und ich habe mich oft gewundert, wie er diese Zeit ertragen konnte und darin standhaft geblieben und gereift ist."

Mathilde Berghofer-Weichner, bayerische Justizministerin, stellvertretende CSU-Vorsitzende und über Jahrzehnte hin politische Weggefährtin und selbstbewusste Mitstreiterin, stattete für die Partei den Dank an Franz Josef Strauß ab, sprach davon, dass die CSU „sich heute wie eine vaterlos zurückgebliebene Familie fühlt", umriss den aus einer überragenden Lebensleistung erwachsenden Auftrag für die Nachfolger. Frau Berghofer-Weichner erinnerte an den letzten Parteitag der CSU, den Strauß am 21. November 1987 als Vorsitzender geleitet und bei dem er eine Rede gehalten habe, die auf sie den Eindruck eines Vermächtnisses gemacht habe: „Wir schauen nicht zurück auf eine ruhmreiche Vergangenheit, wir blicken vorwärts auf das nächste Jahrhundert und das nächste Jahrtausend. Wenn die Christlich-Soziale Union nur rückwärts blicken oder nur in der Gegenwart erstarren würde, dann würde sie ihren Führungsanspruch für die Zukunft in Bayern und ihren Mitwirkungsanspruch in Deutschland und in Europa verlieren."

Helmut Kohl, der Bundeskanzler und CDU-Vorsitzende, Franz Josef Strauß zeitlebens in vielen Gemeinsamkeiten, aber auch in manchen Gegensätzen verbunden, beklagte beim Trauerakt im Herkulessaal der Münchner Residenz den Verlust eines Weggefährten, „mit dem ich in vielen langen Jahren für unsere gemeinsamen Ideale gekämpft habe", den Tod eines Mannes, für den die Forderung nach Frieden und Freiheit und Einheit für alle Deutschen eine Selbstverständlichkeit gewesen sei, gerade weil er die Perversion dieser Ideale durch den Nationalsozialismus erfahren hatte: „Mit Franz Josef Strauß haben wir einen mutigen und entschlossenen Vorkämpfer für die Freiheit der Deutschen im Innern und nach außen verloren." Kohl würdigte Strauß – und er konnte dabei auf eigene persönliche Erfahrungen zurückgreifen – als einen streitbaren Demokraten: „Er besaß die Fähigkeit, in leidenschaftlicher Auseinandersetzung um den richtigen Weg der Politik zu ringen. Er war einer von denen, die hart agieren, reden, angreifen konnten. Er war auch einer, der in diesen Jahren und Jahrzehnten viele bittere Angriffe und Anfeindungen erfahren hat. Ich weiß, dass er darunter auch gelitten hat. Er zitierte gerne den Athener Staatsmann Solon mit dem Wort, dass es schwer sei, bei großen Unternehmungen allen zu gefallen."

Kohl hob in seiner Trauerrede einen am Wesen von Strauß in dem von ihm gezeichneten veröffentlichten Bild meist übersehenen Aspekt besonders nachdrücklich hervor – der CSU-Vorsitzende sei fähig gewesen, dem politischen Gegner Respekt zu erweisen und menschlich versöhnlich zu begegnen. Besonders beeindruckte den Historiker Kohl das geschichtliche Denken an seinem Partner und Gegenspieler: „Was Franz Josef Strauß vielleicht am stärksten kennzeichnete und vielleicht zu wenig in der Öffentlichkeit deutlich wurde, das war sein historisches Bewusstsein. Er war ein Mensch, der die Geschichte kannte und aus der Geschichte lebte. Er war einer, der wusste, dass die Welt von morgen nur gestaltet werden kann, wenn man die Welt von gestern und heute begreift. Diese gemeinsame Überzeugung war eine wesentliche Grundlage für unsere Gemeinsamkeit im Handeln. Ich erinnere mich dankbar an die Anregungen, die ich in den langen Jahren unseres gemeinsamen Weges von ihm erhalten habe. Dies hat uns mehr verbunden, als mancherlei Diskussion im politischen Alltag zu trennen vermochte. Franz Josef Strauß war ein Mann voller Leidenschaft, ein Urgestein, oft hart und schroff, an dem man sich reiben konnte und musste."

Nicht nur in der bayerischen Landeshauptstadt München, auch in der Bundeshauptstadt Bonn wurde des Todes von Franz Josef Strauß in bewegender Weise gedacht. Die Hauptrede hielt dabei Theo Waigel als Vorsitzender der CSU-Landesgruppe im Deutschen Bundestag. Waigel, 1976, damals noch Vorsitzender der Jungen Union Bayern, von Strauß mit der Erarbeitung eines neuen Grundsatzprogramms betraut und diese Bewährungsprobe glanzvoll bestehend, hob in seiner Trauerrede die Einmaligkeit der zeitlichen Dimension des Wirkens von Franz Josef Strauß hervor: „Er war der einzige deutsche Politiker, der von 1945 bis 1988, von der so genannten Stunde Null bis zu seinem Tod in der ersten Reihe der deutschen Politiker stand." Mehr als 27 Jahre dieser Frist stand Strauß an der Spitze der CSU. Ausgehend von seinem christlichen Menschenbild, so Waigel, sei Strauß ein Feind jedes dogmatischen Politikverständnisses gewesen, das Politik mit säkularen Heilslehren verwechselt, sich im Besitz endgültiger Lehren und Rezepte glaubt und von einem Abschluss der Geschichte ausgeht: „Für Strauß, den Historiker, war Geschichte stets ein offener Prozess. Eine der größten politischen Leistungen von Strauß war die Entkonfessionalisierung der Christlich-Sozialen Union. Strauß löste Kirche und Partei aus einer gegenseitigen Umklammerung. Er schied damit die Ordnung und Bestimmung der beiden Sphären und schuf damit erst die überkonfessionelle aus christlicher Verantwortung handelnde Christlich-Soziale Union, die auch Liberalen und Konservativen eine Heimat bietet." Ausgangspunkt des christlichen Politikverständnisses von Strauß war der Mensch in seiner Freiheit, seiner unantastbaren Würde und seiner Verantwortung vor Gott. Waigel: „Aus den Erfahrungen mit dem NS-Regime heraus galt für ihn stets der Vorrang des Individuums vor dem Kollektiv. Daraus resultierte auch sein unermüdlicher Kampf gegen alle totalitären Strömungen – ob von links oder von rechts."

Franz Josef Strauß habe, so Waigel, Programm und Handeln der CSU ad personam verkörpert. In seinem politischen Handeln und in seinen politischen Äußerungen vereinigten sich Grundsätze und Perspektiven vor dem Hintergrund eines christlich-sozialen Politikverständnisses. Waigel widerlegte eine vielfach gegen Strauß gerichtete Kritik, wonach dieser Grundsätze vernachlässigt und eine rein pragmatische, an Wahlterminen ausgerichtete Politik betrieben habe: „Diese Kritik ist falsch. Zu den feststehenden Konstanten seiner Politik zählten sein Bekenntnis zur repräsentativen Demokratie, zum freiheitlichen Rechtsstaat, zur Sozialen Marktwirtschaft und zum föderalen Staatsaufbau." Die CSU konnte vor allem deshalb zu einer in ihren Wahlerfolgen und deren Dauer unvergleichlichen Partei werden, weil es Strauß von Anfang an gelang, Entstehung und Streit von einander widersprechenden Sondergruppierungen in der Partei zu verhindern, die Bildung von Parteiflügeln nicht aufkommen zu lassen und dadurch unfruchtbare Richtungskämpfe zu vermeiden. Strauß habe die CSU zu einem Sammelbecken christlich geprägter, fortschrittlich denkender, konservativ gebundener und der bayerischen Liberalität aufgeschlossener Bürgerinnen und Bürger gemacht – dem daraus sich ergebenden Vermächtnis müsse die CSU stets verpflichtet bleiben.

Wertschätzung in aller Welt

Nicht nur in den eigenen Reihen und nicht nur in Bayern und Deutschland löste der Tod von Franz Josef Strauß am 3. Oktober 1988 tiefe Anteilnahme aus. Er führte zu Bekundungen der Wertschätzung und des Respekts aus allen Teilen der Welt. Ideologische Grenzen spielten dabei keine Rolle. Ronald Reagan, den der Bayerische Ministerpräsident Ende der siebziger Jahre in der Münchner Staatskanzlei zu einem langen Gespräch empfangen hatte, als dieser ein in Deutschland noch weithin unbekannter Gouverneur von Kalifornien war, und dem er zum Ende der zweiten Amtszeit als US-Präsident im Sommer 1988 noch einen Abschiedsbesuch im Weißen Haus abgestattet hatte, drückte in seiner Würdigung persönliche Trauer und höchste Wertschätzung aus: „Er war eine der großen Persönlichkeiten in der demokratischen Geschichte der Bundesrepublik Deutschland. Er war ein zuverlässiger Freund der Vereinigten Staaten und hat unser Streben nach Freiheit des Einzelnen und die enge Zusammenarbeit unser beider Nationen geteilt. Wir alle werden ihn außerordentlich vermissen." Auch Reagans Nachfolger im Präsidentenamt, George Bush sen., zeigte sich in einem Brief an die Kinder aus persönlicher Bekanntschaft betroffen vom Tod des großen Atlantikers Strauß: „Ihr Vater war ein guter Freund, und sein Tod ist ein großer persönlicher Verlust. Darüber hinaus war er ein Staatsmann von Weltformat, um den alle Nationen der Welt ebenso sehr trauern wie das Volk Ihres Landes. Seine dauerhaften Beiträge zur Förderung westlicher Werte und seine freimütige Unterstützung unserer engen Zusammenarbeit und die demokratischen Werte, die damit verbunden sind, machten ihn zu einem Führer der freien Welt und zum Freund all derjenigen, die sich für Freiheit und weltweiten Frieden einsetzen."

Michail Gorbatschow, den Strauß, selbst das Flugzeug steuernd, bei seiner denkwürdigen Reise nach Moskau zum Jahresende 1987 kennen und schätzen gelernt hatte, verband seine Anteilnahme für die Familie mit der Erinnerung an diese Begegnung: „Das vor kurzem geführte Gespräch mit ihm erweckte bei mir den Eindruck, dass Franz Josef Strauß ein überzeugter Anhänger einer Entwicklung von gegenseitiger Verständigung und sachlicher Zusammenarbeit zwischen unseren Ländern war."

„Ich war zutiefst betrübt, vom Tod von Franz Josef Strauß zu erfahren, und spreche Ihnen und dem bayerischen Volk mein aufrichtiges Beileid aus. Diejenigen unter uns, die ihn kannten und mit ihm zusammenarbeiteten, werden sich immer seiner festen Überzeugung und seines tiefen Glaubens an den Frieden, basierend auf einer wirkungsvollen Verteidigung, erinnern. Er spielte eine äußerst bemerkenswerte Rolle in der Geschichte der Bundesrepublik Deutschland und bei der Entwicklung der Europäischen Gemeinschaft. Wir teilen Ihren Schmerz um einen großartigen Bayern und Deutschen sowie um einen großartigen Europäer", schrieb die englische Premierministerin Margaret Thatcher an die Bayerische Staatskanzlei.

Papst Johannes Paul II. ließ durch Staatsekretär Kardinal Casaroli den Menschen in Bayern seine aufrichtige Anteilnahme übermitteln: „Sein ehrendes Gedenken gilt dem großen Staatsmann und überzeugten Christen, der sich aus christlicher Verantwortung mit Leidenschaft für Freiheit und Gerechtigkeit, für die Wahrung der Menschenrechte und eine weltweite Verständigung unter den Völkern eingesetzt hat."

Um den Kreis mit einer deutschen Stimme zu schließen, die bis heute weit aus dem politischen Allerlei des Tages durch Mut, Gedankenschärfe und Formulierungskraft hervorragt, sei aus Tausenden von Äußerungen, die es zum Tode von Franz Josef Strauß gegeben hat, Bundeskanzler a.D. Helmut Schmidt zitiert: „Bei allen Auseinandersetzungen waren es Respekt und menschliche Neigung, die mich mit Franz Josef Strauß verbunden haben. Sein Tod hat auch mich ärmer gemacht."

Das Erbe wahren, den Auftrag erfüllen

Da der Tod für einen Christen nicht das Ende ist, sondern der Anfang von etwas Anderem und Neuem, konnte und durfte die Christlich-Soziale Union nach dem Tod ihres großen Vorsitzenden, konnte der Freistaat Bayern nach dem Tod seines Ministerpräsidenten und konnte die deutsche Politik nach dem Tod einer ihrer herausragenden Persönlichkeiten nicht stillhalten. Zum Tod des einen gehört, dass das Leben der anderen weitergeht, was im privaten wie im öffentlichen Leben gilt. Nach bewegenden Tagen der Trauer und des Abschieds, des Gedenkens und der Würdigung galt es vor allem für die CSU, wieder zur politischen Arbeit zurückzukehren und auf diese Weise damit zu beginnen, das Vermächtnis von Franz Josef Strauß zu erfüllen, sich in der Erinnerung an ihn zusammenzufinden, die Kräfte zu sammeln und den politischen Auftrag fortzuführen, für den Strauß zeit seines Lebens seiner Partei hohe und unverrückbare Maßstäbe gesetzt hatte. In einem Leitartikel für die Bayernkurier-Ausgabe vom 15. Oktober 1988 versuchte ich, in eigentlich sprachloser Zeit dem, worum es nun ging, Sprache zu geben.

„Was einer ist, was einer war, beim Scheiden wird es offenbar. Man muss nicht auf die tausendfachen Bekundungen der Anteilnahme und der Trauer, der Betroffenheit und der Bestürzung, der Würdigung und der Hochschätzung, die es in den letzten Tagen in Wort und Schrift gegeben hat, zurückgreifen, um bestätigt zu finden, dass Franz Josef Strauß einer der ganz Großen war, kein Politiker wie jeder andere und in seiner besonderen Prägung wohl auch kein Mensch wie jeder andere. Die Menschen waren es, die einfachen Leute zumal, die ihr Urteil über Strauß gesprochen haben – durch eine Erschütterung, die noch kein Tod eines Politikers in der Geschichte der Bundesrepublik Deutschland ausgelöst hat. Nicht nur die Bevölkerung in der bayerischen Heimat des verstorbenen Ministerpräsidenten und CSU-Vorsitzenden fiel in fassungslose Trauer. Der Tod des Staatsmannes Strauß hat in ganz Deutschland, im freien und unfreien Teil des Vaterlandes, hat in ganz Europa und weltweit wie ein Beben gewirkt.

Der 3. Oktober, der Todestag von Franz Josef Strauß, markiert eine tiefe Zäsur in der deutschen Politik, in der bayerischen und deutschen Nachkriegsgeschichte. Mit Strauß ging – ungeachtet der Parteigrenzen wurde dies vielfach und einmütig bestätigt – ein Baumeister unserer Republik, einer der, sonst nur noch wie Konrad Adenauer, tragfähige und zukunftssichernde Fundamente gelegt hat, einer der mit unverwechselbarer Handschrift nicht nur Politik betrieben, sondern Geschichte gemacht hat. Denn das ist das Ungewöhnliche am Tod dieses ungewöhnlichen Mannes: Wiewohl er aus der Fülle und Kraft eines aktiven Politikerlebens und mitten aus der Verantwortung gerissen wurde, ist sein politisches Lebenswerk über weite Strecken hin längst in eine geschichtliche Dimension entrückt.

Geprägt von tiefen christlichen Grundüberzeugungen, verwurzelt im Fühlen und Denken seiner bayerischen Heimat, stets bereit, Aufgaben für das ganze deutsche Vaterland zu übernehmen und offen für jede weltpolitische Herausforderung, die an ihn herangetragen wurde – so ist Strauß seinen Lebensweg gegangen. Es war ein Weg mit Höhen und Tiefen, aber es war ein gerader und konsequenter Weg. Seine letzte Fahrt durch seine Vaterstadt München, als Tausende seinem Sarge folgten und Zehntausende die Ludwigstraße säumten, die am Ort seiner Geburt, der Schellingstraße, vorbeiführt, könnte als Symbol für diese Geradlinigkeit stehen. Seine Offenheit, seine Ehrlichkeit, seine Glaubwürdigkeit einschließlich seiner gelegentlichen Unbequemlichkeit schufen die Grundlagen, in denen das Vertrauen der Menschen in die politische Führungskraft von Franz Josef Strauß in Bayern und weit über die weiß-blauen Grenzen hinaus verankert war. Mit Strauß starb nicht „einer da oben", sondern einer aus der Mitte des Volkes, einer, der sich die Sorge um dieses Volk zum Lebensinhalt gemacht hatte. Strauß fragte nie, was andere für ihn tun könnten, vielmehr stellte er sich immer die Frage, was er für andere tun könne. Mit seinem Lebenswerk hat er Antwort auf diese Frage gegeben.

Zu Beginn dieses Jahres schrieb Strauß, dem Jahr für Jahr Zehntausende von Menschen ihre Sorgen und Nöte anvertrauten, ihm aber auch ihre Zustimmung und ihre guten Wünsche übermittelten, einer Bürgerin in geradezu vermächtnishafter Weise – nicht ahnend, dass das Jahr 1988 das letzte seines irdischen Lebens werden sollte. Der von ihm oft und überzeugend verwendete Aussage ‚Dankbar rückwärts, mutig vorwärts, gläubig aufwärts' schloss er die Sätze an: ‚Ich möchte als Ergebnis meiner politischen Arbeit und als Summe meines politischen Lebens sagen können: Ich habe vielen Menschen geholfen, dem Frieden gedient und meinen Beitrag geleistet, Deutschland zu erhalten und Bayern auf dem Weg zum schönsten Land der Welt ein gutes Stück vorangebracht.'

Was sich Franz Josef Strauß damit als Aufgabe gestellt hat, hat er erfüllt. Mit gutem Grund wurde in vielen Nachrufen in besonderer Weise hervorgehoben, dass Strauß in sich das scheinbar Gegensätzliche zu vereinen vermochte, die kraftvolle Wahrnehmung weltpolitischer Verantwortung und die rührende Sorge um jeden menschlichen Einzelfall. In Wirklichkeit entsprach dies seiner Vorstellung von Würde und Auftrag eines Staatsmannes – groß im Großen konnte für ihn nur sein, wer auch groß im Kleinen war. Strauß wurde diesen von ihm selbstgesetzten Maßstab gerecht. Und darum war er ein großer Staatsmann.

‚Sein irdisches Leben gehörte seiner Familie und seinem Volk. Sein ewiges Leben gehört Gott' – dieses Wort setzten die Kinder ihrem Vater auf das Sterbebild. Dass Franz Josef Strauß politisch weiterlebt und wirkt – das ist sein Vermächtnis und das Erbe für seine Partei, die Christlich-Soziale Union. Nichts hätte ihm weniger gefallen, als wenn wir jetzt in Resignation fallen würden. Was er durch sein Leben und sein Vermächtnis von uns verlangt, ist das Gegenteil von verzagtem Kleinmut. 43 Jahre rastloses Schaffen für das Gemeinwohl im Allgemeinen und für die Christlich-Soziale Union im Besonderen gewinnen nur dann Sinn und Inhalt über das Grab hinaus, wenn unsere Partei alle innere und äußere Kraft zusammenfasst und zusammenführt, sein Werk fortzusetzen. Der wahrhaft Konservative, als der sich Strauß auch stets gesehen hat, gibt, so ein von ihm gerne gebrauchtes Wort, nicht die Asche weiter, sondern die Flamme. Die CSU weiß um ihre aus dieser Einsicht wachsende Verpflichtung. Sie wird die Fackel weitertragen, die Franz Josef Strauß als Kennzeichen und Qualitätsmerkmal einer Politik der bayerischen Heimatliebe und des deutschen Patriotismus der europäischen Zielorientierung und der weltweiten Aufgabenstellung, des Maßes und der Mitte, der Vernunft und der Verantwortung entzündet und seiner Partei vorangetragen hat.

Aus der verbindenden Trauer, die für eine christlich geprägte Partei nicht Ausweglosigkeit, sondern Hoffnung in sich trägt, kommen Stärke und Kraft. Die CSU wird dafür sorgen, dass voreilige Rechnungen, die schon zu Lebzeiten ihres Vorsitzenden immer wieder versucht worden sind, auch nach seinem Tode nicht aufgehen werden. Unsere Partei wird die politische Kraft bleiben, als die sie Franz Josef Strauß einmal beschrieben hat: ‚Die CSU ist die Partei der bayerischen Geschichte, der deutschen Verantwortung, der europäischen Zukunftsaussichten. Sie ist die Partei der klaren Grundsätze, der sachlichen Arbeit, der soliden Ziele. Sie ist die Partei derer, die Ja sagen zu Arbeit und Leistung, zum Leben in seiner ganzen Fülle, in seiner Schönheit, auch in seinen Schwierigkeiten und Problemen. Sie ist die Partei des Rechtsstaates, sie ist die Partei der Freiheit, sie ist die Partei, die den Herausforderungen der Zukunft gegenübertritt, die sie annimmt, sie weder verleugnet, verdunkelt oder verkleinert, aber auch nicht übertreibt und die eindeutige Antworten gibt. Sie zeigt die Wirklichkeit, wie sie ist, die Schwierigkeiten und Gefahren wie sie sind, zeigt Wege, die vernünftig und gangbar sind. Denn wer Mut hat, der macht auch Mut.'

Dieser Mut, den Franz Josef Strauß zeit seines Lebens unter Beweis gestellt hat, dieser Mut, der auch gegen modische Strömungen des Zeitgeistes steht, dieser Mut, der von der Einsicht getragen ist, dass politische Verantwortung nur dann diesen Namen verdient, wenn sie das Unbequeme nicht scheut, wird auch in Zukunft die Grundhaltung der CSU kennzeichnen. Die Wähler und Anhänger unserer Partei können sich genauso darauf verlassen wie die politischen Gegner. Wer auf eine schwache CSU hofft, täuscht sich.

Genauso wie Franz Josef Strauß das überwältigende Vertrauen der Wählerinnen und Wähler, das seiner Partei und ihm über Jahrzehnte hin in beispiellosem Ausmaß entgegengebracht wurde, nie als Anlass zum

Ausruhen, sondern stets als Ansporn zu noch größerem Einsatz verstanden hat, genauso hat er auch den Erfolg der CSU stets als das Ergebnis einer großartigen Gemeinschaftsleistung gesehen. Diese Gemeinschaftsleistung ist jetzt in besonderer Weise gefordert. Die CSU wird diese Bewährungsprobe bestehen und ihren geschichtlichen Auftrag in Gegenwart und Zukunft meistern.

Die Blumen am Grab von Franz Josef Strauß in Rott am Inn, wo er neben seiner Frau Marianne seine letzte Ruhestätte gefunden hat, mögen zu welken beginnen. Franz Josef Strauß lebt weiter. Im Bewusstsein der Menschen in Bayern, in Deutschland und weit darüber hinaus. Er lebt weiter in der Dankbarkeit und Erinnerung jener, deren Wohl er sein Leben gewidmet hat. Und er lebt weiter in der Christlich-Sozialen Union, die gerade in diesen Tagen verspürt, welches Glück und welche Gnade es war, ihn so lange in voller Schaffenskraft an ihrer Spitze zu haben. Und Franz Josef Strauß lebt vor allem dann weiter, wenn das Maß, das er vorgegeben hat, weiterhin das Handeln der CSU bestimmt."

Personenregister

Die Zahlen verweisen auf die entsprechende Seite im Textteil, die Nummern auf das jeweilige Bild in den zwei Bildteilen.

Bildnachweis

Bei Bildern und Karikaturen ohne Bildnachweis liegen die Rechte beim Archiv für Christlich-Soziale Politik (ACSP) der Hanns-Seidel-Stiftung.

Einige Bilder sind entnommen aus:
Scharnagl, Wilfried (Hrsg.): Bayern und Strauß. Lebenswerk und Abschied, Verlag R. S. Schulz, Percha und Kempfenhausen 1989.
Scharnagl, Wilfried: Franz Josef Strauß. Der Mensch und der Staatsmann. Ein Porträt, Verlag R. S. Schulz, Percha und Kempfenhausen, 3. Aufl., 1988.